Das glückliche Taschenbuch - Intuition und Wünschen

Deine innere Stimme als Wegweiser zum Wunsch-Leben

ISBN: 9783842332232
Herstellung und Verlag:
Books on Demand Gmbh, Norderstedt
Projektmanagement: Petra Gutkin
Covergestaltung: Valerija Golob (Printdesign-Golob@gmx.de)
Bildrechte: www.fotolia.de
happy smiley face button badge © *Michael Brown*
yoga© *Photosani*
window over stormy sky© *angelo.gi*

Inhaltsverzeichnis

Danksagung

Hiermit bedanke ich mich aus ganzem Herzen bei meiner liebevollen Mutter, meiner über alles geliebten Lebensgefährtin Petra und bei meinem stets hilfsbereiten Bruder, die mein Leben so viel schöner machen. Ein weiterer herzlicher Dank geht an Valerija für das tolle Cover, an die stets gut gelaunte und engagierte Manuela Gaiswinkler (http://www.manuelagaiswinkler.com/) für ihr superinspirierendes Wesen und gaaaaanz besonders bedanken möchte ich mich bei meiner eigenen Intuition, die mich dazu gebracht hat, dieses Buch zu schreiben. Ein mindestens ebenso großer Dank geht an alle Leser meiner Buchreihe „Das glückliche Taschenbuch“.

VORWORT

„Das eigentlich Wertvolle ist im Grunde die Intuition.“ (Albert Einstein)

Hallo lieber Leser,

ich begrüße Dich ganz herzlich zum neuesten glücklichen Taschenbuch.

Wie ich aus vielen E-Mails weiß, ist ein großer Teil meiner Leser daran interessiert zu erfahren, wie man heraus bekommt, welche Wünsche uns wirklich gut tun und zu dauerhaftem Lebensglück führen, wie man dazu seine Intuition nutzt, welche Einflüsse unsere Verbindung zur Intuition stören und wie man sie überhaupt wahrnimmt. Aus diesem Grund steht in diesem Buch die Intuition im Mittelpunkt, die man unter vielen verschiedenen Namen kennt: Innere Stimme, Bauchgefühl, Herz, rechtes Gehirn, Kreativität u. v. m. Sie ist für erfolgreiches Wünschen unentbehrlich, da sie es ist, die uns zuverlässig anzeigt, wo unsere Wunscherfüllung auf uns wartet, was uns gut tut und welche Entscheidungen wir im Leben treffen sollten.

Fangen wir gleich bei Deiner Person an: Hast Du schon einmal eine Situation verstandesmäßig von allen Seiten analysiert und am Ende einfach das Bauchgefühl entscheiden lassen? Und lagst mit der Einschätzung der Situation zu 100% richtig? Wie oft hast Du Dich intuitiv umgedreht, weil Du das Gefühl hattest, angestarrt zu werden und hast dann festgestellt, dass es tatsächlich so war? Oder hast Du Dir schon einmal etwas gewünscht und hat ein Gefühl Dich zur richtigen Zeit an den richtigen Ort geführt, um die Wunscherfüllung in Empfang zu nehmen? Kannst Du Dich auf Dein Bauchgefühl wirklich verlassen? Was hat Dich z.B. dazu gebracht, dieses Buch zu lesen? Wieso hast Du es überhaupt in die Hand genommen, wie ist es dazu gekommen, wie waren die genauen Umstände? Womöglich hast Du Dir das Buch beschafft, weil das Cover oder der Titel Dich angesprochen haben? Weil Du nach Mitteln und Wegen suchst, Dein Leben nach Deinen Wünschen zu gestalten und davon überzeugt bist, dass dieses Buch Dich darin weiter bringt? Oder einfach nur, weil Dir jemand das Buch empfohlen hat? Mag sein, dass einer dieser Gründe oder vielleicht auch alle zutreffen mögen, aber aus einer höheren Perspektive heraus betrachtet, hat höchst wahrscheinlich Deine Intuition dafür gesorgt, dass Du dieses Buch gerade in Händen hältst und Dein Wunschleben ab heute wahr werden lässt.

Wer träumt nicht davon, seine Wünsche in Erfüllung gehen zu lassen? Doch viele Menschen haben die Hoffnung schon aufgegeben, das jemals zu schaffen. Sie betrachten sich ihr bisheriges Leben und stellen fest, dass sie nicht wissen, wie sie sich ihr Wunschleben erschaffen können. Ein Blick auf ihren Kontoauszug zeigt ihnen, wie weit sie von ihrem Reichtumswunsch entfernt sind, Ihr Job ist ebenfalls nicht das, was sie für den Rest ihres Lebens gerne machen wollen und ihr Wunschpartner ist ihnen auch noch nicht über den Weg gelaufen. Muss das so bleiben?

NEIN, MUSS ES NICHT UND WIRD ES AUCH NICHT, WENN WIR AUF UNSERE INTUITION HÖREN!!! UND ICH ZEIGE DIR IM WEITEREN VERLAUF DIESES BUCHES ANHAND SELBST GETESTETER METHODEN AUF, WIE MAN SEINE INTUITION ERFOLGREICH EINSETZT. (Du brauchst aber deswegen nicht vor zu blättern ☺).

Um was handelt es sich bei der Intuition eigentlich? Die Intuition ist eine Art emotionale Intelligenz, unser innerer Lebensberater, eine Art sechster Sinn, ein superzuverlässiger Kompass oder auch „mit dem Herzen gefühltes Wissen", da man durch sie ohne Nachdenken zu neuem Wissen gelangt.

„Das Herz kennt Gründe, von denen der Verstand nichts weiß." (Blaise Pascal)

Unsere Intuition ist „diejenige, die weiß, wo es lang geht" und sie steht Lichtjahre über dem rationalen Verstandesdenken. Sie lebt nämlich nicht (nur) von Erfahrungen, nein, sie weiß im Voraus, was uns gut tut und was nicht. „Intuire" kommt aus dem Lateinischen und bedeutet so viel wie „von innen sehen oder wissen". Das beschreibt die Intuition sehr inhaltsvoll. Wir erkennen etwas von innen. Eine Ansicht z.B. bedeutet für mich, dass wir ein Thema von außen betrachten. Eine EIN-Sicht hingegen sagt mir, dass ich etwas von innen heraus verstanden habe. Das englische Wort „tuition" bedeutet auf deutsch: Unterweisung. Unterweisung kommt in unserer Gesellschaft für gewöhnlich von außen, durch einen Lehrer, Trainer oder Ausbilder. Setzt man jetzt noch „IN" vor „tuition", dann wird schnell klar, dass wir etwas von Innen vermittelt bekommen. Es bedeutet für mich zugleich, dass alles, was aus dem Innen kommt, bereits ein Teil von mir ist. Es handelt sich also um Wissen, welches bereits in uns enthalten ist und dessen wir uns nur wieder bewusst zu werden brauchen.

Diese weise, innere Führung hat jeder von uns (seit seiner seelischen Geburt), nicht nur hellsichtige Menschen oder spirituelle Meister (die Ausprägung ist allerdings sehr unterschiedlich). Und jeder von uns hat auch schon Erfahrungen gemacht mit ihr – ob bewusst oder unbewusst. Wir treffen täglich Abertausende von Entscheidungen, z.B. beim Autofahren, bei der Arbeit oder beim Einkaufen. In über 90% aller Entscheidungen nutzen wir die Intuition – meist unbewusst. In diesem Buch geht es darum, sie BEWUSST einzusetzen, um uns unser Wunschleben zu manifestieren. Manche Menschen tun es bereits sehr erfolgreich, so dass ihre Wunscherfüllungen gelingen, andere Menschen vernachlässigen beim Wünschen die Kommunikation mit ihrer inneren Stimme und gehen leer aus.

Die machtvolle Intuition ist nichts Neues, im Gegenteil, sie wurde in allen bedeutenden Philosophien und Religionen erwähnt, auch wenn man oft andere Bezeichnungen für sie gewählt hat: Ein-Fall, Ein-Gebung, plötzliches Bewusstwerden, Inspiration, Vorausahnung, Spürsinn, Erkenntnis, Ein-Sicht. Wir alle kennen Redensarten wie *„Sie hatte einen Geistesblitz", „Er wurde von der Muse geküsst", „Ich hatte eine göttliche Eingebung", „Sie hatte eine zündende Idee", „Er hatte die richtige Spürnase"* oder *„Er hatte den richtigen Riecher gehabt"*. Der kanadische Philosoph James R. Brown behauptete bereits in den 1980er Jahren, dass man durch bestimmte Gedankenexperimente direkt in den platonischen Himmel der abstrakten Gegenstände schauen könnte. Das bedeutet etwas klarer ausgedrückt, dass es möglich ist, durch reines Sehen im Geiste neues empirisches Wissen zu erlangen. Der Schweizer Psychologe Carl Gustav Jung nannte die Intuition eine grundlegende Funktion, welche das Unbekannte erforscht und das, was noch nicht greifbar ist, erahnt. Yogis, die weit entwickelt sind, benutzen die Intuition als ihre Quelle, die zur Selbst-Verwirklichung führt. Auch für Pythagoras und Archimedes war die Intuition ein unheimlich wertvoller Bestandteil der Erkenntnisgewinnung. Der holländische Philosoph Baruch Spinoza bezeichnete sie sogar als „die höchste Form der Erkenntnis". Auch der berühmte amerikanische Dichter Ralph Waldo Emerson kam zu dem Schluss: *„... wende Dich an Deinen inneren Führer und besprich mit ihm die Sorgen, die Dich bedrücken und die Pläne, die Du ausführen möchtest."* Und Einstein würdigte die Bedeutung der Intuition sogar in den Naturwissenschaften.

Und in der heutigen Zeit erlebt die Intuition eine Art Wiedergeburt – so wird sie z.B. in Managerkreisen geschult (intuitives Management in Großkonzernen wie Pepsi, Lockheed und AT & T) – also in einer Domäne, in der für gewöhnlich der Verstand regiert. Intuition gilt bei Managern immer mehr und mehr als ein wertvolles Talent, das wesentlich mehr gilt als reine Statistiken und andere Zahlenspiele. Spätestens seit Porsche-Chef Wendelin Wiedeking im Unternehmermagazin „Impulse" darlegte, wie wichtig die Intuition und die innere Stimme für viele seiner millionenschweren Entscheidungen gewesen seien, sind Bauchgefühl und emotionale Intelligenz als Ratgeber mehr als willkommen. Bei einer Befragung von 70 amerikanischen Topmanagern gaben 69 an, dass sie bei ihren Entscheidungen immer auch ihr Bauchgefühl einfließen lassen, sie dies aber ihren Kollegen gegenüber niemals äußern würden. Auch wir „Wünscher" sollten unsere Intuition bewusst nutzen, um erfolgreicher zu sein.

Unsere innere Stimme erlebt derzeit also eine Renaissance und das völlig zu Recht, denn sie lässt uns wissen, wann es Zeit ist zu handeln und wann es Zeit ist, den Dingen freien Lauf zu lassen. Die wichtigste Frage in diesem Zusammenhang lautet: *„Was bringt uns unsere Intuition nun* ***ganz konkret****? Was sind die* ***genauen*** *Vorteile?"*

Wir können durch unsere Intuition bessere Entscheidungen treffen, gesünder leben, mehr Geld einnehmen, unseren Traumpartner finden, unsere Kreativität entfalten, Probleme schneller in den Griff kriegen, unsere Mitmenschen präziser einschätzen, Situationen viel leichter durchschauen, unseren Lebenszweck erspüren, immuner gegen äußere Beeinflussungsversuche werden, unentdeckte Potenziale nutzen und ganz allgemein ein glücklicheres Leben führen. Wir wissen plötzlich, welcher Partner, Job, Wagen, welches Urlaubsziel, Essen, Wohnung, Haustier und vieles mehr zu uns passen. Alles wird transparenter und klarer, wir wissen automatisch, was uns gut tut und was nicht. Unsere Intuition hilft uns dabei, unsere Ziele nicht aus den Augen zu verlieren, immer die bestmögliche Gelegenheit zu nutzen, innerlich zu wachsen und in jeder Krise durch die richtige Tür zu gehen. Je intuitiver wir sind, umso mehr Klarheit und Erkenntnis haben wir, umso selbstbewusster, unabhängiger und eigenständiger werden wir, und umso kraftvoller und energiegeladener können wir uns unser Leben erschaffen. Plötzlich ist diese innere Stabilität da, die man vorher gar nicht kannte.

Wäre es nicht toll, wenn wir gleich auf den ersten Blick wüssten, ob ein Mensch, dem wir begegnen, es ehrlich meint? Stell Dir einmal vor, wie viel leichter es wäre, wenn Du bereits im Vorfeld wüsstest, welcher Wunsch Dir gut tut und welcher nicht?

Diese wundervollen Möglichkeiten verändern unseren Alltag, unser gesamtes Leben t-o-t-a-l zum Positiven.

Kurzum: Die Intuition kann uns dabei helfen, dass alle unsere Wünsche in Erfüllung gehen und wir rundum glücklich sind.

Wir alle haben diese innere Weisheit. Doch nicht jeder ist sich dessen bewusst. Nur ein kleiner Prozentsatz nimmt die inneren Ratschläge wahr, die meisten Menschen wissen noch nicht einmal, dass es die Intuition gibt. Im Grunde wissen sie noch nicht einmal, wer sie selbst sind, stattdessen setzen sie sich mit ihrem Verstand gleich und blenden die „Stimme des Glücks" einfach aus. Vielleicht wird angesichts dieser Tatsache etwas klarer und verständlicher, wieso manche Menschen trotz härtester Arbeit, toller Zeugnisse und Diplome (die ja vom Verstand abhängen) kein erfolgreiches bzw. kein glückliches Leben ernten, während andere Menschen sich mit schlafwandlerischer Sicherheit freudig tanzend von einem Erfolg zum nächsten bewegen – und sich dabei nicht einmal sonderlich anstrengen. Wie ist es mit Dir, lieber Leser? Zu welcher „Gruppe" gehörst Du? Und zu welcher würdest Du gerne gehören?

Wenn Du auf Glück, Erfolg und Wunscherfüllungen aus bist, gibt es gar keinen anderen Weg, als Dich Deiner Intuition anzuvertrauen. Jeder erfolgreiche Mensch folgt, ob bewusst oder unbewusst, seiner Intuition. Auch wir können uns wieder darüber bewusst werden, dass wir dieses „magische Mittel" besitzen und damit unsere Lebensgestaltung viel effektiver und glücklicher betreiben können. Wieso kompliziert und mühsam leben, wenn es doch auch unkompliziert und mühelos geht?

Es ist ganz egal, wie es derzeit ausschaut in Deinem Leben, lieber Leser, Du kannst das Ruder jederzeit herumreißen. Also: Wenn Du der Meinung bist, dass Du Deine Wünsche nicht verwirklichen kannst, dann schlag Dir diese irrige Meinung ganz schnell aus dem Kopf. Vergiss diesen Quatsch, wirf diesen Glaubenssatz über Bord (Lese-Tipp: **Das glückliche Taschenbuch der Wunsch-Glaubenssätze – An was wir glauben, wird kinderleicht wahr**). Je schneller, umso besser. Warum das Quatsch ist? Weil wir uns ganz easy all das ins Leben „ziehen" können, was wir wollen, woran wir glauben und wovon wir uns nicht abhängig machen. Zu so einem glücklichen, selbstbestimmten und erfüllten Leben gehört auch das Wissen um das großartige Gesetz der Anziehung, welches sagt, dass wir all das anziehen, was wir denken und was wir fühlen (dazu später mehr).

Wie schaut es nun bei Dir aus, nachdem Du die Vorteile eines intuitiven Lebens kennst? Willst Du Kontakt zu Deiner Intuition haben, willst Du sie „anrufen“? Dann musst Du die richtige Nummer wählen. Wenn Du sie wählst, dann klingelt es IN DIR, nicht außerhalb von Dir. Das ist für die meisten Leute eine ganz neue Erfahrung. Den Blick nach innen zu richten, statt nach außen. Das ist der erste Schritt auf unserem Weg zur persönlichen Erfüllung. Diesen Weg kann jedoch nicht ich für Dich beschreiten, lieber Leser, was ich aber tun kann, ist, Dir Methoden und Übungen zu zeigen, die Dir dabei helfen, Deinen Weg zu gehen und die Verbindung zu Deinem inneren Coach herzustellen. Meine eigene Rolle ist dabei der eines Geburtshelfers sehr ähnlich ☺. Und ist der Kontakt zur Intuition erst einmal hergestellt, werden Wunscherfüllungen und Glück so normal und selbstverständlich wie das Amen in der Kirche. Ich werde Dir dazu in einem Kapitel ausgiebig aus meinem eigenen Leben erzählen und aufzeigen, wie die Verbindung zu meiner Intuition geklappt hat, und welche bahnbrechenden positiven Veränderungen sich seitdem in meinem Leben zeigten.

WANN können wir unsere Intuition nutzen? JEDERZEIT!!! Sie steht uns 24 Stunden täglich bereitwillig zur Verfügung, um uns bei unserem Lebensglück zu unterstützen. *(Ebenso wie mein Buch.)*

Dieses Buch hat sich mehrere Dinge zur Aufgabe gemacht. Ich möchte Dir mit diesem Buch eine Anleitung in die Hände geben, mit der Du

1.) das Gesetz der Anziehung bewusst nutzen kannst, Dich selbst besser kennen lernst und bewusster lebst,

2.) Deine Intuition besser wahrnimmst bzw. ihre Zeichen und Hinweise besser erkennst, welche sie Dir schickt und die Dir den Weg zur Wunscherfüllung zeigen *(Mit Zeichen meine ich nicht, dass wir darauf warten sollen, dass plötzlich eine gute Fee mit Kürbiskutsche und Zauberstab, oder Außerirdische in einem Ufo vor uns erscheinen und uns den Weg zu unserer*

Wunscherfüllung zeigen. Nein, ich meine Zeichen im Alltag. Ich merkte im Laufe der Zeit schnell, dass die Welt voll mit Hinweisen ist, die ich sonst nie wahrnahm. Es geht also auch um unsere Wahrnehmung, es geht darum mit welchen Augen wir durch die Welt gehen. Mit weit geöffneten Augen oder mit halb geschlossenen, mit Bewusstheit oder mit Unbewusstheit.),

und

3.) Deinen versteckten Lebenszweck heraus zu bekommen, zu wissen, was Du willst und wie Du es erreichst. Denn wenn wir nicht einmal wissen, warum wir hier sind, wie sollen wir da wissen, wo wir hin wollen? Ohne Ziel sind wir orientierungslos und ohne Richtung. Wissen wir aber erst einmal, was wir wollen und warum wir es wollen, fällt alles wie von selbst an seinen Platz.

Deshalb fordere ich Dich hiermit auf, Deinen Lebenssinn zu ergründen und mit der Zeit nur noch das zu tun, was Du wirklich willst. Ich will, dass Du das Beste aus Deinem Leben machst, was man sich überhaupt vorstellen kann. Wenn wir ständig etwas machen, was unserem Wesen nicht entspricht, dann laufen wir am Glück vorbei. Das Glück klopft an unsere Tür, doch wir sind nicht da. Wir sind woanders, wo wir eigentlich nichts verloren haben. Doch das Glück kennt nur unsere wahre Adresse und wundert sich, dass es uns nicht antrifft. Überprüfen wir regelmäßig unser Verhältnis zum Leben, zu unseren eigenen Wünschen und zu uns selbst. Bist DU Dir Deines Lebenszwecks bewusst, lieber Leser? ICH kenne den Zweck meines Daseins. Der besteht darin, dass ich glücklich bin, dass ich dieses Glück teile und mein Leben genieße.

„Es gehört schon eine Menge Mut dazu, schlicht und einfach zu erklären, dass der Zweck des Lebens ist, sich seiner zu erfreuen.“ (Laotse)

Ich liebe es, anderen Menschen dabei zu helfen, ihr Leben auf Glück und Freude auszurichten. Das ist die Lebensweise, die meinem inneren Wesen entspricht. Mit dieser Art zu leben ist jeder Tag ein guter

Tag, ein spaßiger Tag, ein fröhlicher und lebendiger Tag. Meine Meinung ist: Wir sind nicht geschäftlich hier auf der Welt, auch nicht aus einer Pflicht heraus, nein, wir sind freiwillig hier, um glücklich zu sein, um das Leben zu genießen – und ganz nebenbei lernen wir dadurch. Das Lernen ergibt sich aus einer glücklichen Lebensweise ganz automatisch. Ich konnte z.B. in der Schule immer viel besser lernen, wenn ich gut drauf war. Als meine Eltern begannen von Trennung und Scheidung zu sprechen, da rutschten so manche Noten in den Keller. Wenn wir also Wert darauf legen, uns in allen Bereichen weiter zu entwickeln und dazu zu lernen, dann ist ein glückliches Wunschleben die perfekte Voraussetzung dafür. Das Gefühl des Glücks, der Zufriedenheit, der Harmonie ist der Maßstab. Je glücklicher wir sind, umso mehr schaffen wir, umso lebenswerter ist das Leben.

Fragt mich jemand, was man tun sollte, um ein SINN-volles Leben zu führen, dann wäre meine Antwort: Das Richtige! Und was ist das Richtige? Für jeden das Gleiche (glücklich sein) und doch für jeden anders in der Ausführung. Es ist immer das gleiche Ziel, aber jeder schafft sich seinen eigenen Weg „zu sich selbst". DU solltest das tun, was für DICH richtig ist, lieber Leser, und alle anderen das, was für sie richtig ist. Und wie bekommst Du heraus, was das Richtige für Dich ist, wie Du glücklich wirst? Indem Du andere Menschen fragst? Nein, denn wie können andere Menschen besser darüber Bescheid wissen, was Dir gut tut, wo es doch um DICH geht? DU bist Dein ganzes Leben mit Dir zusammen und kennst Dich selbst am besten. Niemand lebt DEIN Leben.

Aber wie dann? Indem Du darüber nachdenkst? Nein, der Intellekt ist bei diesem Thema kein sonderlich guter Ratgeber. Oft steht er unserem Glück sogar im Wege. Er unterdrückt die Intuition und beansprucht das Entscheidungsrecht, ob etwas gut oder schlecht, realistisch oder unrealistisch, möglich oder unmöglich ist, komplett für sich allein. Daraus folgt: Wenn man mehr Glück als Verstand haben will, dann muss man den Verstand ab und wann zügeln. Schließlich ist der Verstand lediglich ein Werkzeug, welches von uns benutzt wird. Doch die meisten Menschen lassen sich paradoxer Weise wie ein Werkzeug von ihrem Verstand benutzen. Das ist so, als ob ein Kugelschreiber uns vorgeben würde, was wir zu schreiben haben.

Nur unsere Intuition kann uns hier weiter helfen und bei mir steht sie klar im Vordergrund. Alles andere, die Erziehung, der Familien- und Freundeskreis, der von der Schule geprägte Intellekt – sie alle stehen in Bezug auf Entscheidungen über mein Leben und mein persönliches Glück an zweiter, dritter, vierter Stelle. Denn all das, was diese Menschen und Institutionen mir einreden, ist etwas Ausgeliehenes, etwas, was man mir übergestülpt hat, was nicht wirklich zu mir gehört, im Gegensatz zu meiner Intuition, welche angeboren ist.

"Wahre Einsicht erwächst nicht aus Fachwissen, aus der Mitgliedschaft bei irgendeiner Clique, aus Doktrinen oder Dogmen - sie kommt aus den vorbewussten Intuitionen des eigenen ganzen Seins, aus dem eigenen Code." (Zen-Satz)

Intuitiv handeln bedeutet für mich individuell handeln. Sich nicht der Masse anpassen, nicht happy oder traurig sein, nur weil gerade die ganze Nation happy oder traurig ist, sondern selbst entscheiden und selbst bestimmen, wie man gerade drauf sein will. Es ist ganz egal, ob Dein Verstand oder auch die ganze Welt anderer Meinung sein sollten als Du. Wenn Deine Intuition Dir sagt, dass Du in eine bestimmte Richtung gehen solltest, dann weiß sie es immer besser als der Rest der Welt. Kein Vater, keine Mutter, keine Geschwister, keine Freunde, keine Partner, keine Bücher und kein Guru wissen besser als Du, was DIR gut tut. Wie sollten sie das auch können? DU steckst in Deiner Haut und sie stecken in ihrer Haut. Also leben wir intuitiv, denn ein intuitives Leben ist immer zugleich auch ein glückliches Leben.

Alles hier im Buch Geschriebene sind nicht nur schlüssig klingende Theorien, sondern zum Teil auch persönliche Erfahrungen mitten aus meinem Leben. Den Inhalt dieses Buches habe ich größtenteils selbst erlebt bzw. die Übungen alle selbst ausprobiert, lieber Leser. Dazu musst Du wissen: Ich „stehe" nicht so sehr auf Theorien, sondern probiere lieber alles praktisch aus (probieren geht über studieren). Mich interessieren keine Zahlen, Statistiken und Analysen, nein, für mich zählt die Eigenerfahrung – sie ist mein einziger Maßstab. Daher weiß ich, dass es Dinge und Aufgaben gibt, für die der Intellekt einfach nicht zuständig ist. Hast Du die Welt des Verstandes schon einmal bewusst verlassen und nachgesehen, was es außerhalb des Verstandes noch so alles gibt? Ich habe es getan und mache es seit Jahren regelmäßig - durch Meditation. Die Folge: Ich lebe immer intuitiver. Und seitdem habe ich tatsächlich mehr Glück als Verstand, denn plötzlich läuft alles wie am Schnürchen. Schwierigkeiten und Probleme, die mir jahrelang zu schaffen machten, löste ich in Nullkommanix auf. Wünsche, nach denen ich mich lange Zeit sehnte, wurden ruckzuck wahr. Das war stets meine typische Erfahrung gewesen. So manch ein Freund von mir wunderte sich, was für ein „Glück" ich plötzlich hatte. Sie sahen die Ernte, doch es gab auch eine Saat davor. Ich setzte eine Ursache (Visualisieren des Wunsches, daran glauben, völliges, bedingungsloses Vertrauen in meine innere Stimme, Erkennen der Hinweise, Handlung in der Außenwelt) und erhielt eine glücklich machende Wirkung (Wunscherfüllungen en masse). Ich verstand das Lebensspiel und daraufhin veränderte sich mein Leben zum Guten, und meine gesamte Lebenseinstellung wurde zuversichtlicher.

Mein heutiges Leben ist erfüllt, es macht Spaß, es ist glücklich. Ich bin mit den Menschen zusammen, die ich liebe, ich tue das, was ich wirklich tun will, ich ziehe ständig neue harmonische Lebensumstände an und als Beruf gehe ich meinen Berufungen nach.

Und auch Dir kann ich nur ans Herz legen: Lebe nicht nur in der Welt der Rationalität, gehe auch einmal ins Innere, in das Herz, da, wo das wirkliche Leben stattfindet, dort, wo die Ursachen für das Äußere gesetzt werden.

Was glaubst Du wohl, wie viele Deiner Herzenswünsche Du verwirklichen könntest, wenn Du Deiner Intuition folgen würdest, lieber Leser? Die Antwort ist:

ALLE!!!

Du wärst überrascht, wenn Du wüsstest, wozu wir alles imstande sind, wenn wir unserer Intuition Gehör schenken und ihre Impulse richtig deuten würden. Mit unserer Intuition als Verbündete fällt uns das Glück in den Schoss.

Die entscheidende Frage lautet nun: Bist Du bereit, das, woran Du Dich bisher immer gehalten hast, einfach loszulassen und das Spiel des Lebens noch einmal von vorne, mit ganz anderen Sichtweisen zu beginnen? Das Alter spielt dabei übrigens keine Rolle. Meine Mutter fing ihr Leben mit 60 Jahren nochmal ganz von vorne an. Sie war bereit, etwas Altes loszulassen, was sie nicht sonderlich glücklich machte und dafür etwas Neues, etwas Vielversprechendes anzunehmen. Das, was wir loslassen sollten, ist das **reine** Verstandesdenken. Und das, was wir annehmen sollten, ist das intuitive Leben. Wir müssen nur „umsatteln". Man kann das Ganze ungefähr so sehen: Stell Dir vor, Du würdest auf Deinem Computer ein uraltes und superlangsames Programm nutzen, bis man Dich darauf aufmerksam macht, dass ein viel moderneres, schnelleres und wirkungsvolleres Programm für Dich zur Verfügung steht, mit dem Du Deine Arbeiten viel schneller erledigen kannst. Diese Möglichkeit stand Dir bereits lange offen, denn das Programm war die ganze Zeit auf Deiner Festplatte, jedoch warst Du Dir dessen nicht bewusst. Doch nun, da Du Bescheid weißt, dass Du eine bessere Software hast und wie man sie bedient, machst Du dieselbe Arbeit zehnmal schneller (*wobei Du das alte Programm für bestimmte Aufgaben weiterhin nutzen kannst*).

Übertragen auf unser Leben bedeutet das, dass, wenn wir intuitiv leben, wir uns immer auf dem richtigen Weg befinden. Du brauchst dann keinen Guru, keine Religion, keine Meinungsführer mehr, denn DU bist dann Dein Guru, Deine Religion, Dein Meinungsführer. Und das Schöne daran ist, dass das Ganze gar nicht so schwer ist, nein, es ist das, was wir bereits als Kinder konnten: Einfach dem Ruf unseres Herzens folgen.

Dieses Buch ist für jeden geschrieben, der sich mithilfe seiner Intuition sein Wunschleben erschaffen will bzw. sein heutiges Lebensglück noch steigern will. Ich wünsche Dir viel Spaß beim Lesen und empfehle Dir dabei, ganz offen zu sein und Dich von Deiner Intuition leiten zu lassen.

Alles was ist, hat eine Ursache, denn nichts kommt von nichts.

Ursache und Wirkung

Machen wir einen Abstecher in die Welt der kosmischen Naturgesetze. Auf der einen Seite gibt es die uns allen bekannten physikalischen Naturgesetze wie z.B. das Gesetz der Elektrizität, das wir mit unseren uns bekannten fünf Sinnen wahrnehmen können. Auf der anderen Seite gibt es aber auch geistige Naturgesetze, die über unsere fünf Sinne hinaus gehen. Eines davon ist das bereits genannte **Gesetz der Anziehung**, welches auf Ursache und Wirkung basiert und besagt, dass Gleiches Gleiches anzieht, im Geistigen wie im Materiellen.

Was hat es damit auf sich?

Ganz einfach: Nichts im Universum geschieht ohne eine zuvor gesetzte Ursache, darauf baut alles in unserem Leben auf. Aus dem physischen Leben kennen wir das alle. Zum Beispiel haben wir Hunger (Bedürfnis / Wunsch), essen was (wir setzen eine Ursache) und sind satt (Wirkung). Zwischen dem, was war und dem was folgt, ist IMMER ein Zusammenhang. Übertragen auf den geistigen Bereich bedeutet das: Alles, was wir denken und fühlen, sind Ursachen in Form von Schwingungen, die wir ausstrahlen. Und die Auswirkungen davon sind unsere Lebensumstände, die von unseren Gedanken und Gefühlen magnetisch angezogen werden. Unsere Gedanken und Gefühle lassen sich sehr gut mit einem Samenkorn vergleichen: Auf den ersten Blick klein und unscheinbar, aber es kann Gewaltiges daraus erwachsen, wenn wir unsere Gedanken und Gefühle hegen und pflegen, und zielgerichtet einsetzen.

Die Kurzformel des Gesetzes der Anziehung lautet:

Was Du glaubst, das denkst Du. Was du denkst, das fühlst Du. Was Du fühlst, das strahlst Du als Schwingung aus. Was Du als Schwingung ausstrahlst, das ziehst Du als Lebensumstand an.

Jeder Gedanke, jedes Wort und jede Handlung haben einen Effekt. Und entweder macht uns das, was wir mit unseren Gedanken und Gefühlen anziehen, glücklich oder unglücklich. Man kann unsere Gedanken und Gefühle als den Baustoff (oder auch gerne als Lego-Steine ☺) des Lebens bezeichnen. Alles entsteht erst einmal gedanklich, bevor es Wirklichkeit wird.

„Wir sind, was wir denken. Alles, was wir sind, entsteht aus unseren Gedanken. Mit unseren Gedanken erschaffen wir die Welt." (Buddha)

„Menschen haben die Macht, bewusst und zielgerichtet zu denken und mit ihrem Denken ihr ganzes Leben zu erschaffen." (Rhonda Byrne)

„Unser Leben ist das Produkt unserer Gedanken." (Marcus Aurelius)

„Die Wirklichkeit wird durch den Geist erschaffen. Wenn wir unsere Einstellung ändern, wird es uns möglich, auch die Welt zu verändern." (Platon)

„Der Gedanke ist die eigentliche geistige Großmacht, die die Welt beherrscht. Er ist stärker als jede andere Kraft, mächtiger als alle Materie." (Emerson)

„Ihre Gedanken und Ihre Gefühle erschaffen Ihr Leben. Es wird immer so sein. Garantiert!" (Lisa Nichols)

„Die größte Revolution unserer Generation besteht in der Erkenntnis, dass wir Menschen die größten Aspekte unseres Lebens beeinflussen können, wenn wir unser Denken und unsere inneren Einstellungen verändern." (William James)

Unsere Schwingung (also unsere Gedanken, Gefühle und Glaubenssätze) ist also die Ur-Sache FÜR ALLES, was uns im Leben widerfährt. Das Schöne bei der ganzen Geschichte ist: Da alles auf Ursache und Wirkung beruht, und wir selbst die Ursache bestimmen können, ist unsere Zukunft absolut vorhersehbar, wenn wir bewusst manifestieren sprich: Wenn wir unsere Gedanken und Gefühle gezielt so wählen, dass sie uns gut tun.

Wie läuft das Manifestieren von Lebensumständen konkret ab?

Wir denken über 60.000 Gedanken pro Tag (die meisten davon unbewusst). Diese unsere Gedanken und Gefühle senden wir wie ein Radiosender in Form von elektromagnetischen Schwingungen aus. Außerhalb von uns erzeugt unsere Schwingung Widerhall bzw. sie verschmilzt in der sogenannten Mentalebene (so eine Art Gedankendatenbank) mit gleichen und ähnlichen Schwingungen, und manifestiert sich als Lebensumstand. Im Klartext: Wenn wir denken „das Leben ist schwer", wird unser Leben schwer sein. Das ist nicht so schön, aber keine Panik, denn was im Negativen gilt, zählt genauso im Positiven. Wenn wir nämlich denken „unser Leben ist schön", dann wird unser Leben schön sein. Willst Du jemandem etwas Gutes tun, ziehst Du Gutes an. Wenn Du jemanden hasst, sendest Du eine „Hass-Schwingung aus", ziehst Hass an und bist für Liebe nicht empfänglich. Mit einer Hass-Schwingung erzeugst Du ein Leben, welches Du früher oder später selbst hassen wirst. Ein schlechter Architekt kann nun einmal keine schönen Häuser bauen und eine schlechte Schwingung kann keine guten Lebensumstände erzeugen. Bist Du traurig, ziehst Du Lebensumstände und Situationen an, die Dir Gründe liefern, weiterhin traurig zu sein. Bist Du gerade überglücklich, ziehst Du noch mehr glücklich machende Erfahrungen an. Oder nehmen wir einmal an, wir machen uns Sorgen um unsere Eltern oder um unsere Kinder. Die Angst, die wir dabei aussenden, liefert uns Lebensumstände, die unserer Angstschwingung entsprechen. Daraus folgt:

Unser Fokus ist unsere Realität.

Das, worauf wir unsere Aufmerksamkeit richten, ziehen wir an. Gehen wir auf z.B. Anti-Kriegsdemos und konzentrieren uns nur auf den Krieg, statt auf Frieden, ziehen wir Krieg an. Deshalb ist es sehr wichtig, bewusst zu denken und wirklich nur den Themen, die wirklich ERWÜNSCHT sind, seine Aufmerksamkeit zu schenken, und nicht den Themen, die man nicht mag und die man „weg" haben will. Wünschen wir uns also nicht, nie krank zu sein, sondern wünschen wir uns, gesund und munter zu sein, kritisieren wir nicht den Krieg, sondern bewundern wir den Frieden.

Für mich ist das Gesetz der Anziehung einfach ein wunderbares, phänomenales, himmlisches Lebensgesetz! Es ist Macht im positiven Sinne, weil man es nur auf sich selbst anwenden kann. Stell Dir nur Mal vor, wie sehr Du Dein Leben mit der Kraft Deiner Gedanken und Gefühle beeinflussen kannst. Nichts Negatives kann Dir zustoßen, es sei denn, Du lädst es in Dein Leben ein. Du selbst kannst Dir Dein Leben aussuchen. Du hast die freie Wahl zwischen Freude und Drama!!! Somit ist das Gesetz der Anziehung auch das gerechteste Gesetz, das sich denken lässt. Wenn z.B. jemand ein fürchterliches Verbrechen begeht und später vor Gericht dank eines gehievten Anwalts seiner Strafe entgeht, erwartet ihn durch das Gesetz der Anziehung die Wirkung seiner Tat früher oder später doch noch. Er kann ihr nicht entkommen, selbst wenn er auf den Mond auswandern würde.

So weit, so gut: Man kann also immer nur das anziehen, womit man in Resonanz steht (Resonanz bedeutet „Widerhall", „Mittönen", „Mitschwingen und anstelle von Gesetz der Anziehung sagen manche Autoren auch „Resonanzgesetz"). Vertiefen wir uns etwas weiter in das Thema der Resonanz, um es besser zu verstehen: Hast Du Dir schon einmal einen Film angeschaut, der Dir gefiel und anderen Menschen nicht gefiel? Hat Dich schon einmal eine Sportart fasziniert, die anderen Menschen völlig gleichgültig ist? Das zeigt deutlich, dass jeder von uns für etwas resonanzfähig ist, es demonstriert uns, dass ausnahmslos WIR ALLE bestimmte Menschen, Dinge und Beschäftigungen anziehen, die unserer Schwingung entsprechen.

Fünf Zuhörer verstehen bei den gleichen Worten immer etwas Unterschiedliches, nämlich das, was sich für sie stimmig anfühlt. Ein schönes Beispiel ist auch die Stimmgabel. Wird ein Gabelzinken angestoßen und in Schwingung versetzt, „resoniert" der andere Zinken, übernimmt die Schwingung des ersten und überträgt sie wieder auf ihn zurück.

Alles, was mit uns in Resonanz steht, wird von uns wie magisch angezogen. Die Wahl der Partnerschaft beruht ebenfalls darauf. Man fühlt sich zu Menschen hingezogen, von denen man fühlt, dass sie auf der gleichen Welle schwingen; die Auswahl ist „resonanzbezogen“. Wenn ich ein Buch schreibe, dann schreibe ich es intuitiv und lenke meine volle Aufmerksamkeit darauf. Je mehr ich schreibe, desto mehr Informationen fliegen mir zu. Plötzlich laufen mir Menschen über den Weg, die sich mit dem Thema meines Buches bestens auskennen, die gerade ein anderes Buch zu diesem Thema gelesen haben oder meinen Rat zu diesem Thema suchen. Eben Menschen, die mit meiner Schwingung resonieren. Ein Beispiel: Ich bekomme für gewöhnlich zwischen 300 und 500 Anfragen pro Monat, in denen ich gebeten werde, Fragen zum Gesetz der Anziehung zu beantworten. Es geht dabei oft um Geldwünsche, um den Wunsch nach Gesundheit und um den Wunsch nach einer liebevollen Partnerschaft. Als ich **„Das glückliche Taschenbuch wunderbarer Zweisamkeit“** schrieb, in dem es um das Wünschen der Traumbeziehung geht, da erhielt ich fast ausschließlich Anfragen, in denen es um den Wunsch nach einer Partnerschaft ging. Das, womit ich mich intensiv beschäftigte, zog ich also automatisch wie ein Magnet zu mir.

Umgangssprachlich sagt man ja, dass das Leben ein Nehmen und ein Geben ist. Wir geben eine Schwingung ab und erhalten dafür einen Lebensumstand, wir senden Ursachen aus und bekommen Auswirkungen. Wir sind demnach keine Verbraucher, wie uns die Wirtschaft geringschätzig bezeichnet, nein, wir sind VERURSACHER – und zwar Verursacher unseres Lebens, welches wir wie ein moderner Magier selbst kreieren. Glück ist somit nicht Glückssache, sondern eine Frage der richtigen Schwingung.

Nicht die Umstände bestimmen uns, sondern wir bestimmen die Umstände. Sie sind unser Werk, unsere Kreation. Unser Leben ist unsere Schöpfung, unser Kind. Und mit seinem Kind sollte man stets gütig und freundlich umgehen (sprich: positiv denken, fühlen und handeln).

Halten wir uns bei alledem besonders eines vor Augen: Realitätsgestaltung funktioniert immer von innen nach außen. Das bedeutet, dass das Leben eine Art Echo unserer Gedanken und Gefühle ist (die ja aus unserem Inneren kommen). Unsere Gedanken und Gefühle sind von innen nach außen getragene Energie, die kopiert wird und dementsprechend auf uns zurück kommt. Unsere Umwelt wird uns also IMMER unseren inneren Schwingungszustand spiegeln. Ausnahmslos jeder Lebensumstand ist nichts anderes als eine Projektion unseres Inneren. Die ganze Welt ist folglich unser Spiegel.

„Die Welt ist eine Widerspiegelung Deines eigenen Geistes.“ (Dan Millman)

„Alles in Ihrem Leben - jede Erfahrung, jede Beziehung - ist ein Spiegel Ihrer inneren mentalen Muster.“ (Louise L. Hay)

„Unser Ziel ist nicht, ineinander überzugehen, sondern einander zu erkennen und einer im anderen das zu sehen, was er ist: Des anderen Gegenstück und Ergänzung.“ (Hermann Hesse)

Das Gesetz der Anziehung könnte man auch als das Gesetz der Abstoßung bezeichnen, je nachdem aus welchem Blickwinkel wir es uns ansehen. Denn ziehe ich Reichtum an, stoße ich gleichzeitig Armut ab. Ziehe ich Harmonie an, stoße ich Disharmonie ab. Es liegt einzig und allein an uns. Die Gedanken sind frei, wir können denken, was und wie wir wollen, es sind unsere Gedanken. Das Leben ist wie ein Keyboard: Was dabei herauskommt, hängt davon ab, wie WIR es spielen. Wir haben es immer selbst in der Hand, unser Leben nach unserer Melodie bzw. nach unseren Vorstellungen zu gestalten. Und dafür ist es erforderlich, die volle Verantwortung für das eigene Leben bzw. das eigene Denken, Fühlen, Glauben und Handeln zu übernehmen.

Vereinfacht ausgedrückt: Wir können niemandem die Schuld für unsere Lebensumstände geben, weder den Politikern, unseren Eltern noch einem strengen Gott oder irgendwelchen „Möchtegern-illuminierten“ Hintergrundmächten, da WIR Schöpfer unseres Lebens sind – und niemand sonst. Und das ist immer so. Wer nach Sündenböcken sucht, der sagt damit eigentlich nur eines, und zwar: *„Hallo, seht her. Ich bin ein Opfer!“* Aber Fakt ist, dass ein Schöpfer niemals ein Opfer sein kann – höchstens das Opfer von sich selbst. Schuldzuweisungen erlösen uns nicht. Wenn wir die Verantwortung für unsere Lebensumstände übernehmen, in denen wir stecken und die uns nicht gefallen, wenn wir erkennen, dass wir der Schöpfer dieser Zustände sind, bedeutet das, dass wir uns ebenso ein gutes und erfülltes Leben einrichten können.

Ob uns jemand den Parkplatz vor der Nase weg schnappt, uns unser Partner verlässt, wir krank sind oder uns die Brieftasche stehlen lassen – nichts davon kommt zufällig in unser Leben (wir alle sind Teil einer größeren Ordnung und in einer Ordnung existiert kein Zufall). Und es gibt auch kein Schicksal, welches willkürlich darüber entscheidet, wer heute die Dosis Glück und wer die Dosis Unglück bekommt. Nur wir selbst dürfen entscheiden, was wir erleben wollen (ob durch bewusstes Denken und Fühlen, oder durch unbewusste Glaubenssätze). Wenn ich also sage, dass wir die Schöpfer unserer Realität sind, dann bedeutet das, dass wir uns nicht so sehr darüber Gedanken zu machen brauchen, was uns im Leben widerfährt, sondern dass uns das widerfährt, worüber wir uns ständig Gedanken machen.

Das Gesetz der Anziehung macht übrigens nie Fehler, es liefert nie etwas, das nicht bestellt wurde. Wenn wir A bestellen, dann erhalten wir auch A. Und wenn wir B bestellen dann bekommen wir auch B geliefert. Nie werden wir ein B kriegen, wenn wir ein A in Bestellung gegeben haben. Du kannst Dich also beruhigt darauf verlassen, lieber Leser, dass das Gesetz der Anziehung genauso präzise arbeitet wie andere Naturgesetze, beispielsweise das Gesetz der Schwerkraft.

Ebenso wichtig ist es zu wissen: Wir sprechen hier von einem Naturgesetz, welches für alle gilt. Es spielt überhaupt keine Rolle, ob wir reich oder arm, alt oder jung, groß oder klein sind – vor dem Gesetz der Anziehung sind wir alle gleich. Es ist unpersönlich, es kennt kein richtig und falsch, nein, es IST einfach nur, es macht keine Ausnahmen und es wirkt immer völlig wertneutral. Es ist ihm egal, ob es uns gefällt oder nicht, was wir als Auswirkung unserer zuvor gesetzten Ursachen erhalten, denn es reagiert nur auf unsere Gedanken und Gefühle. UNS hingegen sollte es nicht egal sein, welche Ursachen wir setzen – jeder darf selbst entscheiden. Ich persönlich bin für die schönen, glücklichen und harmonischen Ursachen!!!

Es gibt also keine Zufallstreffer im Leben, es gibt nur Ursache und Wirkung. Nichts ereignet sich zufällig, da es so etwas wie den Zufall gar nicht gibt. Wir werden nicht zufällig krank, wir fahren nicht zufällig in Urlaub, wir heiraten nicht zufällig und wir sind nicht zufällig genau der Mensch, der wir sind. Es ist kein Zufall, wenn wir jemanden kennen lernen, eine Reifenpanne haben oder heiraten. Alles hat einen tieferen Sinn, eine Ursache. Das Konstrukt des Zufalls und des Schicksals existiert nur in den Köpfen mancher Menschen, welche die Eigenverantwortung scheuen, doch selbst diese beiden Wörter geben uns Aufschluss darüber, dass wir selbst unsere Zukunft programmieren. Wir schicken (Schick-sal) etwas als Ursache aus und die Wirkung davon fällt uns schließlich zu (zufallen=Zu-Fall).

Für unsere Manifestationen reicht übrigens der bloße Gedanke an etwas und das dazugehörige Gefühl aus, unabhängig von physischen Handlungen. Es reicht also, dass wir manchmal vielleicht unseren Chef, die Schwiegermutter oder die Politiker vor lauter Wut am liebsten zum Mond schießen würden (ohne dass wir es tatsächlich tun), um destruktive Schwingungen zu erzeugen. Es ist also ohne Frage immer angebrachter, eine konstante positive Schwingung in sich zu schaffen, denn Deine destruktive Schwingung interessiert unseren Chef, unsere Schwiegermutti und die Politiker nicht im Geringsten, da sie sich nur auf uns selbst auswirkt.

Fassen wir nochmal zusammen: Du, ich, wir alle sind ohne Ausnahme mächtige Realitätserschaffer, die es selbst in der Hand haben, was wir uns anziehen. Wir alle sind Künstler und unser Leben unser Kunstwerk. Jeder Gedanke und jedes Gefühl leiten einen Schöpfungsprozess ein. Allein die Bildung eines Gedankens und Gefühls ist bereits eine Schöpfung. Alles Weitere ist nur noch das „sichtbar werden“ der Schöpfung auf der Ebene, die wir mit unseren Sinnen wahrnehmen können. Wir schöpfen und erschaffen die ganze Zeit, 24 Stunden am Tag und 7 Tage die Woche. Jede Sekunde unseres Lebens programmieren wir unser weiteres Leben. Es ist wie das Atmen, wir machen es fortwährend, da wir ununterbrochen schwingen. Und die Quantenphysik ist gerade dabei, dies zu belegen.

„Die Menschen beginnen heute etwas von der Macht der Gedanken auf die Schicksalsgestaltung zu begreifen -sie erkennen verschwommen, dass Gedanken bereits Dinge sind...." (Dr. Emmet Fox)

Stellen wir also nicht die Frage, ob wir schöpfen können, sondern fragen wir uns stattdessen lieber, WAS wir schöpfen wollen. Fragen wir uns nicht länger passiv, was uns die Zukunft wohl bringt, sondern wie wir uns unsere Zukunft aktiv gestalten wollen. Je harmonischer unsere Gedanken und Gefühle sind, umso harmonischer wird unser Leben. Klare Sache. Aus diesem Grund ist es ausgesprochen wichtig, bewusst zu leben, regelmäßig Gedankenpflege zu betreiben und sich vor disharmonischen Einflüssen abzuschirmen.

Wir sind, was wir denken, fühlen und glauben. Jeder Gedanke und jedes Gefühl haben eine Rückwirkung auf unser Leben. Entweder wir ziehen etwas an oder wir stoßen es ab. Unsere Aufmerksamkeit lässt über kurz oder lang alles wahr werden, worauf wir sie richten und woran wir glauben.

Alles ist Energie.

Unsere universale Herkunft

Um das Gesetz der Anziehung und die Hintergründe seiner Wirkungsweise im geistigen Bereich besser zu verstehen, müssen wir einen Blick hinter die materiellen Kulissen der Welt werfen. Denn dahinter gibt es viel mehr, als auf den ersten Blick zu erkennen ist.

Die sogenannte materielle Welt ist nur EIN Teilaspekt der Schöpfung. Die Wissenschaft weiß heute: Ausnahmslos alles, was existiert (Tiere, Pflanzen, Mineralien, Elemente...), besteht aus Bewusstseinswellen, aus Informationen, aus Energie-Schwingungen – auch wir Menschen und unsere Gefühle und Gedanken. Klingt zunächst einmal ziemlich abgefahren, ich weiß, ist aber im Grunde gesehen nicht wirklich schwer nachzuvollziehen. Wenn wir unserem Ursprung auf den Grund gehen, führt uns das unweigerlich zu Samen und Eizelle. Bewegen wir uns von da an weiter rückwärts, landen wir bei Atomen, bei Elektronen, bei subatomaren Teilchen und schließlich bei formloser Energie. Machen wir uns das deutlich: Wir sind nicht die Elemente, aus denen unser Körper besteht, nein, wir nutzen diese Elemente nur. Energie aber ist unsere wahre Natur.

Man kann sich die gesamte Realität / Schöpfung wie eine große energetische Ur-Suppe (oder auch Quantensuppe) vorstellen, in der alles fließend ineinander übergeht und die ÜBERALL ist. Und wir alle sind ein untrennbarer Teil davon, so dass uns allen diese GRENZENLOSE Energie zur Verfügung steht, wenn wir uns ihr öffnen. Da wir alle aus Energie bestehen und ineinander fließend übergehen, sind wir auch mit allem Wissen verbunden, welches existiert und können deshalb zu Ideen und Einfällen gelangen, die jedes Problem in unserem Leben lösen können. Auch das ist nur logisch: Wenn man sich einmal klar macht, dass ein energetisches Feld, das alle Informationen über alles, was im Universum existiert und geschieht, in sich aufnimmt, speichert und jederzeit überall verfügbar macht, dann bedarf es im Grunde nur eines Senders bzw. Empfängers, der auf die Frequenz dieses Energiefeldes eingestellt ist, der sich quasi „einloggen" kann, um gewünschte Informationen abzurufen. Wir alle sind bereits mit diesem energetischen Wissensfeld verbunden, jedoch meist auf unterbewusster Basis.

Anstelle von Wissensfeld, Energiefeld, Energiemeer oder Ur-Suppe kann man auch „morphogenetisches Feld" oder auch „morphisches Feld" sagen (*Morphe= Gestalt, Genesis = Erzeugung, Entstehung; der Wissenschaftler Rupert Sheldrake prägte diesen Begriff Anfang der 1990er Jahre*). Auch aus dem frühen Hinduismus und Jainismus, die zu den ältesten Religionen der Welt zählen, sind Lehren von einem allumfassenden Bewusstseinsfeld bekannt, mit dem jedes Einzelbewusstsein verknüpft ist. Andere Bezeichnungen für das morphogenetische Feld sind Nullpunktfeld, Äther oder Matrix (oder auch einfach nur: LEBEN).

Egal, wie man dieses Energiemeer nun auch nennen mag, einig ist man sich darüber, dass es der Urgrund ist, auf dem sich unsere Realität abspielt und dass es eine Art kollektive Wissens-Datenbank darstellt. Und auch wenn es unserem Verstand womöglich schwer fällt, sich daran zu gewöhnen, sollten wir uns klar machen: In dieser Ur-Suppe ist ALLES eine energetische, pulsierende und interagierende Einheit. Wir und der Rest des Universums sind demnach keine getrennten Entitäten, sondern ein funktionierendes Ganzes. Stell Dir dazu einfach vor, dass das Universum ein unendlich großes Puzzle ist und jeder von uns ein Puzzlestück darstellt, die alle zusammen das unendliche Universum erst bilden. Wir sind also nicht IM Universum, sondern wir sind EIN BESTANDTEIL des Universums. Wir alle tragen den universalen Samen in uns und sind ein fließender Teil der universalen Unendlichkeit. Unsere Welt ist quasi ein großes Internet, aufgebaut auf kosmischen Naturgesetzen, durch die wir alle miteinander vernetzt sind. Ohne Ausnahme ALLES (!!!) darin steht in Wechselwirkung zueinander. Ein schönes und sinnbildliches Beispiel für die allgegenwärtige Wechselwirkung ist z.B. die Luft. Unser Atem verbindet uns mit der Pflanzenwelt und die Pflanzen schenken uns Sauerstoff. Alles arbeitet zusammen und befindet sich in einem großen Kreislauf des Gebens und des Nehmens, und ist einheitlich. Es gibt keine Grenze zwischen der Luft im Wohnzimmer und der Luft im Schlafzimmer. (*Übrigens ist schon lange nachgewiesen worden, dass subatomare Teilchen trotz räumlicher Entfernung ständig miteinander kommunizieren. Kein Wunder, denn sie sind ja gar nicht voneinander getrennt, nur unsere Sinne vermitteln uns den Eindruck, sie seien getrennt.)*

Denken wir einmal an einen bestimmten Menschen, von dem wir seit längerer Zeit nichts gehört haben. Konzentrieren wir uns auf diese Person und senden wir den Wunsch aus: *„Melde Dich bitte bei mir."* Da wir über das morphogenetische Feld alle miteinander verbunden sind, wird die Botschaft definitiv ihr Ziel erreichen. Ich selbst habe dieses Experiment schon öfters durchgeführt, meinen Wunsch etwa fünfmal täglich ausgesprochen und plötzlich meldeten sich ehemalige Klassenkameraden bei mir, die ich seit Jahren nicht gesehen habe. Je öfter wir solche Alltagsübungen praktizieren, umso mehr stärken wir unsere Kommunikation mit dem morphogenetischen Feld, so dass dieses mit der Zeit immer besser auf unsere Wünsche reagiert.

Man kann das ganze Universum im Grunde mit einem menschlichen Körper vergleichen. Jede Zelle steht in Verbindung mit allen anderen Zellen. Alles kooperiert, alles tauscht mit allem Informationen aus. Wäre das nicht der Fall, dann würde der Körper bald auseinanderfallen. Das bedeutet für uns: Das Universum ist quasi unser Körper und wir können es mit unserem Bewusstsein gestalten.

„Betrachte die Welt als Dein Selbst, habe Vertrauen zum Sosein der Dinge, liebe die Welt als Dein Selbst; dann kannst Du Dich um alle Dinge kümmern.“ (Laotse)

Für jemanden, der sich als getrennt vom Rest des Universums fühlt, weil er sich mit seinem physischen Körper gleich setzt, klingt das vielleicht komisch und zu Beginn kann es schwer fallen, Zugang zu dieser Vorstellung zu finden, aber wenn wir uns vor Augen führen, dass wir, andere Menschen, die scheinbare Distanz zwischen uns und auch alles andere, was existiert, aus demselben „Energie-Material“ bestehen, ist es einfach nur klar und logisch, dass wir nicht voneinander getrennt sind (ebenso wenig wie Wassermoleküle innerhalb des Meeres voneinander getrennt sind). Auf energetischer Ebene gibt es keinen Grenzen.

Das Sanskritwort „Namaste“ drückt unsere Verbundenheit untereinander sehr gut aus. Es bedeutet: *„Der Geist in mir verbeugt sich vor dem Geist in Dir.“* Ich deute das so, dass sich in unserem Gegenüber und in uns derselbe Geist zum Ausdruck bringt, dass wir alle unsere Verbundenheit untereinander wahrnehmen können.

Ärzte nehmen ihren Patienten Blut ab, um Infos über den ganzen menschlichen Körper zu erhalten. Und so ist es auch mit den Zellen. Jede unserer Körperzellen beinhaltet die Information des gesamten Menschen. Da ist es naheliegend, dass auch jeder Mensch die „göttliche Information“ der gesamten Schöpfung in sich beherbergt *(Wie im Kleinen, so im Großen, lautet ein hermetisches Prinzip und trifft dabei voll ins Schwarze.*). Da wir alle ein Teil dieser Energiematrix sind, ist es nur logisch, dass alles, was existiert, auch in uns enthalten ist. Würde das Universum morgen aufhören zu existieren, könnte man es vermutlich durch eine einzige Zelle von uns neu erschaffen, so dass man im Grunde sagen kann: Das gesamte Universum stellt sich IN UNS dar. Daraus folgt: Wir alle haben das Wissen der größten Genies aller Zeiten in uns. Wie das? Ganz simpel. Wir wissen: Subatomare Teilchen (alles, was kleiner ist als Atome) sind der „Baustoff“, aus dem ALLES besteht. Und subatomare Teilchen sind nachgewiesenermaßen Energie. Und Energie besteht EWIG. Das heißt im Einfachen: Wir alle bestehen aus einer „Substanz“, die unendlich alt ist und die alles Wissen dieses Universums in sich beherbergt. Und dazu gehört auch das Wissen eines Albert Einsteins, eines Nikola Teslas, eines Viktor Schaubergers, Leonardo da Vincis, Konfuzius', Buddhas, Jesus' usw. Dieses Wissen ist abrufbar, wenn wir den intuitiven Zugang dazu finden. Das sollte uns klar machen, welche Macht wir alle in uns tragen und wie wichtig unsere Intuition ist. Und zum Glück werden sich auch immer mehr Menschen dessen bewusst und wollen ihre Intuition nicht weiter ungenutzt lassen.

Man könnte in Bezug auf uns alle auch von Seelen-Teilchen sprechen, die alle einer unendlich großen göttlichen Seele entstammen, die alle aus dem gleichen Schöpfungsgedanken hervor gegangen sind. Oder etwas wissenschaftlicher formuliert: Wir alle sind eine energetische Präsenz, ein schöpferisches und unbegrenztes Bewusstseinsfeld, welches sich entwickelt bzw. frei ausdehnt und welche aus der göttlichen Quelle stammt. Denken wir den Gedanken Mal zu Ende: Wenn es nur EINE universale Intelligenz (Gott) gibt, sonst nichts anderes existiert und diese Schöpfermacht uns nach ihrem Ebenbild erschaffen hat, dann bedeutet das, dass wir Menschen und auch alles andere ein Teil dieser universalen, göttlichen Intelligenz sind, dass wir logischer Weise auch göttliche Schöpfer sind. Eigentlich ganz einfach zu verstehen: Wenn die göttliche Schöpfung unendlich ist, dann ist ja nichts anderes vorhanden, also sind auch wir alle im Ursprung göttlich und universal. Man kann auch sagen: Wir sind wie Gott, nur eben in einer anderen Struktur.

„Der unendliche Geist wohnt in unserer Seele". (Seneca)

„In allen Herzen wohnt der strahlende Eine, so wussten die Weisen von Urbeginn an. Sein Name ist: Gott im Menschen." (Laotse)

Für viele Esoteriker, Mystiker und andere Menschen ist die Sache klar: Gott ist nicht irgendwo dort draußen in den unendlichen Weiten des Weltalls, nein, er ist viel näher, als wir ahnen. Er ist in uns bzw. wir sind ein Teil von ihm und er von uns.

„Ihr wollt sehen, wie Gott aussieht? Geht und schaut in einen Spiegel, dann seht ihr Gott direkt ins Gesicht." (Ramtha)

Einfach genial, findest Du nicht auch? Die Schöpfung gab uns den freien Willen und die Gabe zu schöpfen, wir haben dieselben Fähigkeiten wie sie, allerdings ein paar Nummern kleiner (wir erschaffen nicht gleich eine neue Milchstraße, sondern unser Leben). Und da sind wir wieder bei dem hermetischen Prinzip: Wie im Großen, so im Kleinen. Durch uns und unsere Schöpferfähigkeit dehnt das Universum sich immer weiter aus.

„Du selbst bist es, der diese Welt erschafft, in jedem Augenblick." (Buddha)

„Alles, was Du bist, alles was Du willst, alles, was Du sollst, geht von Dir selbst aus." (Johann Heinrich Pestalozzi)

Himmel und Hölle sind demnach in uns, es sind keine Orte, die man geografisch ermitteln kann, nein, es sind Seins-Zustände und beide hängen von unserer Schwingung ab. Und vergessen wir nicht, dass wir in einer schwingenden Energiewelt leben und dass auch wir reine Energie sind. Und Energie kann nun einmal nicht sterben, da sind sich Wissenschaftler und Esoteriker einig, sie kann nur ihren Aggregatzustand ändern. Ganz genau genommen werden wir nie geboren und wir sterben auch nie, sondern verändern nur unsere Form.

„Wir träumen von Reisen durch das Weltall – ist denn das Weltall nicht in uns? Die Tiefen unseres Geistes kennen wir nicht." (Novalis)

Wir Menschen sind also **VIIIEEEL** mehr, als es auf den ersten Blick scheint, viel mehr, als wir dachten (und zwar eben deshalb, weil wir zu viel dachten und zu wenig auf unsere innere Stimme hörten). Es wird also höchste Zeit, dass wir endlich umschalten vom Sehen zum Wahrnehmen - im Interesse unseres Lebensglückes.

Das, was wir Materie nennen, gibt es im Grunde gar nicht. Bereits Goethe erkannte, dass das Nichtmaterielle die sogenannte Materie beherrscht: *„Der Geist ist es, der sich den Körper bildet."* Wir sind nicht die Form, nein, wir sind Energie, die sich eine materielle Form schafft. Vergessen wir das materielle Weltbild, das wir bislang hatten.

Es ist genau so eine Illusion wie der Glaube an den Osterhasen. Materie ist nichts anderes als eine verlangsamte Energie-Schwingung, die so langsam ist, dass wir sie mit unseren Augen wahrnehmen können.

„Einsteins berühmte Formel $E=mc^2$ besagt: Energie gleich Masse multipliziert mit Lichtgeschwindigkeit im Quadrat. Damit bringt die Formel zum Ausdruck, dass Materie (Masse) und Energie ein- und dasselbe sind und lediglich in unterschiedlicher Form zum Ausdruck kommen – Energie gleicht Masse." (Deepak Chopra)

Sowohl der Buddhismus, als auch der Hinduismus lehren seit Ewigkeiten, dass die Welt, die wir mit unseren begrenzen fünf Sinnesorganen wahrnehmen, eine Illusion (Maya) ist. Hinter der sogenannten materiellen Welt verbirgt sich etwas ganz anderes, was für unsere Augen unsichtbar ist.

„Der Reifen eines Rades wird von Speichen gehalten. Doch das Leere darin ist das Sinnvolle beim Gebrauch. Aus nassem Ton werden Gefäße geformt. Jedoch die Leere darin ermöglicht erst das Füllen der Krüge. Aus Mauern, durchbrochen von Türen und Fenstern, baut man ein Haus, aber der Leerraum, das Nichts, macht es erst bewohnbar. So ist das Sichtbare zwar von Nutzen, doch das Wesentliche bleibt unsichtbar." (Laotse)

Wir verlassen uns zu oft auf das, was wir mit dem bloßen Auge sehen können. Doch nichts ist so, wie es für unsere Sinne zu sein scheint. Wir würden viel mehr „sehen", wenn wir unsere inneren Augen sehen lassen würden. Dann würden wir durch den illusorischen Schleier der materiellen Welt blicken und unser Leben wie ein Filmemacher so gestalten, dass es uns glücklich macht. Dazu fällt mir Platons Höhlengleichnis ein:

Platon beschreibt einige Menschen, die in einer unterirdischen Höhle von Kindheit an so festgebunden sind, dass sie weder ihre Köpfe noch ihre Körper bewegen und deshalb immer nur auf die ihnen gegenüber liegende Höhlenwand blicken können. Licht haben sie von einem Feuer, das hinter ihnen brennt. Zwischen dem Feuer und ihren Rücken befindet sich eine Mauer. Hinter dieser Mauer werden Bilder und Gegenstände vorbeigetragen, die die Mauer überragen und Schatten an die Wand werfen. Die „Gefangenen" können nur diese Schatten der Gegenstände wahrnehmen. Wenn die Träger der Gegenstände sprechen, hallt es von der Wand so zurück, als ob die Schatten selber sprächen. Da sich die Welt der Gefangenen ausschließlich um diese Schatten dreht, deuten und benennen sie diese, als handelte es sich bei ihnen um die wahre Welt.

(...)

Platon veranschaulicht in seinem bekannten Höhlen-Gleichnis, dass der gewöhnliche Mensch im Alltag wie in einer Höhle lebt. Denn die Dinge, die er als real wahrnimmt, sind Platons Ideenlehre zufolge in Wahrheit nur Schatten und Abbildungen des wahren Seienden. Die Höhle im Gleichnis steht für unsere sinnlich wahrnehmbare Welt, der harte Aufstieg des Höhlenbewohners für den Weg der Seele hinauf bis zur Erkenntnis des tatsächlichen Zentrums des Seins: der Idee des Guten, die im Gleichnis durch die Sonne repräsentiert ist. Es geht im Höhlengleichnis also darum, die Denkkraft nicht auf das sinnlich Wahrnehmbare der uns unmittelbar umgebenden Welt zu lenken, sondern auf das, was hinter dieser Welt steht, beziehungsweise auf den ideellen Ursprung dieser Welt. (Quelle: Wikipedia)

Unsere Sinne sind tatsächlich leicht zu täuschen. Wenn unsere Augen z.B. die Farbe blau sehen, dann sehen sie nur eine bestimmte Schwingung und die Farbe blau ist nur die Art und Weise, wie unser Auge diese Schwingung wahrnimmt. Jahrhunderte lang sagten unsere Sinne uns, die Erde sei flach. Es gab keinen Zweifel daran, denn schließlich war es doch soooo offensichtlich für unsere Sinne. Und trotzdem war und ist diese Einschätzung zu 100% falsch. Süßigkeiten schmecken unserem Geschmackssinn, aber sie tun unseren Zähnen nicht gut. Unsere Ohren hören vielleicht gerne aggressive Musik mit disharmonischen Texten, doch wie der japanische Forscher Masaru Emoto nachwies, ist diese Art von Musik ausgesprochen schädlich, auch wenn wir uns dessen gefühlsmäßig nicht bewusst sein sollten. Unsere Augen sehen sich einen Film an, der ihnen harmlos erscheint, doch die vielen Gewaltszenen brennen sich alle in unsere Psyche ein und sorgen für eine dauerhaft negative Schwingung. Unsere WLAN-Verbindung z.B. können wir mit unserem Auge nicht sehen, dennoch ist sie real. Wir sollten uns immer wieder daran erinnern: Der Horizont ist nur das Ende unseres Sehvermögens, aber dahinter geht es weiter, auch wenn wir mit bloßem Auge nicht weiter sehen können. Die Wahrheit kann nicht durch das Beobachten der Außenwelt ermittelt werden. Jemand, der sich Realist schimpft, weil er sich nur auf das verlässt, was er mit seinen fünf Sinnen wahrnehmen kann, sieht weniger als 10% der Schöpfung. Deshalb sollten wir uns nicht ausschließlich auf unsere nach außen gerichteten Sinne verlassen, dafür mehr auf unsere Intuition.

Stell Dir einmal vor, lieber Leser, Du fährst mit dem Wagen durch die Gegend. Dein Rückspiegel erlaubt es Dir, das Geschehen hinter Dir zu beobachten, aber Dir ist bewusst, dass es einen toten Winkel gibt, der mithilfe des Spiegels nicht gesehen werden kann (deshalb der Schulterblick). So ähnlich verhält es sich mit unseren Sinnesorganen. Nur ist hier der tote Winkel über 90% groß (und der Schulterblick wäre in diesem Fall unsere Intuition). Unsere Augen z.B. sehen nur 8% des vorhandenen Lichtspektrums. Wenn unsere Augen nur 8% zu sehen imstande sind, dann sind sie im Grunde nicht eine Tür zur Welt, sondern eher ein Zensor, ein Filter, das sprichwörtliche Brett vorm Kopf, das so unglaublich viel vor uns verbirgt. Auf unsere fünf Sinne können wir uns also nicht wirklich verlassen. Aber das ist nicht schlimm, denn dafür haben wir ja unsere Intuition.

Es existiert eine Realität, die für unsere gewöhnlichen Sinne unsichtbar ist. Wir leben in dieser unsichtbaren Welt. Dabei handelt es sich um ein gigantisches Geistfeld, Bewusstseinsfeld oder auch morphogenetisches Feld. Alles darin besteht aus Energie, die wir gestalten und formen können.

Bewusstes Wünschen und die Rolle der Intuition

Kommen wir zur praktischen Anwendung des Gesetzes der Anziehung. In den vergangenen Jahren habe ich mich intensiv mit dem Gesetz der Anziehung beschäftigt und kann daher mit Gewissheit sagen: Mit etwas Übung kann man den Fluss seiner Schwingungsenergie wunschgemäß lenken und sich so sein Wunschleben erschaffen.

„Sie können durch die bewusste geistige Fokussierung dessen, was sie sich wünschen, selbst bestimmen, welche Umstände in Zukunft in Ihrem Leben vorherrschen." (Steffen Kirchner)

Da es UNSER Lebensspiel ist, sollten wir die Spielregeln des bewussten Manifestierens kennen lernen und auch, mit welcher mentalen Einstellung man die besten Ergebnisse erzielt. Wünschen klappt in meinen Augen immer, jedoch ist es so, dass man mit den richtigen mentalen Voraussetzungen an die Startlinie gehen sollte. Es ist wie beim Karate-Turnier. Karate ist effektiv, aber wenn ich als teilnehmender Kämpfer unvorbereitet zum Turnier gehe, wird das Turnier höchst wahrscheinlich nicht zu meiner Zufriedenheit ausfallen. Das bedeutet dann nicht, dass Karate wirkungslos ist, sondern dass ich mich nicht gut genug vorbereitet habe. In meinem Bestseller und Universal-Wunschbuch **„Das glückliche Taschenbuch – Warum Wünschen kein Märchen ist"** sind die einzelnen Schritte ausführlich beschrieben. Hier die Kurzversion davon:

Was will ich und warum will ich es?

95% aller Menschen haben keine klaren Ziele. Zuallererst gilt es also zu klären, WAS man wirklich will, was man be-ABSICHT-igt in diesem Leben. Im Vedanta heißt es schon: „Die Absicht ist eine Naturkraft."

„Wenn Du das Ziel kennst, findest Du auch einen Weg!" (Laotse)

Wichtig ist es zunächst einmal zu ermitteln, was WIR wirklich, wirklich, wirklich wollen. Und ich meine wirklich WIR und nicht unsere Eltern, unser Partner oder unsere Freunde. Oft übernehmen wir vorschnell Wünsche aus dem Freundeskreis oder aus der Allgemeinheit, die unsere wahren Wünsche überlagern. Möchten wir z.B. nicht alle gerne eine Weltreise auf einem Luxuskreuzer machen? Hier schon sollten wir innehalten und den Wunsch genau beleuchten. Wollen wir das wirklich? Können wir Seereisen überhaupt vertragen??? Klären wir das in aller Ruhe und Gelassenheit.

„Viele klettern so schnell, dass sie gar nicht merken, dass sie auf den falschen Berg gestiegen sind." (Buddhistische Weisheit)

ICH z.B. weiß sehr genau, was ICH will, was ich wirklich aus meinem eigenen Innersten will. Trotzdem denke ich auch an alle Menschen, die einen Vorteil daraus schöpfen werden, wenn sich mein Wunsch erfüllt (je mehr desto besser), mache mich davon aber nicht abhängig. Ich gebe anderen Gutes und lasse mir von ihnen Gutes geben, ohne dass dahinter ein Zwang oder ein Druck steht. Bei jeder inneren Wunschformulierung höre ich in mich hinein und warte auf die Rückmeldung meiner Intuition.

Ob unsere Ziele uns auf den ersten Blick realistisch vorkommen, spielt hierbei erst einmal keine Rolle. Sollte ein Wunsch uns (bzw. unserem Intellekt) tatsächlich „zu groß" erscheinen, brauchen wir uns deshalb keine Gedanken zu machen, da unsere Intuition ihn in Etappenzielen angehen wird. Der Intellekt sieht das Ganze nur deshalb als unerreichbar an, weil er nicht in der Lage ist, jetzt schon den GANZEN WEG bis zur Realisierung des Wunsches zu überblicken. Aber das ist gar nicht nötig, denn wenn wir von Hamburg nach Berlin fahren, dann sehen wir auch nicht die gesamte Strecke vor uns, sondern fahren Kilometerchen für Kilometerchen, bis wir schließlich dort ankommen, wo wir hin wollen.

Wichtig beim bewussten Wünschen ist es auch, nicht zwei sich widersprechende Ziele / Wünsche zu haben. Manch einer wünscht sich z.B. ein berühmter Sänger zu werden, trägt aber womöglich den Glaubenssatz in sich, als Sänger nicht genug Geld verdienen zu können. Man steht sich quasi selbst im Weg. Hier gilt es sich klar auszurichten und nur EINE Richtung zu wählen. Ein Autopilot funktioniert schließlich auch nicht, wenn das Ziel gleichzeitig Süden und Norden ist. Um störende Glaubenssätze aufzulösen, empfehle ich **„Das glückliche Taschenbuch der Wunsch-Glaubenssätze – An was wir glauben, wird kinderleicht wahr“**.

Fragen wir uns in aller Ruhe: Was wünsche ich mir, was ist mein Ziel? Welche Folgen würden die erfüllten Wünsche für mein Leben haben? Und will ich diese Konsequenzen? Was würde mich auf allertiefster Ebene wirklich erfüllen? Machen wir uns dabei immer klar, welches Gefühl hinter dem Wunsch stehen soll, denn hinter jeder Wunscherfüllung steht immer ein Gefühl (das Gefühl des Glücks). Welche Gefühle sollen uns also begleiten? Was bringt unser Herz zum Singen? Wie wollen wir durchs Leben gehen (Beispiel zur Verdeutlichung: Mit einer Villa und fünf Millionen auf dem Konto oder mit einer Villa, fünf Millionen auf dem Konto und dem Gefühl des Glücks)? Wichtig ist immer, dass wir uns des Gefühls hinter dem Wunsch bewusst werden, denn darum dreht sich letztlich alles. Ohne das Glücksgefühl ist jeder erfüllte Wunsch völlig nutzlos. Und bereits hier spielt unsere Intuition eine ganz bedeutende Rolle. Sie wird uns durch unsere Gefühle mitteilen, was uns wirklich glücklich macht. Achte bei jedem Wunsch darauf, ob der Wunsch eher gefühls- oder verstandesbetont ist, ob er Dich freudig stimmt und aus dem Herzen kommt, oder nur Dein Ego befriedigt. Wünschen wir halbherzig, ist es nur halb so gut und wünschen wir herzlos, ist es schlecht. Wünschen wir aber aus vollem Herzen, dann ist es perfekt!!!

Für alle, die sich nicht darüber im Klaren sind, was sie sich wünschen wollen, hilft eine Kontrastliste. Oft bringt es uns innere Klarheit, wenn wir fest stellen, was wir NICHT wollen, da dadurch klarer wird, was wir stattdessen wirklich wollen (wenn wir z.B. nicht hungrig sein wollen, sagt uns, das, was wir stattdessen wollen, nämlich wohlernährt zu sein).

Die nächste wichtige Frage ist, WARUM man den Wunsch hat, welchem Zweck unser Wunsch dienen soll, was wir durch die Wunscherfüllung erhalten. Sobald das Warum stark genug ist, das heißt, sobald uns die glücklich machenden Vorteile voll und ganz bewusst sind, die mit der Erfüllung des Wunsches einher gehen, haben wir eine starke

Motivation aufgebaut. Ohne das WARUM ist die Motivation zu schwach und die ist schließlich der Beweg-Grund für das Wünschen (=also der Grund, sich auf etwas zuzubewegen oder etwas im Leben zu bewegen). Also hinterfragen wir unsere Wünsche gründlich, damit keine offenen Fragen bleiben.

Zwischen Fülle und Mangel unterscheiden

Oft machen uns Wunscherfüllungen nicht glücklich. Und wann ist das der Fall? Immer dann, wenn wir nicht unsere wahren Wünsche verfolgen. Wenn mich jemand fragt, wie man richtig wünscht, ist meine erste Antwort darauf: Mit Begeisterung und Hingabe.

Wünschen ist erst dann sinnvoll, wenn wir gut drauf sind, wenn wir positiv schwingen. Da wollen wir hin, zu diesem positiven Wohlgefühl! Ein echter Wunsch wird nie aus einer Notlage heraus geboren (z.B. wenn man Schulden hat und sich daraufhin gezwungenermaßen Geld wünscht, um die Schulden tilgen zu können). Sag selbst, lieber Leser: Wie fühlen wir uns, wenn wir Rechnungen bezahlen sollen? Glücklich und begeistert? Vermutlich eher das Gegenteil, habe ich recht!? Und welche Schwingung strahlen wir in solch einem Fall aus? Eine, die nicht als positiv und harmonisch zu bezeichnen wäre.

Denken wir bitte immer daran: Was wir uns ansehen, das sieht auch uns an (den Fokus also bitte nie auf den Mangelzustand richten, da der Fokus alles energetisch auflädt, worauf wir ihn lenken). Im Falle einer unbezahlten Rechnung ist es nicht so, dass wir uns das Geld wünschen, sondern dass wir es brauchen. Etwas brauchen bedeutet, dass ein Mangelbewusstsein vorherrscht. Also hören wir in unseren Gedanken auf etwas zu brauchen (ich finde es sowieso erstaunlich, dass so viele Leute so vieles zu brauchen meinen). Sorgen wir durch Entspannungsübungen erst einmal dafür, die Schwere in uns aufzulösen, wieder ausgeglichen und locker zu sein. Erst dann haben wir die erforderlichen Voraussetzungen erfüllt, um konstruktiv (und nicht destruktiv) schwingen bzw. wünschen zu können.

Ein echter Wunsch ist etwas, was uns bereits beim bloßen Gedanken an seine Erfüllung erfreut und uns das Wasser im Mund zusammen laufen lässt. Meine Wünsche begeistern mich, sie faszinieren, sie motivieren, sie beglücken mich. Mir gibt es bereits eine RIESEN-

ENERGIE, wenn ich mir meine Wünsche nur vorstelle. Das ist jedes Mal ein unbeschreiblich wundervolles Gefühl. Auf diese Weise wünschen wir aus Stärke und Freude, nicht aus Schwäche und Freudlosigkeit. Verwechseln wir nie Fülle mit Mangel. Nicht die Probleme (Mangelzustände), sondern unsere Chancen in unserem Leben sind für uns wichtig. Und deshalb sollten wir unsere ungeteilte Aufmerksamkeit auf sie richten.

Behalte Deinen Wunsch für Dich

Ganz wichtig ist auch: Erzähle Deine Wünsche nicht weiter, behalte sie für Dich. Dadurch bleibst Du frei von äußeren Einflüssen, die Deine Wunschbestimmung beeinträchtigen könnten. Teilt jemand Deinen Glauben an das Gesetz der Anziehung nicht und weiß von Deinen Wünschen, könnte sein Unglauben Dich „anstecken". Deshalb lautet hier das oberste Gebot: Geheimhaltung.

Schreibe Deinen Wunsch auf

Schreibe Deinen Wunsch möglichst schnell und ohne darüber nachzudenken auf, damit Dein Verstand ihn nicht mit rationalen Überlegungen verfälscht. Lasse einfach intuitiv Deine Wünsche aus Dir heraus.

„Wer lange bedenkt, der wählt nicht immer das Beste." (Johann Wolfgang von Goethe)

Die Formulierungen sollten immer positiv formuliert sein, also nicht „Ich will nicht arm sein", sondern „Ich will reich sein". Und wichtig ist es, den Wunsch so aufzuschreiben, dass keine Missverständnisse entstehen können. Wünsche ich mir z. B. mehr Liebe, kann es sich dabei um die Liebe zwischen Mann und Frau, Mutter und Kind oder auch Mensch und Haustier handeln. Ist die Wunschformulierung ungenau, ziehen wir uns womöglich etwas ins Leben, was wir gar nicht wollen. Wenn wir unsere Wünsche klar definieren, wird dies zu klaren Ergebnissen führen.

Wenn Du Deinen Wunsch aufgeschrieben hast, dann unterziehe den Text einer Prüfung. Lies ihn laut vor und achte auf Deine Gefühle. Je mehr Glücksgefühle Du dabei empfindest, desto mehr ist Dein Unterbewusstsein an dem Wunsch beteiligt. Ist das Gefühl nicht besonders intensiv, dann kann Dein Unterbewusstsein mit dieser Wunschformulierung wahrscheinlich nichts anfangen. In dem Fall handelt es sich dann eher um einen „Kopfwunsch“ und Du solltest Dir eine Formulierung ausdenken, die wirklich von Herzen kommt. Das ist deshalb so wichtig, weil unsere Schwingungsstärke von unserer Gefühlsstärke abhängt. Je mehr Gefühle in unserer Wunschschwingung enthalten sind, umso schneller manifestiert sie sich.

Wichtig ist es auch den Wunsch so zu formulieren, dass er uns wirklich angenehm überrascht. Wenn wir uns mehr Ruhe und Zeit für uns wünschen, kann dieser Wunsch dadurch erfüllt werden, dass wir krank werden und zwei Wochen im Bett liegen müssen. Dann hätten wir mehr Ruhe, müssten nicht arbeiten gehen und hätten mehr Zeit für uns. Das wäre natürlich nicht im Sinne des Erfinders. Ich füge zu meiner Wunschformulierung deshalb oft noch den Satz hinzu: *„Ich bin offen dafür, meine Wunscherfüllung in einer mir angenehmen und mich glücklich machenden Form zu empfangen.“*

Warum ist das Aufschreiben überhaupt so wichtig? Ganz einfach. Denken wir etwas nur, dann kann es sich schnell verflüchtigen. Es ist unscharf, unklar, im Nebel der Gedanken verschwunden. Schreiben wir etwas aber auf, dann bleibt es scharf, es bleibt im Fokus, es springt uns regelrecht ins Auge. Zudem ist das Schreiben schon eine Art Manifestation. Man bringt feinstoffliche Gedankenschwingungen auf Papier, sprich: In die grobstoffliche Welt.

Lasse dem Universum genug Freiraum

Wichtig ist es sich darüber im Klaren zu sein, WAS man will und WARUM man es will. Sobald wir diese zwei Schritte hinter uns haben, wird sich das WIE von selbst ergeben. Es ergibt sich nämlich aus unserer Hingabe an das WAS und das WARUM. Wenn wir uns aber mit dem WIE befassen, dann schaltet sich meist der Verstand mit seinen „ist realistisch“ oder „ist unrealistisch-Prognosen“ ein. Damit schaffen wir Zweifel und sabotieren unsere Wunscherfüllung. Deshalb sollten wir unseren Wunsch im Vertrauen loslassen und dem UNIVERSUM alles Weitere überlassen. Frei nach dem Motto: *„Ich wünsche mir dies, das und jenes, habe aber keinen blassen Dunst, wie es dazu kommen soll, aber es wird alles wunschgemäß kommen, weil ich darauf vertraue.“* Die Devise lautet hier ganz klar: Vertrauen, nicht verstehen. Wie sagt man doch so schön: *„Die Wege des Herrn sind unergründlich."*

Es ist lediglich unsere Aufgabe, uns gut zu fühlen mit dem, was wir uns wünschen und unserer Intuition zu folgen. Die Details des WIE sind nicht unsere Aufgabe. Wozu sich damit belasten und sich den Kopf darüber zerbrechen!?

Visualisiere Deinen Wunsch als erfüllte Realität

Nach dem Gesetz der Anziehung zieht ein Mensch das an, was er sich als Wahrheit vorstellt. Dazu gehören ein überzeugender Glaube (der Glaube kann bekanntlich Berge versetzen und ist der „Schöpfungsmotor") und das positive Gefühl, welches daraus entsteht.

„Unsere Wirklichkeit und unsere Möglichkeiten reichen immer nur so weit wie unser Glaube." (Gerhard Kunze)

Rein psychologisch gesehen weiß unser Unterbewusstsein (aus dem ja unsere meisten Gedankenschwingungen kommen) nicht, ob das Bild, welches man sich vorstellt bzw. visualisiert, wahr ist oder nicht. Es kann nicht unterscheiden, ob wir etwas tatsächlich erleben oder ob wir es nur vor dem geistigen Auge betrachten. Wenn wir von etwas fest überzeugt sind, dann entwickeln wir eine Schwingung, die mit der Schwingung des von uns Gewünschten vollkommen übereinstimmt und es anzieht. Durchleben wir also unsere Wunsch-Vision, so als wäre sie schon real. Lassen wir zu, dass wir emotional werden, dann wird diese Methode am besten wirken. Machen wir es wie ein Schauspieler, spielen wir das Ganze durch, machen wir eine Generalprobe, bringen wir unsere Vision in jede Zelle unseres Seins, stellen wir uns das Gewünschte als bereits erfüllte Realität vor (VORSTELLUNG= wir stellen etwas vor uns und gehen hinein). Fühlen, sehen, hören, riechen, schmecken wir den Wunsch in unserer Phantasie, schwingen wir uns auf die Ebene, auf der alles so ist, wie wir es wollen. Ich stelle mir vor, dass das Gewünschte, welches ich gerade visualisiere bzw. imaginiere, ein verpacktes Geschenk bei mir zu Hause ist. Es ist also schon bei mir, da ich es in meiner Phantasie schon geschaffen habe – ich muss es nur noch auspacken. Zur Vereinfachung verwenden viele eine Bildcollage oder andere bildliche

Hilfsmittel (Lese-Tipp: **Das glückliche Taschenbuch – 100 Wege zur Wunscherfüllung**).

Du kannst eine gewünschte Realität auch vor dem Spiegel vorspielen oder sie durch ständige Affirmationen oder Mantras in Dein Unterbewusstsein einprogrammieren, so dass Deine innere Überzeugung an die Wunscherfüllung wächst. Sagen wir uns immer wieder: Alles ist bereits in uns vorhanden. Wir sind der fruchtbare Ackerboden, aus dem alles erwächst, was wir säen.

Lass den Wunsch los

Wenn wir unsere Wünsche nicht loslassen, dann können sie sich logischer Weise nicht in Bewegung setzen. Lassen wir sie los, geben wir ihnen Raum sich zu entfalten. Loslassen ist Leben, festhalten ist Stillstand.

Ich habe mir einmal einen neuen Rechner gewünscht, aber es geschah monatelang gar nix. Schließlich dachte ich: *„Na ja, was soll's. Muss ja nicht sein. Mein alter Rechner ist eigentlich immer noch sehr schnell und voll auf der Höhe. Im Grunde brauche ich gar keinen neuen."* Ich ließ den Wunsch los, löste mich von ihm und verspürte eine innere Erleichterung. Und was passierte daraufhin? Keine 10 Tage später bekam ich einen neuen Rechner geschenkt. Erst als ich den Wunsch vertrauensvoll und im festen Glauben an seine Erfüllung losließ, begann er zu wirken, erst dann kam es vom IST-Zustand zum WUNSCH-Zustand. Erst wenn man das Alte loslässt, kann man das Neue in Empfang nehmen, weil man dann erst die Hände frei hat (sinnbildlich gesprochen).

„Buddha strebte sechs Jahre lang nach Erleuchtung, doch vergebens. Irgendwann ließ er die Idee nach Erleuchtung einfach los, ruhte sich unter einem Baum aus und am Morgen war er erleuchtet.

Nicht loslassen bedeutet, dass wir etwas mit Gewalt hinzubiegen versuchen – und das erzeugt eine disharmonische Schwingung. Sagen wir uns einfach: *„Ich habe alles Erforderliche in gutem Gewissen getan, um meinen Wunsch wahr werden zu lassen."* Und wenn das stimmt, dann können wir den Wunsch beruhigt von dannen ziehen lassen. Machen wir uns innerlich frei von jeglichem Druck. Es ist ungemein wichtig, dass wir unser Glück nicht davon abhängig machen, ob unsere Wünsche in Erfüllung gehen oder nicht. Nein, seien wir hier und jetzt glücklich, seien wir wunschunabhängig.

Vertraue Deiner Intuition und erkenne die Zeichen

Unser höheres Selbst (unser kosmisches Ich; Erklärung folgt noch) wird uns durch unsere Intuition Zeichen senden bzw. uns auf Zeichen in der Außenwelt hinweisen, die uns wie ein Wegweiser den Weg zu unserer Wunscherfüllung zeigen. Zeichen zeigen uns etwas, so wie der Zeiger einer Uhr uns die Uhrzeit anzeigt. Aber was die Stunde geschlagen hat, müssen wir dann schon selbst ablesen. Deshalb ist Bewusstheit wichtig. Die Zeichen können alles Mögliche sein: Eine Schlagzeile in der Tageszeitung, ein Song im Radio, ein daher gesagter Satz eines Bekannten oder auch eines Fremden. Wir erhalten Gelegenheiten, Namen, Informationen, Ideen, um zu unserer Wunscherfüllung zu gelangen. Wenn wir aufmerksam durchs Leben gehen und mit unserer Intuition zu kommunizieren gelernt haben, ist das kinderleicht. Erwarten wir keine außergewöhnlichen Zeichen (z.B. Donner und Blitz bei wolkenlosem Himmel), sondern achten wir lieber auf ganz alltägliche Dinge.

Ein frommer Mann, der versuchte, nach Gottes Willen zu leben, wohnte in einem Tal auf dem Lande. Eines Tages ging ein starker Regen auf sein Tal nieder und es gab eine Überschwemmung. Der Mann begab sich vom ersten ins zweite Stockwerk, während der Regen weiter fiel. Schließlich kletterte er auf das Dach. Ein Rettungsboot kam vorbei und bot an, ihn in Sicherheit zu rudern, doch der Mann schickte die Leute fort und sagte: „Ich habe volles Vertrauen auf Gott. Ich bete und glaube und vertraue, dass er für mich sorgen wird." So verließ ihn das Ruderboot. Der Sturm ging weiter, es regnete unaufhörlich und bald schon stand ihm das Flutwasser bis zum Hals. Ein zweites Rettungsboot kam zu seiner Rettung. Auch das schickte er fort: „Ich habe Glauben und vertraue auf Gott. Ich bete und glaube." Es regnete weiter, und das Wasser stieg so hoch, dass der Mann kaum noch durch Mund und Nase atmen konnte. Ein Hubschrauber flog über ihm und ließ eine Strickleiter zu seiner Rettung hinunter. „Komm rauf", riefen sie, „wir werden Dich in Sicherheit bringen". – „Nein", erwiderte er und mit denselben Worten wie zuvor: „Ich habe Glauben an Gott. Ich bete und glaube und vertraue, und ich folge ihm." Und er schickte den Hubschrauber fort. Das Wasser stieg und stieg, und schließlich ertrank er in den Fluten. Er kam in den Himmel, wo ihm nach einer Weile eine Audienz mit Gott gewährt wurde. Er trat ein und durfte vor dem Allmächtigen Platz nehmen. Er begann zu fragen: „Ich hatte so großen Glauben an dich. Ich glaubte so vollständig. Ich betete und versuchte, Deinem Willen zu folgen und dennoch ließt Du mich sterben. Ich verstehe das einfach nicht." Da kratzte Gott sich am Kopf und sagte: "Offen gesagt: Ich verstehe das auch nicht! Ich schickte Dir doch zwei Ruderboote und einen Hubschrauber Hast Du diese Zeichen zu Deiner Rettung denn nicht erkannt?"

Sei für die Wunscherfüllung dankbar

Seien wir dankbar, dass unser Wunsch sich erfüllt hat und dass unsere Intuition uns dabei geholfen hat. Seien wir so dankbar wie Kleinkinder, die sich freuen, wenn sie eine Tafel Schokolade oder ein Spielzeug geschenkt bekommen. Wertschätzung und Dankbarkeit geben unserem Leben eine unglaubliche Tiefe und harmonisieren unsere Schwingung. Zudem ist Dankbarkeit magnetisch und wenn wir dankbar für all das Gute in unserem Leben sind, ziehen wir damit automatisch noch mehr Gutes an.

Noch etwas Wichtiges zum Schluss, was die meisten Menschen vergessen: Wir schwingen IMMER, jede Sekunde unseres Lebens. Es ist wie beim Gesetz der Schwerkraft. Es funktioniert nicht nur dann, wenn wir uns daran erinnern, nein, es wirkt IMMER!!! Wir ziehen nicht nur das an, was wir sagen oder aufschreiben, sondern das, was wir JEDE SEKUNDE UNSERES LEBENS als Schwingung aussenden.

Wir können nicht nicht schwingen. Wir sollten also nicht nur ein paar Minuten am Tag, während unseres Wunschrituals, positiv schwingen, nein, wir sollten unsere Aufmerksamkeit stets auf die Sonnenseite des Lebens richten, uns klar machen, dass wir unsterbliche Energie sind und dass wir vor nichts und niemandem Angst zu haben brauchen. Wir sollten uns in aller Selbstverständlichkeit verinnerlichen, dass Glück zu uns gehört, dass es ein Teil von uns ist und dass wir allen Grund zur Freude haben.

Das waren die wesentlichen Wunschschritte in Kurzfassung. Ich wünsche Dir viel Freude bei Deinem bewussten, schöpferischen Prozess.

Gesamtübersicht:
Wunsch definieren, in sich hinein hören, den Wunsch aufschreiben und aussprechen, sich vergegenwärtigen, dass der Wunsch vielen Menschen gut tut, dem Universum Freiraum gewähren, den Wunsch als bereits erfüllt visualisieren, den Wunsch loslassen und unabhängig von seiner Erfüllung oder Nicht-Erfüllung bleiben, auf die Intuition hören und den Zeichen folgen, die Wunscherfüllung empfangen und dafür dankbar sein!!!

Wunder geschehen immer wieder.

Wie ich intuitiv mein Leben veränderte

Kommen wir nun zu meinen ersten bewussten und übergrandiosen Wunscherfolgen, die ohne meine Intuition nie zustande gekommen wären.

Wie kam ich eigentlich dazu, mich mit meiner außersinnlichen Wahrnehmung zu beschäftigen? Ich glaube, meine erste **bewusste** Begegnung mit meiner Intuition hatte ich während meiner Lebenskrise, in der die Lebensumstände mich dazu brachten, nicht mehr länger nur äußeren Stimmen Gehör zu schenken, sondern einfach einem Gefühl folgend das zu tun, was mir eine innere Stimme riet. Um das nachvollziehen zu können, müssen wir einen kleinen Rückblick auf mein Leben werfen.

(Es ist nicht leicht, meine damaligen Erlebnisse so in Worte zu fassen, dass die damaligen inneren Veränderungen, die sich dabei in

mir vollzogen, auch nur annähernd begreifen zu können, denn sowas muss man einfach selbst erlebt haben, um es mit dem Herzen nachfühlen zu können.)

Vor einigen Jahren, da stand ich vor dem existenziellen Nichts. Ich war restlos pleite, in meiner Brieftasche und auf meinem Konto herrschte absolute Ebbe, ich stellte einen Antrag auf Insolvenz, meine Eltern trennten sich und in dem Land, aus dem meine Eltern kamen, herrschte Krieg. All das warf mich regelrecht aus der Bahn und ich wurde innerhalb kürzester Zeit ein nervliches Wrack. Kein Geld, kein Job, keine Perspektive. Wenn ich an meine Zukunft dachte, rutschte mir sofort das Herz in die Hose. Eine Zeitlang waren als Folge meiner nervlichen Zerrüttung sogar die Finger einer Hand völlig taub, ich hatte nachts Erstickungsanfälle und litt an Panikattacken. Ich besaß weder ein Auto noch Telefon oder Computer, war nicht krankenversichert und lebte im „Hotel Mama“.

(Wie es dazu kommen konnte? Ganz einfach: Meine Intuition war nicht in meiner Wahrnehmung und ich irrte orientierungslos durchs Leben, als sei ich fünf Jahre zu spät zum Schulball gekommen.)

Ein Glück, dass es meine Mutter gab, denn ohne sie wäre ich weiß Gott wo gelandet. Mit der Zeit verschwand die Angst immer mehr und machte Platz für eine immer größer werdende Gleichgültigkeit und Selbsthass. Das ganze Leben, welches in meinem Fall eine einzige Großbaustelle war, ging mir mit der Zeit am Allerwertesten vorbei. Mit der Zeit isolierte ich mich immer mehr von meinen früheren Freunden und wollte mit der Welt nix mehr zu tun haben. Gleichzeitig machte ich mir schlimme Selbstvorwürfe, weil ich in meinen Augen ein Versager war. Ich hasste die Welt und mich selbst am meisten. Ob gerade Karneval, Ostern, Weihnachten oder Silvester war, spielte für mein Leben keine Rolle. Für mich war jeder Tag grau und freudlos. Hin und wieder ergatterte ich den einen oder anderen Job, aber von langer Dauer waren diese Tätigkeiten aufgrund meiner inneren Verfassung nie.

Ich pumpte ab und zu meinen Bruder an, er solle mir Geld leihen, um ein paar meiner Gläubiger zu besänftigen. Er gab mir hin und wieder etwas Geld, meinte aber ständig, dass eine Symptombehandlung nicht das Gelbe vom Ei sei und dass ich mich stattdessen mit der Ursache befassen sollte, damit ich solche Lebenskrisen zukünftig vermeide. Er gab mir viele Lebensratgeber und Bücher, welche die Macht des Unterbewusstseins behandelten. *„Na prima“*, dachte ich. *„Ich bitte meinen Bruder um Geld und er leiht mir seine ‚Besserwisser-Bücher‘ aus.“* (Er nannte sie im Gegensatz zu mir eine Sammlung von hilfreichem Wissen ☺.)

„Eine Investition in Wissen bringt noch immer die besten Zinsen.“ (Benjamin Franklin)

Ich war erst sauer, aber tief in mir drin war mir auch klar, dass ich nicht so weiter machen konnte wie bisher. Irgendwann erreicht jeder von uns Mal den Punkt, an dem ein freudloses Dasein einem gegen den Strich geht und bis zum Hals heraus hängt. Da ich nichts zu verlieren und viiieeel Zeit hatte, las ich mich durch über 50 Bücher durch.

„Das Lesen von guten Büchern ist wie eine Unterhaltung mit den besten Menschen vergangener Jahrhunderte.“ (Rene Descartes)

Nachdem ich mein erstes Buch zum Gesetz der Anziehung las, mischte sich natürlich sofort mein Verstand ein und versuchte das Ganze aus rationaler Sicht als esoterischen Schwachsinn abzutun. Eine innere Stimme schien mir jedoch zuzuflüstern, ich solle mein Augenmerk besonders auf die Bücher richten, in denen erklärt wurde, dass unsere Gedanken und Gefühle unser Leben erschaffen. Es kamen in den darauf folgenden Wochen immer mehr Eingebungen hinzu, die immer intensiver und zu unüberhörbaren Weckrufen wurden, und die mir allesamt zu verstehen gaben, ich solle mein Leben neu gestalten – mittels der Macht meiner Gedanken und Gefühle.

Die anfängliche Skepsis löste sich immer mehr und mehr auf, sie wurde ersetzt von den folgenden Gedanken: *„Es könnte alles ganz anders sein. Die gegenwärtige Situation muss nicht so bleiben, wie sie gerade ist. Meine heutige Lage ist lediglich das Ergebnis einer negativen Lebensweise, die ich in den letzten paar Jahren meines Lebens geführt habe. Ändere ich meine Gedanken und Gefühle, meine Glaubenssätze und meine Sicht auf mich, die Welt und das Leben, dann ändere ich auch meine Lage.“*

Die Bücher inspirierten mich schließlich so sehr, dass ich neuen Mut fasste, eine neue Geschichte meines Lebens zu kreieren. Nach vielen Monaten, in denen ich mir absolute Wunschklarheit verschaffte, meditierte, imaginierte, visualisierte und vieles mehr praktizierte, tauchten eine bis dahin noch nie gekannte (Vor-)Freude und ein unbeschreibliches Gefühl des Vertrauens in mir auf.

(Hiermit betone ich noch einmal ausdrücklich, dass ich mir wirklich VIIIEEEL Zeit nahm, um mir über meine ECHTEN und WAHREN Wünsche klar zu werden. Das ging nicht von heute auf morgen, denn es waren auch ganz viele unechte, „künstliche" Wünsche dabei, die es auszusortieren galt. Lieber langsam und richtig, als schnell und falsch.)

Ich fühlte mich wie „oben geführt", wobei es genau genommen ein Gefühl des **inneren** „Geführtwerden" war (allgemein gilt, dass Menschen in Krisensituationen intuitiver werden). In diesem Zustand sandte ich vier Wünsche ans Universum (den Wunsch nach meiner Traumpartnerin, einem Auto, Urlaub an einem exotischen Strand und den Wunsch nach einer finanziellen Möglichkeit, meinen zahlreichen sportlichen Aktivitäten nachgehen zu können). Ich schrieb alles auf einen Wunschzettel und verwahrte ihn an einem nur mir zugänglichen Platz. Ich hatte keinerlei wissenschaftliche Beweise, dass ich tatsächlich Einfluss bezüglich der Erfüllung meiner Wünsche habe und offen gesagt hielt mein Intellekt in der damaligen Situation meine Wünsche für unerfüllbar, aber dank meiner monatelangen Meditation hatte mein Intellekt bzw. mein Verstand kein großes Mitspracherecht. Nicht bei diesem Thema. Mein Herz hätte sowieso darauf gepfiffen, was mein Intellekt einzuwenden gehabt hätte. Denn mein Herz wollte zum Glück und dabei lässt es sich von nichts und niemandem aufhalten.

Nur kurze Zeit danach überschlugen sich die Ereignisse. Ich lernte meine heutige Lebensgefährtin kennen, als ich eine Kampfkunstschule besuchte, in der sie trainierte. Wir verliebten uns beide bis über beide Ohren ineinander und meine Mutter meinte damals zu mir, ich würde fünf Jahre jünger aussehen, seitdem ich mit ihr zusammen bin. Wir verbrachten Tag und Nacht in trauter Zweisamkeit zusammen und ich fühlte mich göttlich gut!!! Sie war, wie ich später von ihr erfuhr, zuvor mit einem Juwelier-Millionär verheiratet. Nachdem sie sich einen zweiten Wagen zulegte, stellte sie mir ihren Ford Mustang zur Verfügung. Ich dachte erst, ich würde träumen, aber im Traum macht kein Wagen so schöne Motorengeräusche ☺. Dann lud sie mich nach Mauritius ein, wo es wunderschöne, exotische Strände gibt. Die Freunde, mit denen ich noch halbwegs Kontakt hatte und die von meiner desolaten Finanzlage wussten, bekamen den Mund nicht mehr zu, als sie eine Postkarte von mir aus dem sonnigen Urlaubsparadies erhielten. Und zu guter Letzt sponserte meine Lebensgefährtin mir Krafttraining und Kampfkunst für mehrere Jahre (teilweise sogar Privattraining bei Weltklasse-Sportlern).

Phänomenal! Himmlisch! Gigantisch!

Archimedes hätte vermutlich HEUREKA gerufen. Das war der Augenblick, als es mir wie Schuppen von den Augen fiel, dass ich mir wirklich alles selber schaffe. Ich war außer mir vor Glück und völlig sprachlos vor Freude. Das „Lebens-Formtief" war vorbei. Mein außergewöhnlich unglückliches Leben wurde zu einem außergewöhnlich glücklichen Leben. Ich wurde vom Schmied meines bisherigen Unglücks zum Schmied meines Glücks. Endlich raus aus der Sackgasse und wieder selbst entscheiden, nicht von den Umständen bestimmt werden, sondern die Umstände selbst bestimmen. Und dann erst sah ich den Zusammenhang zwischen dem, was geschehen war und meinem Wunschzettel:

Meine Träume wurden ALLE wahr.

Was für ein „Zu-Fall". Es fiel mir all das mühelos zu, was aufgrund meiner Schwingung zu mir gehörte. Mein neues Lebensprinzip war von da an: Alles mit Freude zu tun und wirklich nur das in mein Leben hinein zu lassen, was mir Freude macht. Und dass ich immer meine innere Stimme konsultiere, wenn ich Fragen habe. Ich genoss in der Folgezeit die wunderbare Zweisamkeit mit meiner Traumpartnerin (und genieße sie auch heute ☺), fuhr meinen absoluten Traumwagen, wurde innerhalb kürzester Zeit schuldenfrei und genoss mein Leben wieder in vollen Zügen. Plötzlich war alles wieder in bester Ordnung und noch besser als zuvor. Ich verliebte mich in mein eigenes Leben!!! Alle meine Wünsche, so unrealistisch sie meinem Verstand auch vorkamen, wurden mir quasi frei Haus geliefert. Mir wurde blitzartig klar, dass ich gerade dabei war, meinen Kompass Richtung „dauerhaftes Glück“ auszurichten. Und auch, dass diese Glücksepisode erst eine von vielen sein würde. Auch verschwanden die Panikattacken, Erstickungsanfälle und das Taubheitsgefühl. Nach einem langen steinigen Weg strahlte ich plötzlich eine tiefe Zufriedenheit aus. Geld, Gesundheit, Glück in der Liebe – was will man mehr? Und all das nahm seinen Anfang, als ich einem inneren Gefühl zu folgen begann.

Vor diesem Hintergrund sollten wir uns einmal die Frage stellen, welche Rolle Gefühle in unserem Leben spielen. Nehmen wir einmal an, jemand hat Rückenschmerzen. Wir fühlen diesen Schmerz und wollen ihn so schnell wie möglich „abstellen“ (z.B. durch die Einnahme von Medikamenten). Wir kommen aber nur selten auf die Idee, uns zu fragen, welche Information in den Schmerzen enthalten ist. Oder wenn wir uns z.B. langweilen oder auf jemanden wütend sind. Was wollen uns diese Gefühle sagen, was versuchen sie uns mitzuteilen? Gefühle sind Informationsträger und bringen uns wie ein Postbote Benachrichtigungen und Mitteilungen. Es geht also gar nicht so sehr um das Gefühl selbst, sondern um die Information, die darin versteckt ist.

Bei mir war es das Gefühl der Vorfreude, welches mir zuzuflüstern schien: *„Wenn Du Dich jetzt schon freust, lieber Goran, und diese Schwingung intensiv ausstrahlst, dann wird sie doppelt und dreifach zu Dir zurück kommen – in Form von erfüllten Wünschen.“* Was damals passierte, lieber Leser, schlug einfach alles, was man sich auch nur ansatzweise vorstellen kann. Mir kamen vor lauter Freude sogar die Tränen. Von „am Boden zerstört“ zu „Wolke sieben“. Es war der reinste Wahnsinn (im positiven Sinne). Ich war bis über beide Ohren verliebt und alles andere stimmte auch zu 100%. Ich wusste gar nicht, ob das wirklich passiert oder ob ich das nur halluziniere. Das Leben war wieder mehr als nur nach Luft schnappen, das Leben selbst war wieder ein Wunder, etwas so Großartiges und Herrliches, das es mit Worten gar nicht beschrieben werden kann. Ich fühlte mich sensationell gut, überirdisch happy, ich wurde zur Verkörperung von Glück und Frohsinn.

Es war die pure, unverfälschte Freude.

Das war ein solcher Flash, dass auf einmal alles klar war. Alle Zweifel waren weg. Nichts war mehr unmöglich, ein Wunsch nach dem anderen ging in Erfüllung (Lese-Tipp: **Das glückliche Taschenbuch grandioser Wunscherfolge**). Es war wie ein Wunder und ich fragte mich, wieso ich vorher so lange auf der Leitung stand. Heute kann ich sagen: Meistens ist es so, dass sich alles, was wir uns wünschen, in unmittelbarer Umgebung befindet. Nur sehen wir es noch nicht, weil wir unsere Intuition vernachlässigen.

Ich zerbrach mir jahrelang den Kopf, wieso es in manchen Lebensbereichen trotz größter Anstrengungen und Mühen nicht so lief, wie ich es wollte. Nun wusste ich es. Ich lebte unbewusst, sandte unbewusste Gedanken und Gefühle aus, und ich ignorierte meinen inneren Wegweiser. Wie dem auch sei: Nach solchen Intensiverfahrungen erscheint einem das Leben automatisch in einem ganz anderen Licht und man lernt dazu. Es ist kein unüberblickbares Labyrinth mehr. Nun wusste ich, dass es tatsächlich stimmt, dass Gedanken und Gefühle schöpferisch sind, dass Wünsche wahr werden können und dass es eine innere Stimme gibt, die uns allen dabei hilft. Zweifellos die größte Entdeckung, die ich bis dahin in meinem Leben machte. Ich war dem Leben nicht mehr hilflos ausgeliefert, oh nein, das Leben wurde mein Spielfeld, auf dem ich zeigen kann, was ich drauf habe, was alles in mir steckt. Ein Gefühl der eigenen Macht nahm Platz in meinem Denken und Fühlen ein. Und welche Rolle ich hier auf Erden spiele. Ich wusste nun, wo es lang geht, plötzlich war ALLES so klar, alles so ersichtlich. Und ich kam meinen inneren Aufforderungen immer nach. Ich gehe seitdem immer den Weg, der sich intuitiv besser anfühlt. Und die Wunscherfüllungen gingen froh und heiter weiter. Während meiner Krise hatte ich z.B. nicht einmal das Geld für Kaugummis und kurze Zeit danach war ich gewerblich selbständig mit hohen fünfstelligen Summen auf dem Konto. Es kam von einer „Fügung" zur nächsten, plötzlich ging, dank einer unsichtbaren Führung, alles steil bergauf und ich bekam wieder Geschmack am Leben. Ich lernte immer mehr wunderbare und erfolgreiche Menschen kennen, bekam die verschiedensten Angebote offeriert und wurde Bestseller-Autor. Das versetzte auch mein Umfeld in totales Erstaunen. Ich erzählte in meinem Freundeskreis herum, dass wir alle die Schöpfer unseres Lebens sind, dass wir alle machtvoll sind, dass es nicht den geringsten Grund dafür gibt, zu leiden und unglücklich zu sein.

Jeder intuitive Impuls eröffnete mir neue, ungeahnte Möglichkeiten. Es folgte eine regelrechte Kettenreaktion positiver Lebensumstände. Glücksfälle, die wie aus dem Nichts zu kommen schienen - Interviews, Berichte über meine Bücher, Gemeinschaftsprojekte mit anderen erfolgreichen Menschen. Doch natürlich kamen die glücklichen Umstände eben nicht aus dem Nichts. Sie kamen von MIR SELBST!!! Mir wurde ein für allemal klar, dass das, was ich suchte, nicht da draußen in der Welt zu finden war, sondern nur in mir selbst. Je länger ich darüber nachdachte, desto mehr wuchs meine Begeisterung.

Viele Freunde und Bekannte von mir bekamen alles mit und staunten Bauklötze. Manche waren aber immer noch skeptisch in Bezug auf die Wirksamkeit unserer Gedanken und Gefühle und dass sie unsere Wünsche wahr werden lassen können. Was das Ganze nun Glück? Im Grunde ja, lieber Leser, nur sollten wir nie, nie, niemals vergessen, dass man Glück eben anziehen kann. Ich entschied mich damals bewusst und entschlossen für glückliche Wunscherfüllungen und lenkte meine Schwingung bzw. meinen Energiefluss so, dass es genau so kommen musste, wie ich es mir wünschte. Und ich wurde dabei navigiert von meiner Intuition.

Ich erlebe seitdem Tag für Tag, wie das Glück ständig aufs Neue Einzug in mein Leben hält und gar nicht daran denkt, damit aufzuhören bzw. mich zu verlassen. Die Erfahrungen damals waren unglaublich, faszinierend und absolut erkenntnisreich. Ich erkannte Zusammenhänge, die mir zuvor nie bewusst waren. Es drangen Einsichten, Ideen, Lösungen und absolute Klarheit vor mein inneres Auge. Ich wusste nun voller Gewissheit: Manchmal erscheint das Ende des Weges als eine Sackgasse. Wenn man aber weitergeht und sich nicht entmutigen lässt, merkt man, dass der Weg nur einen Knick macht. Gefühle, welche mich die letzten Monate so zielgenau führten, stellten sich alle als richtig heraus. Sie machten alle Sinn!!! Vorher war ich von allen „guten Geistern“ verlassen, doch das war zum Glück vorbei. Mir wurde schnell klar, dass der natürliche Kontakt zu unserer Intuition uns ungeahnte Möglichkeiten bietet, unser Leben glücklicher zu gestalten. Mir dämmerte, dass ich nie alleine bin, dass ich nicht alles selbst entscheiden muss, sondern mich nur einer mir gut gesinnten, höheren Quelle zu öffnen brauche. Ohne diese Verbindung bewegen wir uns blind und mit angezogener Handbremse fort, laufen quasi nur auf Autopilot, voll an unseren wahren Fähigkeiten vorbei, fast so, als hätten wir eine Augenbinde an.

Wenn meine Intuition mir zu solchen Wunscherfüllungen verholfen hat, indem sie mir Hinweise geschickt hat (in diesem Fall bestimmte Bücher zu lesen und zur Kampfkunstschule zu gehen), dann, so mein Gedanke, macht sie das sicher andauernd. Doch offenbar war ich bisher taub und blind dafür. Es lag an mir, dass ich sie bislang nicht bemerkt hatte. Die Intuition war immer da, aber ich war nicht da, ich war offline, ich war unbewusst, abgelenkt und nicht empfangsbereit.

(Offen gesagt WOLLTE ich sie oft gar nicht hören, da sie mich auf Wege leiten wollte, die langfristig gut, aber kurzfristig etwas unbequem waren.)

Ich sah mir mein bisheriges Leben an und dachte: *„Wenn ich allen direkten und indirekten Botschaften meiner Intuition Gehör geschenkt hätte, wäre mein Leben viel einfacher und viel glücklicher verlaufen."* Wie oft hatte ich solche Eingebungen schon verdrängt? Egal, ich war nun an einem (Entwicklungs-)Punkt angelangt, an dem ich mir über meine wahren Fähigkeiten bewusst wurde. Ich war mit all diesen Einsichten ein ganz neuer Mensch. Man kann auch sagen: ICH WACHTE ENDLICH AUF!!!

Für mich stand fest: „Alles, was glücksrelevant ist, befindet sich also in uns! Sowohl unsere Gedanken und Gefühle, als auch unsere Intuition." Die Frage war nun: *„Wie kann man seine Schöpferfähigkeiten und seine Intuition BEWUSST nutzen???"* Diese Frage nistete sich in meinem Hinterstübchen ein und sie gab mir keine Ruhe. Ich war auf der Suche nach Klarheit und Übersicht. Schließlich reichte mir eine große Lebenskrise und die nächsten Lernlektionen beabsichtigte ich auf die sanfte Tour zu meistern. Ich war wild entschlossen, diese innere Stimme immer zu hören – na ja, nicht immer, aber zumindest dann, wenn es wichtige Entscheidungen zu treffen gab. Das Gesetz der Anziehung und die Intuition praktisch erforschen, sie begreifen bzw. wahrnehmen und richtig deuten lernen, ja, das war plötzlich das Wichtigste in meinem Leben geworden.

Den Großteil meines Lebens hatte ich mich selbst von meiner Intuition abgeschnitten und führte ein vorwiegend verstandesorientiertes Leben. Ich legte Wert auf Rationalität und Logik. Doch dieses Leben hatte mich nicht glücklich gemacht, im Gegenteil, es hatte mich in eine tiefe Krise gestürzt. Heute nutze ich sowohl den Verstand, als auch die Intuition, ich greife auf alle meine Kapazitäten zu.

Lieber Leser, es ist ungemein wichtig, sich neu zu orientieren, wenn das Leben uns nicht glücklich macht. Und die Bücher, die mein Bruder mir auslieh, waren in meinem Fall eine Weichenstellung für ein schöneres und glücklicheres Leben. Sie verursachten in mir gewaltige Veränderungen, sie erinnerten mich an mein nicht genutztes Potenzial. Solche Veränderungen unterstütze ich heute mit großer Begeisterung mittels meiner Bücher bei anderen Menschen.

Die größte Lehre, die ich aus meiner Lebenskrise zog, ist diese: Es kann in der Welt noch so stressig, laut, kriegerisch und nervenaufreibend zugehen, wenn meine Intuition mir zu verstehen gibt, dass kein Grund zur Sorge besteht, dann ist das auch so. Solange wir uns unserer Intuition anvertrauen, haben wir so etwas wie eine Art harmonischen Schutzschild um uns herum, welcher uns immer umgibt und uns durch alle Wirren des Lebens sicher hindurch führt, und der uns ein Wunder nach dem anderen beschert. Und damit keine Missverständnisse entstehen: Wer nicht an Wunder glaubt, ist kein Realist. Wunder sind im Grunde reine Gewöhnungssache. Kommt es erst einmal oft zu WUNDER-vollen Erfahrungen, sind Wunder nichts Außergewöhnliches mehr.

Und noch ein ganz wichtiger Gedanke kommt mir gerade in den Sinn: Bestimmtes Wissen gelangt erst dann zu uns, wenn wir reif dafür sind bzw. wenn wir reif sind, es schwingungstechnisch anzuziehen. Wenn wir in der Grundschule sind, bekommen wir auch nicht Aufgaben aus der Oberstufe gestellt. Bei mir war die Zeit offenbar reif bzw. meine Schwingung war damals soweit, eine neue Richtung in meinem Leben einzuschlagen und ich war soweit. mir über einige lebenswichtige Dinge bewusst zu werden. Und so geht es jedem von uns. Und jeder entscheidet mit seiner Schwingung selbst den Zeitpunkt. Das ist meine persönliche Erfahrung.

Ich folgte meinem intuitiven Gefühl und veränderte dadurch mein Leben zum Guten. Und dabei lernte ich: Wichtig bei jedem einzelnen Wunsch ist immer die Rücksprache mit unserer inneren Stimme. Meine Intuition bildet die Grundlage für mein heutiges Leben.

Öffne Dich der Intuition und Du öffnest Dich dem Glück.

Was die Intuition so alles kann

„Ich betrachte meine Intuition als eines der wichtigsten Elemente in dem geistigen Prozess, der mich zu Einsichten und Entscheidungen führt.“ (Henry Ford)

Unsere Intuition ist ein Geschenk des Lebens, ein wahres Juwel. Und wer sie zu nutzen weiß, der profitiert ein Leben lang davon. Mit ihr durchbrechen wir die Schallmauer des scheinbar Möglichen. Albert Einstein gab an, dass er die Relativitätstheorie weitgehend intuitiv erschloss. Er tat es, als er sich im Halbschlaf auf einem Lichtstrahl reiten sah. Erst danach bemühte er sich, wissenschaftliche Beweise dafür zu finden. Walt Disney verließ sich auf seine Intuition, wenn es um seine Idee ging, Zeichentrickfilme zu produzieren. Zahlreiche Produzenten hatten ihn zuvor abgewiesen, dennoch hielt er intuitiv an seiner Idee fest. Mister Kentucky versuchte sein Küchenrezept an den Mann zu bringen und wurde ständig abgewiesen, aber er ließ sich nicht beirren, verließ sich auf seine Intuition und gründete schließlich seine Restaurantkette Kentucky Fried Chicken. Der frühere Chef von Ford, der in Harvard studierte, ging bei seinen Entscheidungen folgendermaßen vor: Zuerst wägte er alles mit seinem Verstandeswissen ab. Nachdem das getan war, fällt er seine Entscheidung, welcher Prototyp in Serie gehen soll, aus dem Bauch heraus. Ray Kroc ignorierte vor Jahrzehnten alle Marktforschungsergebnisse und investierte intuitiv einen gewaltigen Teil seines damaligen Vermögens in eine Fast-Food-Kette. Was daraus wurde? Die Antwort lautet: McDonalds (ca. 26 Milliarden Dollar Jahresumsatz).

In den 1980er Jahren wurde dem Getty-Museum in Los Angeles von einem Händler eine, so wie es schien, zweieinhalbtausend Jahre alte griechische Statue für zehn Millionen Dollar angeboten. Das Getty-Museum ließ die Echtheit der Statue mittels Massenspektografie, Elektronenmikroskop, Röntgendiffraktions- sowie Röntgenfluoreszenzuntersuchungen prüfen. Nach einem Jahr intensiver Prüfung lautete der einstimmige Befund, dass die Statue ohne jeden Zweifel echt ist. Kurz vor der Kaufabwicklung kam dem ehemaligen Leiter des Metropolitian Museum of Art in New York der intuitive Gedanke, dass die Statue irgendwie frisch aussieht. Der Leiter der Archäologischen Gesellschaft in Athen spürte ganz spontan „ein Frösteln am ganzen Körper", als er die Statue sah. Das Ende vom Lied: Es stellte sich heraus, dass die Statue eine Fälschung war. Eine Fälscherwerkstatt in Rom beschleunigte den Alterungsprozess der Marmorstatue mit einem Kartoffelschimmel. Das Bauchgefühl der Kunstkenner lag goldrichtig, während die wissenschaftlichen Berechnungen auf ganzer Linie versagten. Dank Intuition fiel man auf die fehlerhaften Empfehlungen sogenannter Experten nicht herein.

Der Heidelberger Psychologe Henning Plessner untersuchte die menschliche Intuition mit einem Test. Testpersonen lasen von einem Nachrichtenticker die Kursentwicklungen von fünf verschiedenen Aktien ab, während ihre vermeintliche Hauptaufgabe darin bestand, ebenfalls auf dem Bildschirm gezeigte Werbefilme zu bewerten. Die Testpersonen konnten nach dem Test keine einzige Frage beantworten, die man ihnen bezüglich der Aktien stellte. Danach durften sie die Aktien gefühlsmäßig bewerten und schätzten die Kurse mit den größten Gewinnen tatsächlich am positivsten ein. Je weniger sie verstandesmäßig über etwas nachdachten, desto besser wussten sie die Wahrheit. *„Gute Intuition ignoriert Informationen"*, erklärt der Psychologe Gerd Gigerenzer, Direktor am Max-Planck-Institut für Bildungsforschung in Berlin. Rationales Denken ist unglaublich fehleranfällig, so dass es nur mit äußerster Vorsicht zu genießen ist, da es keinerlei Sicht auf die Gesamtzusammenhänge im Universum hat. Sehen wir uns z.B. einen Wald an, so sieht der Verstand darin keine Ordnung, sondern nur Unordnung. Unsere Intuition jedoch weiß es besser und sieht in der unberührten Natur eine höhere und perfekte Harmonie, die sich dem Verstand gänzlich entzieht.

In einem Experiment des bereits erwähnten deutschen Psychologen und Autors Gerd Gigerenzer Ende der 1990er Jahre mit Studenten der New York University, mussten diese für eine zufällige Auswahl von Spielen der Saison 1996/97 der National Basketball Association (NBA) den Sieger erraten. Die Saison war bereits vorbei, Gigerenzer anonymisierte die Mannschaften und gab den Studenten zu jeder Partie nur zwei Hinweise: Die Anzahl der Spiele, die die beiden Mannschaften jeweils in der Saison insgesamt gewonnen hatten, und den Halbzeitstand. Eine nachträgliche Analyse ergab eine intuitive Vorgehensweise der meisten Studenten. Das Resultat war, dass die Studenten bei 78 Prozent der Partien richtig lagen.

Der Psychologe Gary Klein an der Oakland Universität erzählt von einem interessanten Fall, bei dem die Intuition eines Feuerwehrmannes lebensrettend war: Das Löschteam befand sich in einem brennenden Haus und konnte den Brandherd nicht ausfindig machen. Da schrie der in Rede stehende Feuerwehrmann auf einmal: *„Alle raus hier!!!“* Nur kurze Zeit später krachte das ganze Gebäude in sich zusammen. Intuition sei Dank. Wer auf seine Intuition hört, holt das Beste aus seinem Leben heraus – im wahrsten Sinne des Wortes. Es gibt unzählige Berichte über Menschen, die auf wundersame Weise Kriegswirren und Naturkatastrophen heil überstanden haben, weil sie auf die intuitive Stimme aus ihrem Inneren gehört haben. Alle Ereignisse im Leben kündigen sich vorher schon an, nur wir erkennen meistens die Zeichen nicht.

Der Starpianist Glenn Gould erzählt, dass er manchmal in der Situation ist, in der er trotz oder gerade wegen allerhöchster Konzentration nichts zustande bringt. In diesem Fall schaltet er dann Radio, Fernseher und sogar den Staubsauger ein, so dass er sich nicht mehr auf seine Spielweise konzentrieren kann, und siehe da, es klappt auf einmal alles ganz intuitiv. Jeder Künstler (Musiker, Maler, Bildhauer,

Schriftsteller, Schauspieler, Regisseur) ist nur dank seiner Intuition schöpferisch erfolgreich.

Die Intuition schafft Kreativität. Jeder Künstler muss zulassen, dass die Inspiration zu ihm kommt, jeder Komponist muss zulassen, dass die Musik zu ihm gelangt und jeder Maler muss sich öffnen, damit das Bild Zugang zu ihm findet. Und das geht nur intuitiv. Ein Künstler ohne Intuition wäre kein echter Künstler. Wenn ich ein Buch schreibe, bin ich eigentlich nicht da – ich schreibe intuitiv. Im Zustand des „intuitiven Fließens“ hat das bewusste Denken, Analysieren, Kombinieren, Planen und Organisieren Sendepause. Hinter aller Kreativität steht letzten Endes immer unsere Intuition. Ohne sie wären Kunst und Erfindungen überhaupt nicht möglich. Unser danach einsetzender Intellekt führt nur noch aus bzw. prüft die originellen und hoch kreativen "Ergebnisse", die aus der Intuition kommen.

„Um originell zu sein, musst Du eher der Stimme Deines Herzens lauschen, als dem Geschrei der Welt.“ (Ludwig Börne)

Der Schach-Weltmeister Wladimir Kramnik ist überzeugt davon, dass ohne die Intuition selbst der analytischste Denksportler völlig aufgeschmissen und hilflos wäre. Ich gehe sogar so weit zu sagen, dass Genialität nur durch Intuition möglich ist. Ohne dass wir es bewusst merken, begleitet sie uns jede Sekunde unseres Lebens. Ob wir uns lieber den Liebesfilm oder die Rate-Show anschauen, den blauen oder den roten Pulli anziehen, Spaghetti oder eine Lasagne essen – die Intuition hat sich augenblicklich dazu geäußert. Pianisten agieren schneller, als sie denken können. Sie spielen die Noten schneller, als sie sie verstandesmäßig erfassen können. Ihre Finger bewegen sich ganz intuitiv. Rennsportler auf Olympiaden laufen etwa 120 Millisekunden nach dem Startschuss los. Der Schuss ist wohlgemerkt erst zu hören, nachdem die Sportler sich schon in Bewegung gesetzt haben. Profi-Torhüter erahnen intuitiv, in welche Ecke der Ball geschossen wird. Sportmotorische Untersuchungen haben gezeigt, dass unser Körper komplexe Bewegungsabläufe umso präziser ausführen kann, je "intuitiver" wir uns bewegen und je weniger wir darüber nachgrübeln. Bevor wir uns konkrete Gedanken über einen Menschen oder ein Thema machen können, haben wir bereits nach 200 Millisekunden eine intuitive Meinung dazu. Die Weisheit der Intuition (bzw. des höheren Selbst) ist immer mit von der Partie. Andreas Glöckner, der Leiter der Forschergruppe „Intuitive Experts“ am Bonner Max-Planck-Institut für Gemeinschaftsgüter, vertritt die Meinung, dass es im Grunde keine Entscheidungen gibt, die Menschen ausschließlich bewusst treffen. Vielmehr würden intuitiv-automatische Prozesse immer aktiviert und in manchen Fällen durch zusätzliche bewusste Prozesse ergänzt.

Eine Frau aus Indien mit dem Namen Shakuntala löste Fragen aus der Mathematik und Arithmetik rein intuitiv. Sie tat das, ohne den Verstand zu benutzen. Albert Einstein war sehr beeindruckt von ihren intuitiven Fähigkeiten und stellte ihr ein Zertifikat aus. Er selbst brauchte für eine bestimmte Aufgabe drei Stunden und weniger geniale Menschen sogar bis zu sechs Stunden. Als er Shakuntala die Aufgabe stellte, da fing sie bereits mit dem Schreiben der Lösung an, noch bevor Einstein die Frage zu Ende gestellt hat. Als er von ihr wissen wollte, wie sie das macht, da sagte sie, dass sie alle möglichen Zahlen vor ihrem inneren Auge sieht. Das nenne ich eine Super-Intuition.

Ines Donath, Gründerin der Seite www.feelheaven.de sowie Autorin der Bücher „Glückskind“ und „Mit den Augen der Seele gesehen“, fuhr auf der Autobahn schnell auf der linken Spur. In der Ferne sah sie so etwas wie Staub, konnte es aber nicht zu 100% ausmachen und dachte sich nichts dabei. In diesem Moment hörte sie ihre innere Stimme so deutlich, als würde jemand neben ihr sitzen und ihr laut zurufen: „BREMSEN!!!“. Gott sei Dank folgte Ines ihrer inneren Stimme, denn ein Fahrer vor ihr war eingeschlafen und in die Leitplanke gerast. Der Inhalt des Kofferraumes war auf die Straße verstreut und sein Wagen stand quer auf der linken Spur. Da Ines kurz zuvor ihr Tempo intuitiv verlangsamte, konnte sie dem Wagen elegant ausweichen, bevor sie anhielt, um zu schauen, ob der Fahrer Hilfe brauchte. Es stellte sich zum Glück heraus, dass dem Fahrer wie durch Engelshand nichts passiert war, bis auf sein demoliertes Auto. Hätte Ines nicht vorher auf ihre innere Warnung gehört und vorsorglich gebremst... wer weiß, was da passiert wäre.

Ich kann Dir gerne auch aus meinem Leben erzählen, in denen ich meiner Intuition vertraute und davon profitierte. Vor zwei Jahren war ich drauf und dran ein Fitness-Center zu übernehmen, doch meine Intuition hielt mich durch ein unangenehmes Gefühl des Misstrauens davon ab, den Vertrag, der alles besiegelt hätte, zu unterzeichnen, obwohl auf dem Papier alles perfekt aussah, die verschiedenen Räumlichkeiten und Geräte in gepflegtem Zustand und die Kunden mir sehr angenehm waren. Ich wünschte mir ein Zeichen, wie ich nun in dieser Sache verfahren sollte. Tags darauf sah ich mir einen Fernsehfilm an, in dem ein Betrüger einer anderen Person ein Fitness-Studio vermitteln wollte. Der Betrüger im Film hatte den gleichen Nachnamen wie mein Verhandlungspartner, der auf meine Unterschrift drängte. Daraufhin ging ich mit den Bilanzen des Studios zu meinem Anwalt, der diese prüfen ließ. Es stellte sich heraus, dass die Zahlen nicht stimmten und dass das Studio keinen Gewinn abwarf. Tja, Krisen meistert man am Besten, indem man ihnen zuvorkommt.

„Überall geht ein frühes Ahnen dem späteren Wissen voraus." (Alexander von Humboldt)

Vorletztes Jahr wollten meine Freundin und ich in einen Tierpark fahren und gaben die Anschrift in unser Navigationssystem ein. Doch aus irgendeinem Grund funktionierte das Navi nicht und konnte die Route nicht berechnen. Als wir aber die Anschrift eines anderen Tierparks eingaben, da funktionierte es eigenartiger Weise wieder und berechnete die Route, so dass wir uns entschieden, in diesen anderen Tierpark zu fahren. Abends erfuhren wir durch die Nachrichten, dass es auf der Autobahn, die zu dem Tierpark führt, den wir ursprünglich besuchen wollten, einen schweren Unfall gab. Ob meine oder die Intuition meiner Lebensgefährtin das Navigationsgerät beeinflusst hatten, damit wir nicht in einen Unfall verwickelt werden? Offenbar.

Ich hatte in meinem Leben drei schwere Autounfälle als Beifahrer erlebt. Meine Intuition teilte mir dies in intensiven Träumen (in Form meiner verstorbenen Großmutter) immer schon einige Tage zuvor mit – und auch, dass ich mir keine Sorgen zu machen brauche (Ähnliches ereignete sich auch bei meinem Bruder). Bei keinem einzigen Autounfall hatte ich auch nur einen einzigen Kratzer, was nicht heißen soll, dass die Unfälle „Kleinigkeiten" waren. Alle drei Unfälle ereigneten sich auf der Autobahn bei einem Tempo zwischen 100 km/h und 150 km/h, und bei einem Unfall überschlug sich der Wagen mehrmals und prallte gegen einen Baum. Die angerückten Polizeibeamten glaubten mir erst beim dritten Mal, dass ich kein außen stehender Zeuge des Unfalls sei, sondern das Unfallopfer. Sie wunderten sich, dass ich ÜBERHAUPT keine Verletzungen davon trug. Ich nehme meine Träume seitdem ernst, denn sie sind die Botschaft meiner Intuition, so wie eine Nachricht auf dem Anrufbeantworter. Mir dämmerte, dass mein innerer Flüsterer unentwegt zu mir sprach, nicht nur kurz vor solchen Extremsituationen. Aber ich hörte ihn jahrelang nicht. Wie sollte ich auch, wenn ich meine Aufmerksamkeit stets nach außen richtete!?

Meine Intuition war es auch, die mich dazu brachte, mich hinzusetzen und über mein Leben ein Buch zu schreiben. Für mich recht außergewöhnlich, da ich zuvor nie etwas mit Bücherschreiben im Sinn hatte. Und es war auch ein intuitiver Impuls, der mich damals dazu brachte, in die Kampfkunstschule zu gehen, in der ich meine Freundin kennen lernte. Es lief alles mit der Planmäßigkeit eines Uhrwerks ab und ich fühlte mich danach frei wie ein Vogel. Seitdem weiß ich: Der Schlüssel zum Wunschleben liegt immer im Inneren des Menschen, nicht in der Außenwelt.

Eine Tante von mir, die in England lebte, verdankte ihrer Intuition ihr Leben. Im Jahre 1972 wollte sie von Belgrad nach London fliegen, doch ein Gefühl hielt sie davon ab an Bord der Maschine zu steigen. Du ahnst sicher schon, was passiert ist. Das Flugzeug stürzte ab und alle Insassen waren gestorben, unter anderem die gesamte frühere jugoslawische Nationalmannschaft im Handball (bis auf einen ausgefallenen Spieler, der nicht mit flog).

„Verlass Dich ruhig auf Deine Ahnungen. Sie beruhen gewöhnlich auf dicht unterhalb der Bewusstseinsschwelle registrierten Fakten.“ (Joyce Brothers)

Mein Bruder fuhr mit seinem Wagen auf der Autobahn eine Strecke, die er seit Jahren in- und auswendig kennt. Ein Gefühl brachte ihn dazu, eine Ausfahrt zu früh die Autobahn zu verlassen. Als er auf eine Landstraße kam, auf der er sein Tempo drosselte, platzte plötzlich sein Autoreifen. Nicht auszudenken, wenn er in hohem Tempo ganz normal auf der Autobahn weitergefahren wäre bis zur richtigen Ausfahrt und der Reifen wäre dort geplatzt. Eine Nacht zuvor träumte mein Bruder von unserem verstorbenen Großvater, der ihn fragte, ob er mit ihm gehen will (vermutlich ins Jenseits?). Mein Bruder verneinte und so verhalf ihm seine Intuition tags darauf, dass er weiterhin in unserer Schwingungsebene blieb (Vielen, vielen Dank dafür!).

Dank unserer Intuition werden wir niemals Angst haben, wir könnten etwas verpassen in unserem Leben. Denn unsere Intuition wird uns entweder zum Gewünschten führen oder uns wissen lassen, dass das, was wir uns vorgenommen haben, uns nicht gut tun würde – wir also nix wirklich Wichtiges verpassen. Wir verpassen lediglich etwas, was uns schaden würde. Und das kann man ganz gut verkraften ☺.

Die Intuition ist eine Naturgewalt, über die wir alle frei verfügen können. Mit ihr stehen uns alle Türen offen.

Das unschlagbare Dream-Team

Instinkt, Intellekt, Intuition

Ist schon der Hammer, was unsere Intuition so alles kann. Aber wie gehen die meisten Menschen mit ihr um? Sie verleugnen und ignorieren sie, sie streiten sie einfach ab. Und warum ist das so? Weil die meisten Menschen ausschließlich ihrem Intellekt bzw. ihrem Verstand folgen und dabei ihre Intuition völlig ausblenden. Dabei betrügen sie sich selbst um unbegrenzte Möglichkeiten. Und warum überlassen wir unserem Verstand die Regie? Weil wir so erzogen wurden. In den ersten zwanzig bis dreißig Jahren unseres Lebens verwenden wir alle unsere Energie darauf, uns ein Leben in der Außenwelt aufzubauen (Schule, Universität, Ausbildung, Job). In dieser Zeit entwickeln wir uns einseitig und vernachlässigen unser Inneres. Da ist es nur logisch, dass so vielen Menschen die Intuition völlig fremd ist.

Wir alle denken zwar mit unserem Intellekt, aber wir sollten uns NIE mit ihm identifizieren. Sagen wir uns immer wieder: *„Der Intellekt und ich sind nicht identisch. Ich benutze den Intellekt, so wie ich einen Computer benutze. Er ist mein Werkzeug, nicht mehr und nicht weniger."* Wenn wir das immer wieder machen, schaffen wir Platz in uns. Wir beherbergen schließlich nicht nur den Intellekt in uns, sondern auch unseren Instinkt und die Intuition. Wenn wir sie miteinander kombinieren, nutzen wir unser volles wunderbares Potenzial.

Sehen wir uns die drei wesentlichen „Werkzeuge" unseres Lebens etwas genauer an:

Der Instinkt

Der Instinkt ist schnell erklärt: Er sichert das Überleben und die Fortpflanzung. Die Intuition zähle ich zum Herzen und den Instinkt zähle ich zum Körper. Und beide haben ihre Aufgabenbereiche. Der Instinkt kümmert sich um alle Körperfunktionen (atmen, Herzschlagen, Essen verdauen, Augenlider auf- und zumachen, Blut zirkulieren lassen usw.). All das machen wir, ohne darüber nachdenken zu müssen. Der Verstand und die Intuition haben damit nichts zu tun. Der Instinkt sorgt oftmals selbst im Koma dafür, dass das Herz weiter schlägt und die Atmung nicht stoppt. Kurzum: Der Instinkt kümmert sich um den Körper, während die Intuition auf der spirituellen Daseinsebene tätig ist.

Der Intellekt

Das menschliche Gehirn ist ein Wunderwerk der Natur. Es setzt sich aus 100 Milliarden Nervenzellen zusammen. Die Verbindungen zwischen ihnen liegen sogar bei 100 Billionen. Unser Gehirn ist somit, trotz der Fortschritte in der Computertechnik in den letzten Jahrzehnten, leistungsfähiger als der beste Rechner der Welt. Ohne den Intellekt wird man keinen Schulabschluss schaffen, ebenso wenig einen Universitätsabschluss oder eine Ausbildung. Ohne ihn wäre die Menschheit vermutlich schon längst ausgestorben, denn er ermöglicht es den Menschen, logisch zu denken und sich weltweit an die verschiedensten Lebensbedingungen anzupassen. Er organisiert, er analysiert, er überprüft, er rechnet. Es kommt dabei jedoch immer auf die richtige „Dosierung" an. Sobald wir nämlich nur noch den Intellekt einsetzen und dadurch alles andere vernachlässigen, übersteigt der Schaden den Nutzeffekt. Wie fast alles im Leben, kann uns der Intellekt entweder eine Hürde sein oder uns helfen. Zuviel Denken verdirbt uns nämlich oft die Erfahrung (z.B. beim Küssen oder beim Sex ☺). Würden wir beim Küssen den Kuss analysieren, wäre das Wohlgefühl schnell weg. Auch in anderen Bereichen ist der Intellekt eine Hürde: Der Intellekt sieht uns z.B. als von der Schöpfung getrennt an, wohingegen die Intuition weiß, dass wir alle eins sind und dass wir deshalb auch unsere Realität durch das Gesetz der Anziehung beeinflussen können. Die Intuition ist direkt an der Quelle, während der Intellekt so etwas wie ein Übersetzungsapparat ist, der alles erst deuten muss, weil er es in seiner natürlichen Essenz nicht nachvollziehen kann. Er ist im Grunde wie ein Tourist im Reisebus, der fotografiert statt mit eigenen Augen hinzusehen (und selbst die beste Kamera hat ein sehr begrenztes Blickfeld) . Man kann auch sagen: Das logische Denken sieht nicht, was zwischen den Zeilen steht, so dass der Intellekt aufgrund fehlender Informationen oft falsch liegen kann. Hier nur zwei Beispiele: Vor 1000 Jahren „wusste" der Verstand, dass die Erde eine Scheibe ist. Vor 500 Jahren „wusste" er, dass die Erde der Mittelpunkt des Sonnensystems ist. Und lag damit zu 100% falsch. Wir sollten den Verstand also nie als der Weisheit letzten Schluss betrachten.

Für den Intellekt ist die Intuition eine unbekannte Gleichung, ein diffuses Gefühl, etwas, was sich nicht begreifen lässt, da sie „über" ihm liegt. Kopfmenschen stehen sich oft selbst im Wege. Sie lassen sich von den gegebenen Umständen zu Boden drücken, wenn ihr Intellekt keine Lösung präsentieren kann. Dass es aber noch andere Wege gibt, das sehen sie nicht, weil die Sicht verdeckt ist. Und was verdeckt die Sicht auf weitere Lösungswege? Der Intellekt selbst. Man sagt ja auch, dass man in bestimmten Situationen mit dem Kopf durch die Wand geht. Mit der Intuition braucht man das nicht, denn mit ihr ist gar keine Wand da. Oft sind der Kopf (Intellekt) und die Wand ein- und dasselbe. Wenn wir nämlich verstandeshörige Menschen sind und davon ausgehen, dass es außerhalb der verstandesmäßig erklärbaren Welt nichts gibt, dann begrenzen wir uns selbst. Meine persönliche Meinung ist: Das Leben ist eine zu wichtige Angelegenheit, um es nur auf der Grundlage eines begrenzten Verstandes zu führen.

Die Intuition

Für mich ist der Intellekt die Oberfläche, die Intuition aber das Zentrum. Im Volksmund wird Intuition als die souveräne Fähigkeit beschrieben, etwas aus dem Bauch heraus zu entscheiden, d.h. sie wird nicht vom Intellekt gesteuert, da sie ihre eigene „Logik" hat (*die man meist erst im Nachhinein erkennt*). Man ist sich einer Sache ganz sicher, absolut gewiss und kann nicht erklären, warum das so ist. Laut Carlos Castaneda ist die innere Gewissheit etwas, das jeder von uns kennt und das vollkommene Meisterschaft und Allwissenheit bedeutet. Unsere Intuition ist ein Wissen ohne Bezug zu äußerlichen Dingen (*der Verstand sammelt äußeres Wissen, die Intuition hat Zugang zu innerem Wissen*), sie hat nichts mit Nachdenken zu tun (*nachdenken muss man immer nur dann, wenn man etwas nicht genau weiß)*. Man könnte auch sagen: Intuitieren ist ein Zustand des Nicht-Denkens und dank seiner Intuition weiß der Mensch viel mehr, als er denkt, da der Wirkungsradius der Intuition viel größer ist als der des denkenden Intellekts. Unsere Intuition operiert in einem Bereich, der unabhängig ist von der Gedankenflut, die wir täglich in unserem Kopf haben. Sie hat die Fähigkeit, über unsere physischen Grenzen hinweg wahrzunehmen – in einem geistigen Bereich, in dem keine Trennungen existieren, so wie im physischen. Ein gutes Beispiel ist das Suchen nach der Brieftasche oder nach den Autoschlüsseln. Wo haben wir sie gestern abgelegt? Unser Intellekt könnte uns in diesem Fall eine lange Liste logischer Plätze nennen, wo sie sein könnten, aber je länger wir darüber nachdenken, umso mehr verkomplizieren wir alles und verlängern vermutlich unsere Suche. Stattdessen kommt plötzlich ein innerer Flash und wir wissen, wo wir zu suchen haben.

„Die Intuition sagt, woher es kommt und wohin es geht." (Carl Gustav Jung)

Unsere Intuition ist in der Lage, unsere Pläne und beliebige Lebenssituationen miteinander zu verknüpfen, sie zusammenzufügen, so dass dadurch unsere Wünsche erfüllt werden. Im Gegensatz zum Intellekt hält sie sich weniger mit Details auf, ihr geht es um das übergeordnete Bild. Sie sieht die Dinge in größeren Zusammenhängen und führt uns auf die höhere Ebene der universalen Weisheit, so dass man durch sie eine Situation als Ganzes wahrnehmen kann, ohne auf einzelne, kognitive Fakten achten zu müssen. Unsere Intuition hat nämlich nicht nur Kontakt zum gespeicherten Erfahrungswissen (so wie auch der Intellekt), sie ist zugleich verbunden mit dem bereits erwähnten morphogenetischen Feld, dem Kollektivwissen des Universums (die Verbindung erfolgt durch das Unterbewusstsein).

Wenn wir etwas lesen, dann verarbeitet unser bewusster Verstand etwa 50 Bits pro Sekunde. Zugleich strömen aber ungefähr 11 Millionen Bits pro Sekunde über unsere Sinne auf uns ein. Laut Hirnforscher Gerhard Roth wird uns etwa nur ein Tausendstel von dem, was unser Gehirn tut, wirklich bewusst. Ohne Intuition wären wir also schnell überfordert und ziemlich aufgeschmissen. Man kann also bedenkenlos sagen: Die Intuition ist eine Art Intelligenz mit überhöhter Geschwindigkeit (die zu schnell für unseren Intellekt ist). Sie funktioniert nicht wie der Intellekt, der schrittweise vorgehen muss, um etwas zu verstehen oder eine Aufgabe zu lösen. Die Intuition hüpft einfach von A nach C und es gibt keine nachweisbare Verbindung zwischen den einzelnen Punkten. Und genau das ist auch der Grund, warum die Intuition für den Intellekt nicht erklärbar ist, da der Intellekt immer den Weg kennen muss, jeden einzelnen Schritt. Doch die Intuition braucht keine Verbindungen, sie braucht keinen logischen Weg, sie springt frei von jeder Logik von einem Punkt zum anderen, vom Nichts ins Sein, sie kommt nicht in Schritten daher, sondern sie geschieht einfach. Und da muss der Intellekt dann passen, so verbissen er sich auch bemüht, das Ganze durch Logik zu verstehen.

„Der Kopf sucht, wo das Herz findet." (Andreas Tenzer)

Der Intellekt geht mit stolzgeschwellter Brust nach der Prämisse *„Ich löse das Problem."* Die Intuition geht nach dem Motto: *„Wir werden so leben, dass gar keine Probleme entstehen."* Der Intellekt kann immer nur bis zum Horizont des Problems blicken, unsere Intuition kann aber darüber hinaus sehen. Sie hat den Röntgenblick, sie kann unendlich weit blicken, durch alle Hürden hindurch. Der Intellekt ist endlich, die Intuition ist unendlich.

„Intellekt ist die mittelbare Resonanz der Schöpfungskraft im Menschen, Intuition die unmittelbare." (Andreas Tenzer)

Wo hat die Intuition ihren „Sitz“?
Laut Kognitions- und Neurowissenschaftler des Max-Planck-Instituts in Leipzig befindet sich die Region des Gehirns, an der die Intuition „andockt“, über dem Augenbereich hinter der Stirn (medialer orbitofrontaler Cortex). Also genau da, wo laut Esoterikern das sogenannte dritte Auge seinen Sitz hat bzw. wo laut Buddhismus und Hinduismus das sechste Chakra liegt.

Aus rein organischer Sicht sieht der Unterschied zwischen Intellekt und Intuition etwa so aus: Unser Gehirn besteht aus zwei Gehirnhälften und jede hat ihren Aufgabenbereich.

- Vereinfacht ausgedrückt arbeitet die linke („männliche“ und logische) Hemisphäre analytisch, ist nach außen gerichtet und steuert die Vorgänge der rechten Körperhälfte. Das rationale Bewusstsein arbeitet besonders in dieser linken Gehirnhälfte.

- Die rechte („weibliche“ und kreative) Hemisphäre arbeitet gefühlsmäßig und assoziativ, ist nach innen gerichtet und steuert die linke Körperhälfte.

Energetisch verbunden sind die beiden Gehirnhälften an der Stirnmitte oberhalb der Augen, wo sich, wie schon erwähnt, der „Sitz der Intuition“ befindet. Je besser man beide Gehirnhälften miteinander verbindet bzw. synchronisiert, umso ganzheitlicher nutzen wir unser Potenzial.

Was weiß der Intellekt wirklich?
Der Intellekt will immer alles ganz genau wissen, aber im Grunde weiß er so gut wie nichts. Alles, was der Intellekt für sicheres Wissen hält, ist im Grunde nur eine Scheingewissheit. Ein einfaches Beispiel: Fragen wir unseren Intellekt, wo wir gerade sind, wird er sagen, dass wir in einem Zimmer sind. Und wo ist das Zimmer? In einem Haus. Und wo ist das Haus? In einer Stadt. Und wo ist die Stadt? In einem Land. Und wo ist das Land? Auf einem Kontinent. Und wo ist der Kontinent? Auf dem Planeten Erde. Und wo ist der Planet Erde? In unserem Sonnensystem. Und wo ist das Sonnensystem? In der Milchstraße. Und wo ist die Michstraße? In unserer Galaxie. Und wo

ist die Galaxie? Äh.....keine Ahnung, irgendwo in der Unendlichkeit. Keine Längen- und Breitengrade? Äh, ...

War das zu schwer für den Intellekt? Okay, zweiter Versuch. Der Intellekt soll uns die Uhrzeit, das Datum und Zeit allgemein erklären: Wie spät ist es gerade? Sechs Uhr morgens. Und wann genau soll das sein? Na heute, am Donnerstag, dem 16. September 2010. Und was bedeutet dieses 2010? Das bedeutet 2010 Jahre nach der Geburt eines Herrn Jesus. Und dieses Geburtsdatum von Herrn Jesus ist sicher und beweisbar? Äh, na ja, nicht wirklich. Und gilt die von Dir genannte Uhrzeit überall? Äh, nein, auf der anderen Seite des Planeten Erde ist jetzt eine andere Uhrzeit. Und was ist überhaupt Zeit? Sekunden, Minuten, Stunden, Tage. Dies sind selbst erfundene Einheiten, aber ich fragte, was die Zeit ist? Na ja, das ist, wenn man altert, die Haut runzlig wird und die Haare grau werden. Dies ist eine Wirkung, aber ich fragte, was die Zeit ist? Keine Antwort? Tja, soviel zum Thema Intellekt und alles wissen und beweisen wollen.

Die Wahrheit ist: Der Intellekt weiß nicht, wo wir sind, er weiß nicht, „wann" wir sind und er weiß nicht, woher wir kommen. Er weiß nicht einmal, wer wir sind bzw. wer er selbst ist, wer ihn erschaffen hat. Er weiß nicht einmal, aus was wir bestehen. Aus Atomen, würde er jetzt antworten, aber die wiederum bestehen aus noch kleineren Teilen und die noch kleineren Teile bestehen aus noch winzigeren Teilchen und so geht das ewig weiter. Der Intellekt sucht die Antworten alle im Außen, deshalb kann er nichts finden. Um die Antworten zu finden, muss man nach innen gehen, aber das kann der Intellekt nicht. Gehen wir nach innen und horchen, was die Intuition uns sagt, dann wissen wir gefühlsmäßig, dass all diese Fragen und dieser fanatische, neurotische Drang, alles beweisen und erklären zu müssen, gar nicht nötig sind. Und dass er erfolgreichen Wunscherfüllungen im Wege steht.

„Die tiefsten Erkenntnisse erreicht man nur durch höchste Sammlung des Geistes. Worte reichen nicht hinunter in diese letzten Gründe, nur intuitive Erleuchtung hilft zum Verständnis." (Konfuzius)

„Die Intuition weiß, aber oft sträubt sich der Verstand." (Unbekannt)

Wir wurden als Kinder nicht gefragt, ob wir mit dem, was man uns als Wissen einprogrammiert hat, einverstanden sind. Aber nichtsdestotrotz haben wir nun Weltbilder, Sichtweisen, Vorurteile und Standpunkte in uns, die nicht wirklich von uns sind, sondern die wir uns nur ausgeliehen haben. Wären wir z.B. in China innerhalb einer chinesischen Familie auf die Welt gekommen, hätten wir vermutlich eine ganz andere Weltsicht, als wenn wir z.B. in einer arabischen Familie geboren wären. Unser Denken kann kapitalistisch, kommunistisch, sozialistisch oder sonst wie geprägt werden. Unsere Intuition ist frei von alledem, sie ist nicht manipulierbar und sie ist immer universell. Jeder Kulturkreis gibt uns scheinbares „Wissen“ ein, welches aber nicht unbedingt „richtig“ für unseren persönlichen Lebensweg sein muss. Man kann das Ganze mit einer jungen Gans vergleichen, die gerade frisch aus dem Ei schlüpft und das erstbeste Wesen als Muttertier (bzw. das erstbeste „Wissen“ als das Nonplusultra) annimmt, welches gerade da ist. Deshalb sollten wir nicht unseren anerzogenen Intellekt fragen, was wir uns wünschen. Wen sollten wir dann fragen? Das Herz. Nicht ohne Grund sprechen wir von „Herzenswünschen“. Von „Intellektwünschen“ oder „Verstandeswünschen“ habe ich noch nie etwas gehört.

Wer trifft eigentlich die Entscheidungen?

Wie entscheidet der Intellekt? Die Antwort ist: GAR NICHT!!! Nehmen wir einmal an, Du bist verliebt in zwei Menschen und kannst Dich nicht entscheiden, wen Du ansprechen sollst. Der Intellekt würde uns in diesem Fall eine gefühllose Pro- und Kontra-Liste vorschlagen, was uns nicht weiter bringen würde, denn hier geht es um Gefühle. Ich schlage in diesem Fall vor, auf das Bauchgefühl zu hören, lieber Leser. Ohne Intuition könnten wir uns nie für den richtigen Partner entscheiden. Und sich für das Glück entscheiden, das ist wahre Macht, das ist lebenserfüllend!!! Wenn unser Intellekt ein Garant für Glück wäre, dann wäre jeder Mensch mit einem hohen Intellekt, mit guten Schulzeugnissen und einer erfolgreichen Ausbildung ein glücklicher Mensch. Das ist aber nicht der Fall.

Der Intellekt denkt also bei allen Fragen zig Gedanken, die sich oftmals gegenseitig aufheben. Einerseits, aber anderseits, von diesem Blickwinkel aus gesehen, von jener Perspektive aus betrachtet - für alles gibt es ein PRO und ein KONTRA, ein Für und ein Wider, ein

Plus und ein Minus. Zur Auswahl stehen immer (mindestens) zwei Risiken. Damit ist uns nicht wirklich geholfen, es ist alles vage und mehrdeutig. Es herrscht bei den meisten Verstandesentscheidungen ein zu großer Interpretationsspielraum vor. Der Intellekt gibt also nicht einfach Lösungen vor, sondern verrennt sich in zig rationale Argumente, die uns oft noch unschlüssiger machen (abgesehen davon gibt es überhaupt keine reine Rationalität, weil in jeden Gedanken auch emotional-intuitive Komponenten einfließen). Der Ökonom Herbert Simon spricht dabei von „begrenzter Rationalität". Er drückt damit aus, dass es völlig unmöglich ist, eine Entscheidung zu treffen und dafür wirklich alle Informationen zusammengetragen zu haben. Dafür gibt es einfach zu viele Fakten, die man einfach nicht kennt. Somit scheitert die begrenzte Rationalität bei allen Entscheidungen, die ins Ungewisse hinein getroffen werden müssen.

Die Intuition ist da anders. Sie zeigt uns klipp und klar, was zu tun ist, denn sie ist von Natur aus frei von jedem Irrtum (man kann sie jedoch falsch deuten, was nicht an ihr, sondern an uns liegt). Anstatt von Intuition zu sprechen, kann man auch ein anderes Wort benutzen: Lösung. Intuition ist die reine Lösung.

„Der Verstand, den Menschen einsetzen, um vermeintlich kluge Entscheidungen zu treffen, ist begrenzt und macht nur einen kleinen Teil unseres tatsächlichen Wissens aus." (Milton Fisher)

Die richtige Rollenverteilung

Albert Einstein nannte die Intuition ein 'heiliges Geschenk' und bezeichnete den rationalen Geist lediglich als 'treuen Diener'. Der Intellekt ist also ein Werkzeug, er ist als unser treuer „Diener" gedacht. Aber in unserer verkopften Gesellschaft hat man ihn zum Big Boss ernannt, oder wie Einstein es ausdrückte: *„Wir haben eine Gesellschaft geschaffen, die den Diener verehrt und das Geschenk vergessen hat."* Als Chef ist der Verstand wenig geeignet, als Diener ist er unbezahlbar. Natürlich ist unser Intellekt Gold wert, aber eben nur in DEN Aufgabenbereichen, die ihm von Natur aus zugedacht sind, in denen er wirklich effektiv ist (rechnen, auswendig lernen usw.). Nur damit kein falscher Eindruck entsteht: Ich betrachte meinen Intellekt keinesfalls als etwas Nutzloses. Er ist unglaublich nützlich und ohne ihn könnte ich nicht leben. Aber er wird halt eben immer dann nutzlos, wenn er für Dinge und Aufgaben eingesetzt wird, für die er nicht geschaffen wurde. Frage Deinen Intellekt doch einmal, welche Kleidung Dir gut steht. Oder welches Eis Du im Eiscafe zu Dir nehmen willst. Oder welchen Film Du Dir heute Abend im Kino anschauen willst. Er weiß es nicht. Der Partner fürs Leben ist auch keine Mathematik-Aufgabe, also lasse ich meinen Intellekt da gar nicht erst ran. Ebenso in der Frage nach dem richtigen Job, der richtigen Wohnung, den richtigen Freunden, den richtigen Hobbys, der richtigen Ernährung oder nach dem Sinn unseres Lebens. Man kann tausend Jahre und noch länger über den Sinn des Lebens nachdenken und etliche Philosophen haben das auch getan. Und zu welchem Ergebnis hat es geführt? Zu dem, dass man auch heute noch darüber nachdenkt, ohne eine Antwort auf die Frage zu bekommen.

All diese Themen obliegen jemand anderem: Unserer Intuition. Sie wird uns das, was der Intellekt (oder auch die „Ratio“) in Jahrtausenden nicht geschafft hat, in Sekunden sagen. Sie sagt uns mit unwahrscheinlicher Präzision und Zuverlässigkeit, ob etwas „gut“ oder „schlecht“ für uns ist (wenn wir sie richtig wahrnehmen können). Ich liebe meinen Intellekt und benutze ihn jeden Tag, jedoch nicht als Bewerter, denn das ist nicht sein Job. Warum sollten wir unserem Verstand auch Aufgaben geben, für die er nie gedacht war? Können unsere Augen hören oder unsere Ohren sehen? Nein, das können sie nicht. Und es wäre SINN-los, von den Augen zu erwarten, sie sollen hören, was gerade im Radio läuft oder von den Ohren zu erwarten, sie sollen ein Buch lesen.

Ich habe meine innere Einstellung in den letzten Jahren gewandelt und meinem Intellekt eine effektive Rolle gegeben, wenn sich meine Intuition bei mir meldet. Wenn ich eine Eingebung habe, dann sagt mir mein Intellekt, dass sich gerade etwas abspielt, was für mich von Bedeutung ist. Und das war es, mehr macht mein Intellekt nicht. Er bleibt offen und objektiv, und spielt sich nicht als Bewerter oder als Alleswisser auf, denn er ist es nicht. Wir blicken über unseren intellektuellen Tellerrand. Wir nehmen einen ganzheitlichen Blick ein, in dem unser Intellekt nach wie vor ungemein wichtig ist, aber eben nicht der Chef. Mit so einer Einstellung stehen wir der Verwirklichung unserer Wünsche mit unserem Intellekt nicht mehr entgegen. Im Gegenteil, mit dieser Einstellung stellen wir uns auf ein erfülltes Leben ein!!!

Miteinander statt gegeneinander

Der beste Weg zu einem erfüllten und erfolgreichen Leben ist ein harmonisches Gleichgewicht zwischen Instinkt, Intellekt und Intuition. Wir können sie ohne Weiteres alle in unser Leben integrieren. Genau so ist es von der Natur ja auch vorgesehen, denn sonst hätten wir diese Eigenschaften erst gar nicht. Alle drei haben ihre Funktion, sind ein Teil unseres Wesens und helfen uns, unseren Weg in dieser komplexen Welt zu finden. Wir brauchen sie alle zum Leben und sollten nicht zwischen ihnen polarisieren oder sie als Konkurrenten betrachten. Das wäre so, als würden sich unsere beiden Arme als Konkurrenten betrachten, was natürlich Unsinn ist. Sie ergänzen sich gegenseitig, sind einer für den anderen da, arbeiten Hand in Hand, wie eine Einheit und gemeinsam schaffen sie viel mehr, als sie einzeln je dazu in der Lage wären. Das Ziel sollte immer sein, einen Zustand von Einklang zwischen ihnen zu schaffen, so dass wir Körper, Gefühl und Verstehen in einer ausgewogenen Balance halten. Schließlich ist der Mensch ein ganzheitliches Wesen.

Besonders der Intellekt sollte nicht mehr versuchen, die Intuition zu unterdrücken. So ähnlich wie im Yin- und Yang-Prinzip verstehe ich diese zwei Eigenschaften als eine sich ergänzsende und produktive Macht, und nicht als Gegner. Der Instinkt und der Intellekt können beide dabei helfen, der Intuition Ausdruck zu verleihen. Der Instinkt wird dies mittels Körperreaktionen machen und der Intellekt muss sich dazu einfach einmal überwinden, sich auch einmal auf etwas einzulassen, was nicht exakt begründbar ist.

Hier eine kurze Geschichte, die gut zu unserem Thema passt:
Ein Blinder irrt orientierungslos durch den Wald. Plötzlich stolpert er über etwas am Boden und fällt der Länge nach hin. Als der Blinde auf dem Waldboden herumtastet, entdeckt er, dass er über einen Mann gefallen ist, der am Boden kauert. Dieser Mann ist ein Lahmer, der nicht laufen kann. Die beiden beginnen ein Gespräch miteinander und klagen sich gegenseitig ihr Schicksal. „Ich irre schon seit ich denken kann in diesem Wald herum und finde nicht wieder heraus, weil ich nicht sehen kann.“ ruft der Blinde aus. Der Lahme entgegnet:

„Ich liege schon, seit ich denken kann, am Boden und komme nicht aus dem Wald heraus, weil ich nicht aufstehen kann." Und während sie sich so unterhalten, ruft der Lahme plötzlich aus: „Mensch, ich hab's! Du nimmst mich auf den Rücken und ich werde Dir sagen, in welche Richtung Du gehen musst. Zusammen können wir aus dem Wald herausfinden." (Sufi-Geschichte)

Der Blinde repräsentiert die Rationalität bzw. den Intellekt. Der Lahme steht für die Intuition, die oft nicht sofort erkannt bzw. umgesetzt wird. Wenn wir lernen, beide zusammen zu bringen und sie nicht länger als Rivalen anzusehen, werden wir schnell aus dem Wald der Ungewissheit herausfinden und den Weg zum Glück gehen, so wie es uns zusteht. Eine sinnvolle Lebensführung wird weder die Intuition noch den Intellekt, noch den Instinkt verleugnen.

Ohne Instinkt würde unser Körper sterben. Ohne Verstand könnten wir keiner Mathematik, keiner Architektur und auch sonst keiner logischen Tätigkeit nachgehen. Und ohne Intuition wüssten wir nicht, was der Sinn unseres Lebens ist, was uns happy macht. Wir würden ein unglückliches und SINN-leeres Leben führen. Darum ist es wichtig, instinktive, rationale und intuitive Wahrnehmungen zu kombinieren.

Per Navigationssystem Richtung Glück

Wie unsere Intuition vorgeht

Wünschen wir uns z.B. eine bestimmte, sehr teure Jacke und wir können sie uns leisten, dann würde unsere Intuition uns einfach auffordern, ins entsprechende Geschäft zu gehen und die Jacke zu kaufen. Was aber, wenn wir gerade kein Geld dafür haben? Dann wird unsere Intuition einen anderen Weg einschlagen. Z.B. würde sie uns zuflüstern: *„Heb etwas Geld von Deinem Konto ab und hol Dir die*

Jacke.“ Was aber, wenn wir auch auf dem Konto kein Geld haben? In diesem Fall wird unsere Intuition eine Umleitung nehmen. Sie könnte uns vorschlagen, wir sollen uns das Geld ausleihen. Wenn wir das nicht wollen, „errechnet“ unsere Intuition die nächste Route. Der nächste Hinweis könnte dann lauten: *„Such Dir eine Arbeit.“* Die Arbeit wäre der Zwischenschritt, um an das erforderliche Geld zu kommen. Sind wir dazu nicht bereit, weil wir absolut nicht daran glauben, in diesen wirtschaftlich schweren Zeiten einen Job zu bekommen, weil wir in den letzten drei Monaten zig Absagen erhielten, dann ist das etwa so, als würden wir während einer Autofahrt unser Navigationssystem einfach ausschalten. Wir hätten dann unsere Anfrage bei unserer Intuition quasi storniert. Und warum? Weil wir nicht durch die erste Tür gegangen sind. Und was ist die erste Tür?

DIE TÜR DES GLAUBENS!!!

Wir haben unserer Intuition nicht geglaubt; in diesen schweren Zeiten eine Arbeit zu finden und somit den Schlüssel für die erste Tür nicht benutzt. Wir haben die angebotene Lösung nicht als Lösung erkannt, weil unser Verstand mit seiner Skepsis, seinen begrenzten Logik-Filtern und seinem UN-Glauben dazwischen gefunkt hat. Wenn uns die Intuition zuflüstert, wir sollen etwas tun, dann sollten wir es tun, auch wenn wir vielleicht keinen Zusammenhang zwischen der Aufforderung der Intuition und unserem Wunschziel sehen. Bitte nicht vergessen: Unser Wunschziel besteht oft aus kleinen Zwischenzielen, derer wir uns meist gar nicht bewusst sind. Wenn unser Wunschziel aus 10 Zwischenzielen besteht und wir bei der ersten intuitiven Aufforderung sagen: *„Ne, das mache ich nicht, denn das hat mit meinem Wunschziel überhaupt nix zu tun“*, dann haben wir quasi das Navigationssystem ignoriert und fahren in eine falsche Richtung.

Hätten wir unserer Intuition aber geglaubt, dann hätte sich eine komplett neue Lage ergeben. Unsere Intuition hätte uns eine Arbeitsstelle vermittelt. Vielleicht nicht den Traumjob unseres Lebens, aber das war ja auch gar nicht der Wunsch. Remember? Hier geht es um die Jacke.

Wären wir unserer Intuition gefolgt und hätten eine Arbeitsstelle gefunden, würden sich daraufhin schon bald die nächsten Türen öffnen.

Gehen wir durch sie hindurch, befinden wir uns im nächsten Raum der Möglichkeiten, mit weiteren Türen. Alles wichtige Zwischenschritte zu unserer Wunscherfüllung, alles (oftmals unentbehrliche) Kreuzungspunkte, an denen wir abbiegen sollen. Ignorieren wir aber die intuitiven Mitteilungen, dann bleiben alle Türen verschlossen, statt sich zu öffnen. Wir müssen an unseren inneren Kompass also schon glauben, uns auf ihn einlassen und uns nicht dauernd selbst verunsichern, weil wir nicht jetzt schon alles überblicken können. (Hey, wenn wir das könnten, dann bräuchten wir keine Intuition, nicht wahr!?!). Wir müssen nicht alles wissen, wir müssen nicht den ganzen Weg bis zum Wunschziel kennen, um los zu marschieren. Fangen wir einfach mit Schritt Nummer Eins an und glauben an unsere Intuition.

Ein Mann fand eines Tages ein Stück einer Landkarte und hatte allen Grund anzunehmen, dass es sich um eine Schatzkarte handelte. Er wollte unbedingt den verborgenen Schatz finden und suchte in den nächsten Wochen und Monaten unermüdlich nach den restlichen Teilen der Karte. Vergeblich. Da kam ihm eines Tages die Idee, er könnte doch den Hinweisen, auf dem einen Stück der Karte, erst einmal folgen. Und siehe da: Dort fand er das nächste Kartenstück, wieder mit einem Hinweis darauf. Und so folgte er immer der Information, die er bereits zur Verfügung hatte und stieß schließlich auf den lange ersehnten Schatz. Und es mag ja nicht einmal so wichtig sein zu wissen, dass der Schatz sich die ganze Zeit auf seinem Grundstück befunden hatte. Wichtiger ist vermutlich das, was der Mann daraus gelernt hatte. Nämlich, dass man nicht immer die ganze Landkarte braucht, um los zu marschieren. (Hans-Peter Zimmermann)

Nehmen wir ein weiteres Beispiel: Du bist auf einem Gebiet sehr talentiert, aber leider bettelarm und ohne Einkommen, wünschst Dir aber trotzdem eine millionenteure Villa. Was passiert nun im Einzelnen? Deine Intuition wird, vergleichbar mit einem Navigationsgerät, zuerst einmal das ursprüngliche Ziel anvisieren, in diesem Fall das Wunschziel „Villa“, und einen Weg zur Wunscherfüllung ermitteln. Uns mag das anvisierte Ziel weit entfernt vorkommen, aber für unsere Intuition spielt das nicht die geringste Rolle.

Nachdem wir den „Villa-Wunsch“ festgelegt und abgeschickt haben, sollten wir ganz genau auf die Intuition hören und ihr Folge leisten. Die Aufforderung der Intuition könnte z.B. lauten: *„Hilf Deinem alten Nachbarn beim Rasenmähen, dann bekommst Du Deine Villa.“* Im Normalfall würden wir wahrscheinlich denken: *„Das kann doch gar nicht sein. Ich will eine Villa. Wie soll mir Rasenmähen beim Nachbarn dabei helfen?“*

Solch eine Reaktion zeigt, dass wir zu wenig an unsere Intuition und ihre Weisheit glauben (und zu viel nachdenken über unsere intuitiven Impulse). Wenn uns das Navigationssystem in unserem Auto auf der Autobahn sagt, wir sollen die nächste Ausfahrt nehmen, dann sollten wir das tun – auch wenn uns das zuerst unlogisch erscheint. Denn indem wir es tun, entsteht eine gänzlich neue Situation mit ganz neuen Wegen, mit ganz neuen Türen, mit ganz neuen Hinweisen. Wie durch Zauberhand erscheinen plötzlich die richtigen Gelegenheiten und die richtigen Leute in unserem Leben.

Die intuitiven Hinweise können von überall her kommen. Da wir auf energetischer Ebene alle miteinander verbunden sind, können intuitive Nachrichten selbstverständlich auch aus dem Munde eines Mitmenschen kommen (den wir vielleicht für reichlich dumm halten oder mit dem wir gerade verfeindet sind). Unsere stets hilfsbereite Intuition kann uns in unseren Träumen mitteilen, was unser nächster Schritt sein sollte. Es kann auch immer wieder vorkommen, dass unsere Intuition in unserem Gedächtnis rumforstet und uns plötzlich Namen, Adressen oder bestimmte Ereignisse ins Bewusstsein ruft, die uns in unserer gegenwärtigen Lage von Nutzen sein können. Seien wir also offen für alles und gehen ruhig zum Nachbarn, um ihm beim Rasenmähen zu helfen. Vielleicht freunden wir uns mit unserem Nachbarn an und es stellt sich heraus, dass er Beziehungen hat in einem global operierenden Unternehmen, in dem genau Leute mit unserem Talent gesucht werden. Und ehe wir uns versehen, sind wir Angestellter der Firma, arbeiten uns innerhalb der nächsten drei Jahre hoch und werden die rechte Hand vom Chef mit einem sechsstelligen Jahresgehalt. Weitere zwei Jahre später haben wir genug Geld, um uns unsere Wunschvilla bauen zu lassen.

Oder nehmen wir einmal an, wir haben den Wunsch nach einer Partnerschaft, haben aber keinerlei bestimmtes Bild von unserem Wunschpartner. Dann würde unsere Intuition unser Augenmerk auf bestimmte Personen lenken, die als Partner in Frage kämen. Auch hier kann unsere Intuition Etappenziele einbauen und unseren Fokus auf eine Person lenken, die eine wundervolle Schwester oder einen wundervollen Bruder hat, welche unser Partner werden könnten.

Ein armer Mann lebte in einem Vorort von Peking. Eines Nachts träumte er, er solle zum kaiserlichen Palast gehen, dort fände er einen Schatz. Da er in drei aufeinanderfolgenden Nächten diesen Traum hatte, tat er wie ihm geheißen. Er machte sich auf den Weg zum Königspalast. Dort angekommen ging er sogleich zur Brücke, die zum Palast führte. Die Brücke war aber bewacht, daher konnte er nicht graben. So stand er umher und wartete, dass sich etwas tun würde. So ging es Tag für Tag. Dem Hauptmann der Wache aber war der arme Mann aufgefallen, weil er seit Tagen an der Brücke herumlungerte. Er ging zu ihm und fragte ihn: "Was tust Du hier eigentlich? Seit Tagen kommst Du hierher und stehst herum." Da erzählte der arme Mann dem Hauptmann von seinem Traum. Der Hauptmann lachte ihn aus und sagte: „Hahahaha. Wo kämen wir denn hin, wenn wir alle tun wollten, was wir träumten? Ich zum Beispiel träume seit drei Wochen von einem Haus eines armen Mannes in einem Vorort von Peking. Ich solle in dessen Küche unter dem Ofen graben, da fände ich einen Schatz." Der arme Mann bedankte sich beim Hauptmann und eilte zurück in sein Haus. Dort angekommen grub er unter dem Ofen in seiner Küche und fand den Schatz.

Wir sollten unsere inneren Botschaften nicht einfach verwerfen (so wie der Hauptmann in der Geschichte), nur weil sie unserer Verstandesanalyse nicht standhalten. Es geht darum, die intuitiven Botschaften zu fühlen, es geht nicht darum, sie zu denken oder sachlich zu analysieren. Und genau DAS ist es, woran die meisten scheitern: Meist bewerten sie die Zeichen, statt ihnen zu folgen. Wir versuchen alle unsere Gefühle durch die Vernunft abzusichern. Gelingt uns das nicht, ignorieren wir das Gefühl in den meisten Fällen. Der Intellekt versucht unsere Gefühle ständig zu erklären, sie zu interpretieren. Aber das ist etwa so, als würde ein Blinder versuchen zu erklären, was Farbe ist. Er kann es einfach nicht, da das Thema außerhalb seiner Möglichkeiten liegt.

Wir alle können ein glückliches Leben führen und einen Wunsch nach dem anderen Wirklichkeit werden lassen, doch dazu gehört die Einsicht, dass unsere Augen nicht alles sehen können (z.B. Röntgenstrahlen), unsere Ohren nicht alles hören können (z.B. den Ton einer Hundepfeife) und unser Intellekt eben nicht alles verstehen und erklären kann (z.B. die Intuition oder auch das Konzept der Unendlichkeit).

Verlassen wir uns nicht auf unseren Intellekt, seien wir lieber wie Kleinkinder. Kinder sind sehr intuitiv. Sie sind noch nicht sehr verstandesgesteuert und können intuitive Botschaften klar und deutlich empfangen. Als Kind spielte ich oft mit meinem Bruder oder meinen Freunden im Garten Fußball und hörte meine Mutter oder meinen Vater manchmal nach mir rufen. Ich eilte ins Haus und fragte, was los ist. Daraufhin meinten sie, dass sie mich nicht gerufen haben, aber gerade daran dachten, es zu tun, weil sie mich was fragen oder mir etwas sagen wollten. Meine Eltern riefen mich nicht mittels ihrer Stimmbänder, aber über die intuitive Verbindung nahm ich ihr gedankliches Rufen wahr. Dazu fällt mir sofort der Bibelsatz ein: *„...und werdet wie die Kinder.“* Nichts einfacher als das!!!

Wir sollten uns immer dann, wenn sich unser Leben in unglücklichen Bahnen bewegt und wir es bisher nicht ändern konnten, die Frage stellen, ob wir unsere Intuition ignoriert haben. Denn wäre unsere Intuition mit von der Partie bzw. hätten wir auf sie gehört, dann gäbe es überhaupt kein unglückliches Leben.

Erinnern wir uns immer wieder daran, dass wir eine Intuition haben, die uns mit ihrem Wissen zur Seite steht, sonst machen wir uns das Leben unnötig schwer.

Der Einbeinige
„Der Kranke gleicht einem Menschen, der längere Zeit nur auf einem Bein steht“, sagt der Einbeinige. Nach einer Zeit verkrampfen sich die Muskeln und das belastete Bein beginnt zu schmerzen. Der Mensch kann kaum mehr das Gleichgewicht halten, seine Haltung verkrampft sich, der Leidensdruck steigt. Verschiedene Helfer bieten ihm Unter-

stützung an: Der eine massiert das verkrampfte Bein, ein anderer seine Nackenpartie. Ein Dritter bietet ihm seinen Arm als Stütze, da er sieht, dass der Mensch sein Gleichgewicht zu verlieren droht. Ein weiterer Helfer rät ihm, sich mit den Händen abzustützen, um das Bein zu entlasten. Ein weiser Mann empfiehlt ihm, daran zu denken, wie gut er es eigentlich hat, da er wenigstens ein Bein hat, während manche Menschen gar keines haben. Ein anderer weist ihn an, sich vorzustellen, er sei eine Feder, die leicht und immer leichter werde und, je mehr er sich darauf konzentriere, umso geringer werde sein Leiden. Ein abgeklärter Arzt setzt wohlmeinend dazu: „Kommt Zeit, kommt Rat“ Schließlich geht ein Zuschauer auf den Leidenden zu und fragt ihn: „Warum stehst Du auf einem Bein? Mach doch das andere gerade und stelle Dich darauf. Du hast doch ein zweites.“ (nach Nosrat Peseschkian)

Übertragen auf unser Buchthema bedeutet das: Nutzen wir doch auch unser „zweites Bein“, unsere Intuition, nicht nur das „andere Bein“, unseren Intellekt.

Und auch hier gilt wieder: Vergessen wir alle Logik und lassen wir uns auf unser intuitives Gefühl ein. Wir tun uns selbst einen riesengroßen Gefallen, wenn wir ihm folgen. Indianer und andere Naturvölker haben es uns vorgemacht und tun es auch heute noch. Sie lesen keine Zeitungen, um sich zu informieren und geistige Einsichten zu erhalten, sondern richten ihre Aufmerksamkeit auf die Natur, auf die Himmelsgestirne, auf ihre Träume, auf ihre Krafttiere, auf ihr Inneres. Und sie tun es ohne Unsicherheit und ohne innere Ängste. Und genau so sollten wir auch verfahren.

Es kann z.B. sein, dass unsere Intuition uns sagt: *„Verlasse diese Beziehung. Wechsel die Wohnung. Kündige Deinen Job.“* Auch wenn uns solche Botschaften Angst machen, sollten wir sie beherzigen. Beherzigen bedeutet nicht unbedingt, dass wir alles augenblicklich in die Tat umsetzen sollten, es bedeutet oft, dass wir so langsam, aber sicher schon mal die Weichen dafür stellen können.

So unlogisch ein intuitiver Impuls uns auch vorkommen mag, er hat immer seine Richtigkeit, will nur das Beste für uns und warnt uns vor jeder Gefahr!!! Wenn man also das Gefühl hat, an einem bestimmten

Tag lieber nicht einkaufen zu gehen dann sollten wir auf unser Gefühl hören und es nicht durch Logik verwerfen. Womöglich retten wir uns dadurch das Leben, weil wir auf dem Weg dahin einen Unfall erleiden könnten.

Deine Intuition ist immer für Dich da. Sie wird Dir bestimmtes Wissen (z.B. in Form von Büchern) zur Verfügung stellen oder dafür Sorge tragen, dass bestimmte Menschen in Dein Leben treten, die Dir weiterhelfen, Deinen Weg zu gehen. Was wir tun müssen? Nur eines: Unsere inneren Ohren spitzen und zuhören.

Die Welt ist voller Hinweise.

Wie äußern sich intuitive Botschaften?

In diesem Kapitel geht es darum zu verstehen, wie sich intuitive Botschaften äußern können und worauf wir zu achten haben. Dazu müssen wir die Sprache der Intuition verstehen und das ist nicht die logische Sprache des Verstandes, sondern Gefühle, Ideen, Assoziationen, Fragmente von Sinneseindrücken, die oft keinen Sinn zu ergeben scheinen. Aber auch Zeichen und Fingerzeige in der Außenwelt. Wenn wir halbwegs bewusst und wach durchs Leben gehen, ist es leicht, intuitive Botschaften wahrzunehmen. Hier einige Beispiele:

- *Wir sind zu Fuß unterwegs und etwas fällt uns ins Auge, während uns fünf Millionen andere Sinneseindrücke kalt lassen. Zum Beispiel könnten dies ein Mensch, ein Plakat oder eine Wolkenformation sein. In solchen Fällen ist eindeutig unsere Intuition am Werk und wir sollten uns das, was unsere Auf-*

merksamkeit auf sich gezogen hat, näher betrachten und darin eine Nachricht für uns suchen.

- *„Man sieht oft etwas hundert Mal, tausend Mal, ehe man es zum allerersten Mal wirklich sieht." (Christian Morgenstern)*

- *Wir sehen uns einen Film an und ein Satz, den einer der Darsteller von sich gibt, geistert selbst Wochen nach dem Film in unserem Kopf herum. Wir haben das untrügliche Gefühl, dass es dabei um uns geht, dass über uns geredet wurde. Das bedeutet, dass dieser Satz wichtig für uns ist, dass er uns etwas zu sagen hat, was für unser Lebensglück von Bedeutung ist. Ebenso kann es auch eine Textzeile aus einem Lied, einem Gedicht oder einem persönlichen Gespräch sein, oder auch ein einfaches Sprichwort.*

- *Wir haben ein Problem und denken Tag und Nacht darüber nach, wie wir es lösen können. Aber jeden Tag kommt der Nachbar vorbei und stört uns dabei. Einmal fragt er, ob wir ihm die Gartenschere ausleihen können, ein anderes Mal fragt er, ob wir ein Verlängerungskabel für seinen Elektro-Rasenmäher haben und tags darauf fragt er, ob wir seine Gartenbank gebrauchen können, weil er sich eine neue gekauft hat und mit der alten nichts mehr anfangen kann. Spätestens beim dritten Mal, wenn der Nachbar in so kurzer Zeit an unsere Tür klopft, sollten wir innehalten und uns darüber bewusst werden, dass uns offenbar der Nachbar etwas mitzuteilen hat – entweder durch Worte, durch Handlungen oder durch sein Wesen, welches uns an etwas Wichtiges erinnern könnte.*

- *Wir planen in drei Wochen in Urlaub zu fliegen und freuen uns schon sehr darauf. Doch ein Tag davor werden wir schwer krank und müssen unsere Urlaubspläne aufgeben. Seien wir deshalb nicht sauer, denn hier kann unsere Intuition uns per Krankheit davon abgehalten haben, ins Unglück zu rennen bzw. zu fliegen.*

- *Wir träumen von einem alten Klassenkameraden, den wir jahrelang nicht mehr gesehen haben. Nur wenige Tage nach unserem Traum treffen wir einen gemeinsamen Bekannten, mit dem wir uns über unseren Klassenkameraden unterhalten. Und auch die folgenden Tage denken wir immer wieder an unseren alten Schulfreund. Wir sollten in diesem Fall die Möglichkeit in Betracht ziehen, ob unser alter Schulfreund für uns in irgendeinem Lebensbereich eine wichtige Rolle spielen könnte.*

- *Vielleicht siehst Du heute jemanden auf dem Weg zur Arbeit, der Dich an Deinen Bruder erinnert? Was soll Dir das sagen? Lass den Verstand außen vor und höre einfach auf Dein Gefühl. Ruf Deinen Bruder einfach an.*

- *Unser Körper selbst ist auch oft das Hilfsmittel intuitiver Botschaften. Wieso wird unsere Sehkraft plötzlich schwächer? Gibt es etwas in unserem Leben, was wir nicht mehr sehen wollen/können? Warum lässt unser Gehör bereits in jungen Jahren nach? Möglicher Weise können wir das Gerede unseres Partners nicht mehr hören? Warum tut uns der Nackenbereich weh? Sitzt uns etwas im Nacken, geht uns etwas an die Nieren? All diese Symptome verlangen eine Entscheidung und unsere Intuition erinnert uns daran, aktiv etwas an unserem Leben zu verändern.*

- *Langeweile macht sich breit. Innere Leere und Orientierungslosigkeit nehmen breiten Raum in unserem Leben ein. Das könnte bedeuten, dass unsere Intuition uns zu verstehen gibt, dass es höchste Zeit ist, aus festgefahrenen Gleisen auszutreten und eine neue Richtung einzuschlagen.*

- *Wir überlegen uns, wohin wir dieses Jahr in Urlaub fliegen wollen und plötzlich fällt ein Buch aus dem Bücherschrank. Das Buch geht auf und zeigt einen Bericht über ein bestimmtes Land (so ist es mir dreimal hintereinander passiert). Es gibt keine Zufälle, also sollten wir uns überlegen, ob wir in diesem Land Urlaub machen sollten. Irgendwas scheint es dort zu geben, was für uns wichtig ist.*

Natürlich ist alles individuell und hängt von vielen Kriterien ab, z.B. wie bewusst wir sind und welche Zeichen wir leichter erkennen und welche nicht (ein Zen-Mönch wird sicherlich mehr erkennen können als wir). Jeder von uns hat sein eigenes Erkennungszeichen der Intuition und auch das kann sich immer wieder ändern.

Wir sollten auf jeden Fall offen sein und damit rechnen, dass intuitive Botschaften, die unser ganzes Leben zum Guten ändern können, selbst an den unwahrscheinlichsten Orten auftauchen können. Selbst in Esswaren. Kaum zu glauben, aber wahr: 2005 gewannen 110 Leute zwischen 100.000 und 500.000 US-Dollars in der Powerball-Lotterie, welche in insgesamt 29 US-Staaten gespielt wird, als sie alle fünf Nummern wählten, die sie in Glückskeksen fanden.

Wichtig ist sich klar zu machen, dass überall Chancen auf uns warten. Unser Alltag ist oft wie eine Wüste, die auf den ersten Blick so wirkt, als hätte sie uns nicht viel zu bieten, dabei befinden sich nur knapp unter der Oberfläche sagenhafte Schätze (wie z.B. Erdöl). Es ist immer wichtig, genau hin zu sehen und in die Tiefe zu gehen.

Die Welt ist voller Gelegenheiten!!! Man muss nur seine Augen aufmachen und aufmerksam „wahrnehmen".

Vertrauen statt verstehen.

Kontrolle ist gut, Vertrauen besser

„Alles wird gut", posaunt das Positive Denken. „Alles ist gut", flüstert das Ur...vertrauen. (Andreas Tenzer)

Je intuitiver wir leben, umso mehr wächst auch unser Selbstwertgefühl dadurch. Laut der Psychologin Angelika Faas gehen Intuition und

Selbstwertgefühl Hand in Hand. Intuition als Handlungsanleitung wird für gewöhnlich meist mehr von selbstsicheren und sich selbst vertrauenden Menschen genutzt. Wie steht es mit Deinem Vertrauen in Deine Gefühle, lieber Leser? Denkst Du über das Gefühlte lieber nach, anstatt dem Gefühlten wirklich zu trauen?

Es ist sehr wichtig, sich und seiner Intuition mehr zu vertrauen, als Stimmen im Außen, also nicht nur zu horchen, wenn ein intuitiver Hinweis uns ereilt, sondern ihm im entscheidenden Moment eben auch zu „gehorchen" und ihn zu befolgen. Und genau da hapert es bei uns am meisten. Wir vertrauen unserer Intuition oft nicht, weil uns das im Laufe der Zeit in unserer sogenannten „Leistungsgesellschaft" regelrecht abtrainiert wurde. Uns wurde beigebracht, dass wir sogenannte Experten und Autoritäten um Rat fragen sollen, anstatt unserer inneren Weisheit zu vertrauen. Manchmal ist das auch ganz hilfreich, aber das letzte Wort sollte immer unsere Intuition haben.

Seit ich zurück denken kann, trug ich schon immer die Überzeugung in mir, dass es eine unsichtbare Instanz gibt, die es gut mit mir meint. Zwischendurch habe ich es zwar hin und wieder vergessen (Stichwort: Lebenskrise und die Zeit davor, denn sonst wäre es überhaupt nicht zur Krise gekommen), aber dafür ist diese Überzeugung heute umso unerschütterlicher. Wenn mir meine Intuition z.B. sagt, dass ich eine Verabredung absagen soll, dann höre ich auf sie. Wenn sie mir zuflüstert, ich solle mein Buch erst übernächsten Monat veröffentlichen, dann befolge ich ihren Rat. Und wenn sie mir mitteilt, ich solle mit dem Sport etwas kürzer treten, dann nehme ich auch das sehr ernst und verlasse vertraute Rollen, wachse quasi über mich hinaus.

Hatte ich vor Jahren, als ich meine ersten bewussten Wünsche aussandte, irgendeine verstandesmäßige Garantie, dass sie sich verwirklichen, wenn ich meiner Intuition folge? Nö. Hatte ich den gesamten Weg zu meiner Wunscherfüllung überblicken können? Mitnichten. Und war es wenigstens logisch nachvollziehbar, dass meine Intuition mir den Weg zur Wunscherfüllung wies? Nicht einmal das. Ich **vertraute** einfach darauf, dass meine Intuition mich zum Glück führen wird. Und das tat sie!!!

Wir werden durch solche Erfahrungen motiviert, in ungeahnte Sphären aufzubrechen und erleben Dinge, die wir zuvor oft noch für unmöglich hielten. Vertrauen wir darauf, dass unsere Intuition uns an die Hand nimmt und uns auf Glückskurs bringt. DAS ist für mich das Zauberwort: VERTRAUEN.

Der ganze Rest wird sich auf dem Weg dorthin ereignen. Wenn wir erst einmal unserer Intuition folgen, ergeben sich aus dieser Vorwärtsbewegung die tollsten Möglichkeiten. Der richtige Weg selbst wird sich erst dann eröffnen, wenn man vertraut und aufmerksam für alles ist, was sich im Leben zeigt. Wie schrieb der amerikanische Esoteriker Ralph Waldo Trine in Bezug auf unsere innere Stimme: *„Je williger wir ihr lauschen und ihrem Rate folgen, desto deutlicher spricht sie zu uns, bis allmählich die Zeit kommt, in der ihre Leitung unfehlbar wird.“*

Der Meister wurde einmal gefragt, ob er es nicht manchmal entmutigend findet, weil er seinen Lebensweg nicht überblicken kann. Da erzählte er die folgende Geschichte: Es war einmal eine Schnecke, die sich an einem nasskalten, grauen und stürmischen Frühjahrstag aufmachte, am Stamm eines Kirschbaumes hinaufzuklettern. Die Spatzen, die überall im Garten saßen, lachten über die Schnecke und zwitscherten: „Du bist ja ein Dummkopf - schau doch, da sind überhaupt keine Kirschen am Baum! Warum machst Du Dir die Mühe, da hoch zu klettern?“ Die Schnecke kroch unbeirrt weiter und sagte zu den Spatzen: „Das macht mir nichts - bis ich oben angekommen bin, sind Kirschen dran!“ (Zen-Geschichte)

Unsere Intuition wird uns also nicht die ganze Strecke im Vorhinein zeigen, sie wird uns schrittweise führen und wir brauchen ihr nur vertrauensvoll zu folgen. Vertrauen kann man grundsätzlich nur dann entwickeln, wenn man Risiken eingeht. Damit haben die meisten Menschen jedoch ihre Probleme. Es ist ganz normal, wenn man sich auf eine unbekannte Reise begibt, dass man dabei etwas unsicher ist. Würden wir Kolumbus heute fragen können, würde er uns das sicher bestätigen. Ohne Mut und Vertrauen, mit der er seine Unsicherheit überwand, hätte Kolumbus Amerika nie entdeckt. Wir sollten uns eine Sache ganz klar machen, lieber Leser: Ein Leben ohne Risiko gibt es nicht. Lassen wir uns von unserer Unsicherheit nicht beirren. Gehen wir den entscheidenden Schritt mutig. Trauen wir uns. Ich habe mich getraut und es nicht bereut, im Gegenteil, mir eröffneten sich dadurch viele tolle Gelegenheiten und Chancen.

Stellen wir uns die Frage: *„Wie weit geht mein Wunsch nach einem glücklichen Leben? Wie sehr bin ich bereit, meinem inneren Reiseführer zu vertrauen und auch scheinbar riskante Wege zu gehen, damit dieses glückliche Leben endlich Wirklichkeit wird?“* Stellen wir uns einmal vor, wir verlassen eines Tages diese Welt, sehen uns in der Dimension des Jenseits unser letztes Leben an und denken: *„Mensch, was ich so alles vorhatte und wie oft ich mich nicht getraut habe….“*

Risikolust ist bei mir mittlerweile fast schon zur Gewohnheitssache geworden. Ich war fast mein ganzes erwachsenes Leben lang selbständig tätig gewesen. Und als Selbständiger muss man großes Vertrauen darin haben, dass sich die eigene Firma, all das Geld, die Energie und die Zeit, die man investiert hat, lohnen werden. Immer wieder verließ ich die Zone, in der ich einigermaßen sicher sein konnte, wie der nächste Tag verlaufen würde und begab mich in eine Zone, in der Risiken an der Tagesordnung sind.

Die meisten von uns sind nicht in einem Umfeld aufgewachsen, in dem man uns gelehrt hat, seiner Intuition zu vertrauen. Nein, wir alle sind verstandesorientiert erzogen worden. Der Verstand ist ein „Kontrolleur“. Vertrauen ist gut, sagt er, aber Kontrolle ist ihm viiieeel lieber. Er tendiert immer zu Sicherheit und minimalem Risiko, weil er der Angst unterliegt. Unsere Intuition wiederum fordert uns auf, neue Wege auszuprobieren, um den eigenen Horizont zu erweitern, weil sie weiß, dass nur so eine Weiterentwicklung möglich ist. Genau so haben wir bereits als Kinder unseren Horizont erweitert. Anders geht es nun einmal nicht. Es geht bei der Nutzung unserer Intuition also immer auch darum, den Drang nach Kontrolle aufzugeben. Wenn wir geistig und spirituell wachsen wollen, dann gilt es, geistige Fesseln und einengendes Kontrolldenken aufzugeben.

Ein *blinder Mann war in einen tiefen Brunnen gefallen. Da kam zufällig ein Wanderer des Weges und als er den Verunglückten entdeckte, bot er ihm voller Mitleid seine Hilfe an. Er ließ ein langes Seil in den*

Brunnen hinab und sagte zu dem Blinden: „Halte Dich gut daran fest, dann ziehe ich Dich heraus!“ Doch statt das Seil zu ergreifen, fing der Blinde an, lang und breit zu erzählen, wie er in den Brunnen gefallen war: „Ich weiß gar nicht, wie das passieren konnte. Ich wollte doch nur etwas Wasser schöpfen. Dabei muss ich mich wohl zu weit vorgebeugt haben. So ein Pech aber auch!“ Und so weiter, und so fort. Wieder ermahnte ihn der Wanderer, doch endlich das rettende Seil zu ergreifen und sich heraufziehen zu lassen. „Deine Geschichte kannst Du mir auch später noch erzählen!“ Da fing der Blinde an, ihm alle möglichen Fragen zu stellen: „Wer bist Du überhaupt? Warum machst Du Dir die Mühe, mich hier heraus zu holen? So viel Selbstlosigkeit gibt es doch gar nicht! Am Ende erwartest Du noch ewige Dankbarkeit von mir und nutzt mich ein Leben lang aus. Und wer sagt mir denn, dass Du kein Räuber bist, der mir mein Geld weg nimmt und mir den Garaus macht, sobald ich oben angekommen bin?“ „Du musst mir schon vertrauen“, erwiderte der Wanderer, „wenn Du dort unten nicht elendiglich umkommen willst. Es ist sehr einsam hier und fraglich, ob so bald ein anderer Mensch vorbei kommt, der zufällig auch noch ein Seil dabei hat und bereit ist, Dich heraus zu ziehen. Also pack jetzt endlich das Seil, hab Vertrauen und komm hoch!“

Vertrauen ins Unbekannte ist notwendig, damit wir nicht kopfgesteuerte misstrauische Roboter werden.

Vertrauen ist Leben, Vertrauen in den Namen Gottes wirkt Wunder, denn Vertrauen ist Leben, Zweifel ist Tod. Wer Glauben hat, besitzt alles; wem der Glaube fehlt, hat Mangel an allem. (Ramakrishna)

Wie lernt man Vertrauen? Ich nahm einmal an einem Seminar teil, bei dem man sich mit geschlossenen Augen nach hinten fallen ließ und von anderen Seminarteilnehmern aufgefangen wurde. Eine etwas abgewandelte Variante dieser Übung kann man auch zu Hause machen: Man verbindet sich die Augen und lässt sich vom Lebenspartner, von den Geschwistern, Eltern oder Freunden per Anweisungen durch das Haus / die Wohnung führen. Erlaubt sind Anweisungen wie: *„Einen Schritt vor, nach links, nach rechts, zurück, dreh Dich um, Vorsicht Stufe usw.“* Für jeden auf Kontrolle bedachten Menschen ist das eine echt gute Übung, um Vertrauen zu lernen. Wenn wir erfahren haben dass das alles reibungslos funktioniert (erst einmal im

Kleinen), entsteht ein Gefühl des Vertrauens, der Leichtigkeit und der Freude.

Bei allen Wünschen, ob Geld-, Beziehungs- oder Gesundheitswünsche, kalkuliert die Intuition zeitliche Spielräume und für den Verstand unvorhergesehene Ereignisse mit ein. Wenn es also schwer und hart ist, unsere Wunschziele zu erreichen, dann meist nur deshalb, weil wir kein Vertrauen haben.

Ich habe schon immer die Erfahrung gemacht, dass meine Intuition richtig liegt, ganz egal, wie stark mein Intellekt dies ablehnt. Mit der Zeit lernte ich, dass die Intuition mich nie im Stich lässt, dass ich von ihr immer gut beraten bin, dass sich nicht selten regelrechte Wunder ereignen, wenn ich ihr folge. Daraus stellte sich ein Vertrauen ein, dass stärker wurde, als die Zweifel des Verstandes. Folgen wir unserer Intuition, dann gehen wir den schnellsten, leichtesten, sichersten und glücklichsten Weg!!! Wir könnten es SOOOOO VIEL BESSER haben im Leben, wenn wir nicht ständig so misstrauisch wären und jedes Risiko meiden würden.

Vertrauen ist eine Entscheidung, also entscheiden wir uns dafür! Bei mir ist es heute so, dass allein schon das Wort „Intuition“ mir eine ungeheure positive Energie gibt ☺, weil ich voll und ganz darauf vertrauen kann, dass sie mir hilft.

Je mehr wir unserer inneren Stimme vertrauen, sie wahrnehmen und trainieren, umso mehr wird sie uns alles an Infos, Wissen und was wir sonst noch so alles brauchen, um durch und durch happy zu werden, geben. Lassen wir uns auf das „Risiko“ ein, unsere Wünsche wahr werden zu lassen.

„Wir hören viel, aber wir hören eigentlich erst, wenn wir die wirren Stimmen haben sterben lassen und nur noch eine spricht.“ (Meister Eckhart)

Welche Stimme ist die richtige?

Wenn wir von Intuition sprechen, sagen wir auch „innere Stimme“. Doch in unserem Inneren gibt es viel mehr als nur EINE Stimme, es gibt auch noch viele „glückssabotierende Nebenstimmen“, die oft lauter sind als unsere Intuition.

Nicht jeder Gedanke und auch nicht jedes Gefühl, die in uns aufkommen, sind eine intuitive Botschaft, und manchmal ist es schwierig, zwischen den verschiedenen inneren Stimmen (Intuition, Ego-Projektionen, Glaubenssätze, reaktive Emotionen, kritischer Verstand, Erinnerungen, unbewältigte Ängste…) zu unterscheiden. Gehen wir einer „falschen“ Stimme auf den Leim, können wir dadurch leicht in ein großes Fettnäpfchen treten. Z.B. könnten wir eine intuitive Warnung überhören, die uns sagt, dass wir körperlich überfordert sind und dringend Ruhe brauchen. Wir würden dann unseren Körper weiterhin belasten und tags darauf womöglich erschöpft zusammen brechen. Wichtig ist es also zu differenzieren, woher das emotionale Feedback kommt.

Hier stellt sich nun die Frage: **Wie geht das?**

Wie können wir uns wirklich sicher sein, ob unsere Intuition gerade zu uns spricht oder eine andere Stimme? Wie lässt sich die förderliche Stimme herausfiltern, so dass wir die richtigen Entscheidungen treffen können?

Wie sieht es z.B. mit unseren Wünschen aus? Kommen unsere Wünsche immer alle aus unserer Intuition heraus oder sind auch Ego-Wünsche dabei, die unserem Lebensglück nicht gut tun, sondern vielmehr schaden? Hat sich z.B. der Nachbar plötzlich einen tollen Rennwagen gekauft, kann es passieren, dass in uns das Verlangen entsteht, uns ebenfalls ein teures Sportauto zu kaufen. Solche „Wünsche“ sind Ego-Wünsche und sie entsprechen nicht unserem wahren Wesen. Es gibt eben wahre Wünsche, die von unserer Intuition gefördert werden, und Verlockungen, die nur vorübergehender Natur sind und uns nicht glücklich machen können.

Um heraus zu finden, was gerade der Fall ist, schreibe ich alle meine Wünsche ganz spontan auf, ohne darüber nachzudenken. Ich lasse einfach alles raus, was mir in den Sinn kommt. Dem Ego lasse ich so gar keine Chance, seinen Senf dazu zu geben. Wenn das getan ist, lege ich die Blätter weg und mache das Ganze die nächsten sieben bis zehn Tage immer wieder. Ich nehme neue Blätter und schreibe alles auf, was mir einfällt. Nach einer Woche oder auch nach zehn Tagen sehe ich mir meine Listen an und stelle fest, dass es zwei Arten von Wünschen gibt. Einmal die, welche auf jedem Blatt stehen und einmal jene, die nur hin und wieder auftauchen. Ich lese als nächstes alle meine Wünsche laut vor. Dabei achte ich darauf, was sich in mir tut. Steigt Vorfreude in mir auf oder lässt der Wunsch mich kalt? Fühle ich mich wie elektrisiert vor Freude oder herrscht Stille in mir? Oder kommen mir vielleicht Gedanken wie: *„Hat sich der Wunsch erst einmal erfüllt, werden alle meine Freunde vor Neid erblassen.“?* Dann wäre es kein Herzenswunsch, dann wäre es nur eine Befriedigung des Ego.

Wo können wir unsere Intuition noch verwechseln mit anderen Stimmen? Gefühle sind, wie wir wissen, unsere Wegweiser. Wenn wir sie richtig verstehen und uns nach ihnen richten, führen sie uns zu allem, was wir uns gewünscht haben. Doch auch hier gilt es zu differenzieren. „Schneidet“ uns z.B. ein Porschefahrer auf der Autobahn, würden wir den Verkehrsrowdy gefühlsmäßig vielleicht am liebsten zum Teufel jagen. Dies ist dann jedoch keine Rückmeldung unserer Intuition, sondern eine reaktive Emotion (reaktiv deshalb, weil wir auf ein (unangenehmes) Erlebnis reagieren). Emotionen ändern sich dauernd, sie schwanken, sie gehen und kommen an einem einzigen Tage über tausend Mal. Unsere Intuition hingegen bleibt immer gleich, sie hat immer hundertprozentig zuverlässig das Beste für uns im Fokus. Man kann es vergleichen mit Mutterliebe. Eine Mutter liebt ihr Kind und hat immer das Wohlergehen des Kindes im Auge, auch wenn sie hin und wieder mal wütend auf ihr Kind ist, weil es etwas angestellt hat. Die Mutterliebe, welche dauerhaft bleibt, wäre also intuitiv, während die gelegentliche Wut für die reaktive Emotion steht. Die Intuition ist konstant, sie ist das Fundament, das sich von der vorübergehenden Emotion nicht berühren lässt.

Oft verwechseln wir die Intuition auch mit unseren Glaubenssätzen. Nehmen wir noch einmal die Situation mit dem Porschefahrer. Aus dieser Situation kann sich der unbewusste Glaubenssatz bilden, dass alle Porschefahrer Rowdys seien. Man lernt eines Tages jemanden kennen, findet die Person sehr sympathisch und hört nach ein paar Tagen, dass sie einen Porsche fährt. Und siehe da, das Gefühl der Sympathie bekommt erste Risse – ohne dass wir uns bewusst erklären können, woran das liegt. Nehmen wir einmal an, dass unsere Intuition uns gerade mitteilen will, dass die Person, die den Porsche fährt, wichtig für unser berufliches Weiterkommen ist, dann könnte es passieren, dass wir sie nicht hören, weil unser Glaubenssatz *„Alle Porschefahrer sind Rowdys"* zwischen uns unserer Intuition steht. Jede Erfahrung, die wir im Leben gemacht haben, ist mit einem Gefühl verbunden. Und im besagten Fall wird dieses Gefühl bzw. dieser Glaubenssatz an die Oberfläche befördert. Machen wir uns hier bewusst: Unsere Intuition ist im Gegensatz zu Glaubenssätzen auf das Hier und Heute ausgerichtet, auf die Gegenwart, auf den Augenblick, der genau jetzt stattfindet. Sie gräbt keine alten Erinnerungen oder Ereignisse aus der Vergangenheit heraus, so wie es der Verstand macht.

Grundsätzlich gilt: Wenn uns ein Gefühl auf die Ebene runter zieht, auf der wir Hass, Wut, Neid, Eifersucht, Traurigkeit usw. spüren, dann können wir sicher sein, dass nicht unsere Intuition zu uns spricht, sondern unser Ego oder unsere negativen Glaubenssätze. Unsere Intuition kommt als Impuls oder Hinweis in der äußeren Welt in der Art und Weise daher, dass uns immer der freie Wille erhalten bleibt, dass wir frei entscheiden können. Sie drängt uns nicht und setzt uns nicht unter Druck, wie es z.B. Gedanken und Gefühle der Wut machen. Sie hat nichts übrig für Zwang irgendwelcher Art und sie verlangt von uns nicht, anderen Menschen zu schaden. Wenn ich einen intuitiven Ruf erhalte und ihn verstehe (z.B.: Schreibe ein Buch, sprich Deine Traumfrau an, verlasse Deinen bisherigen Job und gründe ein Unternehmen), dann fühle ich mich lebendig, vital, beschwingt und energiegeladen. Es ist anders als normales Fühlen (welches zum Sakralchakra gehört, während die Intuition dem Stirnchakra zugeordnet werden kann), es geht über unsere reinen Gefühle hinaus.

In den nachfolgenden zwei Kapiteln habe ich beschrieben, was wir vermeiden sollten, damit unsere Verbindung zur Intuition störungsfrei bleibt und welche Übungen uns helfen, die Verbindung zu verstärken und das Gesendete auch zu verstehen. Mit der Zeit bekommt man eine gewisse Übung darin, das Echte vom Unechten zu unterscheiden.

Unsere Intuition ist immer friedfertig, sie lässt uns immer den freien Willen und versucht nichts zu erzwingen.

Tue das, was Dein Wohlbefinden steigert, und unterlasse das, was Dir schadet.

Was stört die Verbindung zur Intuition?

Verinnerlichen wir uns: Die Intuition macht nie Fehler. Es kann aber passieren, dass wir sie falsch deuten, dass wir sie missverstehen und dadurch ein unglückliches Leben führen. Eine störungsfreie Kommunikation mit unserer Intuition ist also das essentiellste, was es gibt, sie ist das Ticket zu unserem Wunschleben. Wir alle werden in unserer Gesellschaft jedoch durch negative Schwingungen aus Fernsehen, Werbung und unserem Umfeld beeinflusst und abgelenkt, und sabotieren damit den Weg zu unserem Glück.

Ein Beispiel: Stellen wir uns einmal vor, ein intuitiver Impuls bringt uns dazu, in die Stadt zu fahren und uns eine Hose zu kaufen. Auf dem Weg zum Modegeschäft kommen wir an einem Restaurant, einem Elektronik-Laden und einem Kino vorbei. Beim Restaurant sehen wir draußen das Tagesmenü angeschlagen und lassen uns vom köstlichen Duft der leckeren Speisen verführen, erst einmal etwas essen zu gehen. Beim Elektronikladen sehen wir durchs Schaufenster einen preislich reduzierten Computermonitor und kaufen ihn uns aus Angst, dass morgen alle Computermonitore schon ausverkauft sein könnten. Vor dem Kino sehen wir das Filmposter des neusten Kassenschlagers und sehen ihn uns an, weil wir befürchten, dass er bald nicht mehr im Kino gezeigt wird. Und dabei vergessen wir ganz den intuitiven Entschluss, uns die Hose kaufen zu gehen. Hätten wir aber unseren intuitiven Entschluss zielbewusst verwirklicht, wären wir im Modegeschäft womöglich jemandem begegnet, der für unser Lebensglück eine wichtige Rolle spielt. Kurzum: Wir haben also das, was uns unser Inneres ans Herz gelegt hat und was vermutlich von großer Bedeutung für uns ist, vergessen und uns stattdessen von äußeren Ablenkungen und Reizen in den Bann ziehen lassen (vom Duft köstlicher Speisen, einer Schaufensterwerbung und einem Filmposter). Daran sollten wir schnellstmöglich was ändern.

Der Weg zum Glück setzt sich immer aus zwei Aspekten zusammen: Dem Meiden des Disharmonischen und dem Fördern des Harmonischen. Nachfolgend habe ich die meiner Meinung nach größten Hürden für ein intuitives Leben aufgelistet. Sie alle sorgen für eine verzerrte Wahrnehmung unserer Intuition und vor ihnen allen sollten wir uns so gut es geht abschirmen.

Das Bedürfnis nach Kontrolle

Wenn wir unserer Intuition folgen wollen, um einen Wunsch wahr werden zu lassen, dann spielen das „Wie geht das“ und das „Warum ist das so“ keine Rolle. Das ist nicht wichtig! Entledigen wir uns des Dranges, alles genau wissen und kontrollieren zu wollen, wagen wir ruhig einmal voller Vertrauen und Glauben den Schritt ins Ungewisse. Bereits die Geburt ist ein Wagnis und sollte uns klar machen, dass Kontrolldenken anti-natürlich ist.

Ein in Stress geführtes Leben

Der größte Gegner der Intuition ist ein Leben voller Stress. Wer gestresst ist, lebt sein Leben für gewöhnlich nur noch mechanisch und ist somit taub für innere Eingebungen. Je stressiger das Leben geführt wird, umso lauter ist es in uns. Und je lauter es in uns ist, umso weniger nehmen wir unsere innere Stimme wahr. Wir betrügen uns selbst um den besten Ratgeber der Welt. Alleine dadurch, lieber Leser, dass Du das Radio und den Fernseher aus lässt oder zumindest den Konsum erheblich reduzierst, wird Dein Leben deutlich ruhiger werden und Du wirst Deine innere Stimme astrein hören. Wenn wir uns nur eine ganze Woche vom Fernseher, Radio und dem Computer fernhalten und stattdessen jeden Tag 30 Minuten meditieren, wirkt das wahre Wunder. Ich habe es ausprobiert und es war überwältigend!!!

„Ich finde das Fernsehen sehr weiterbildend. Jedes Mal, wenn einer den Fernsehapparat einschaltet, gehe ich nach nebenan und lese ein Buch.“ (Groucho Max)

Einschränkende Glaubenssätze

Ein weiterer Feind unserer Intuition sind Vorurteile, eingeprägte Glaubensmuster und eingetrichterte Konditionierungen. Man betrachtet zahlreiche Lebensthemen mit Scheuklappen und blendet Möglichkeiten, Optionen und intuitive Impulse, die unseren Glaubenssätzen widersprechen, einfach aus und ist nicht offen für Neues. Und wer nicht mit offenen Augen durchs Leben geht, der tut es zwangsläufig mit geschlossenen Augen. Ich habe, so wie jeder von uns, auch bestimmte Glaubenssätze und Wertevorstellungen für mich entwickelt. In den ersten 20 Jahren bekam ich die meisten davon von außen vermittelt (von meinen Eltern, der Schule, den Medien, Vorbildern, dem Zeitgeist...). Irgendwann dämmerte mir, dass das, was die Anderen mir vermittelten, IHRE ureigenen Lebensprinzipien waren, aufbauend auf IHREN ureigensten Lebenserfahrungen. Sie hatten mit MIR und MEINEN Lebenserfahrungen nicht viel gemeinsam. Wollen wir uns also weiterentwickeln und uns selbst erkennen, dann sollten wir UNSERE EIGENEN Lebensprinzipien ermitteln. Wir sollten heraus bekommen, was uns selbst wirklich wichtig ist, denn nur auf diese Weise sind wir wieder empfangsbereit für unsere innere Stimme.

Negative Gefühle

Unter negativen Gefühlen verstehe ich Gefühle wie Anspannung, Angst, Wut, Hass, Pessimismus, Neid, Eifersucht, Hoffnungslosigkeit, Ungeduld, Minderwertigkeitsgefühle, blinden Ehrgeiz usw. All das sind Filter, die dafür sorgen, dass wir nicht offen sind und deshalb unsere Intuition kaum hören können. Sind wir z.B. wütend auf eine

Person, werden wir den intuitiven Hinweis, uns mit ihr zu auszusöhnen, einfach ignorieren. Sind wir ehrgeizig und verfolgen wie besessen ein Ziel, werden wir für alles andere blind und taub – auch für unsere Intuition. Nimmt die Angst in uns Überhand, verzweifeln wir und ergeben uns unserem „Schicksal“. Wichtig ist es also, sich vor negativen Einflüssen so gut es geht abzuschirmen. Dazu gehören Menschen, die unsere innere Harmonie aus dem Gleichgewicht bringen, disharmonische Beschäftigungen und insbesondere die Medien. Das heutige Fernsehprogramm ist darauf ausgerichtet, uns zu ängstigen, zu schocken, zum Weinen zu bringen. Durch Angst verkrampfen wir innerlich und nehmen alles nur noch durch einen Angst-Filter wahr. Vergessen wir nie: Geistige Nahrung ist mindestens ebenso wichtig wie normale Nahrung. Also sollten wir nichts konsumieren, was uns innerlich negative Gefühle beschert.

Übersteigertes rationales Denken

Unser Verstand wird in unseren Schulen stark gefördert (auswendig lernen, statt auch das inwendige Lernen zu fördern), während unsere kreative Intuition nur in den Fächern Musik und Kunst genutzt wird. Dadurch ist das rationale Denken sehr ausgeprägt und verfälscht intuitive Botschaften immer wieder mit sachlichen Argumenten. Der rationale Verstand baut vorwiegend auf Angelerntem auf. Neues ist ihm suspekt, wenn es sich nicht mit seinem bisherigen Wissen deckt. Dass der Intellekt kaum eigene Gedanken entwickelt, lässt sich leicht fest stellen: Man denkt z.B., dass eine bestimmte Aktie steigen wird. Aber denkt man das wirklich oder beruft man sich da nicht eher auf die Börsennachrichten? Zudem baut der Verstand seine Fähigkeiten fast ausschließlich auf der Wahrnehmung der körperlichen Sinnesorgane auf. Da er sich auf die fünf Sinne beschränkt, die nur wenig wahrnehmen können, geht er nicht ganzheitlich vor. Nicht so die Intuition, die viel mehr wahrnehmen kann. Da unser Verstand also ständig unsere intuitiven Botschaften als reines Hirngespinst wertet und sie unterdrückt, gilt es das rationale Denken ein paar Oktaven runter zu schrauben.

Reizüberflutung

Je reizüberfluteter wir sind, umso mehr werden wir von unserem Inneren abgelenkt. Und Fakt ist: Wir werden (fast) alle reizüberflutet in unserer Konsumgesellschaft, besonders durch die Medien, die dafür

Sorge tragen, dass wir uns alle in einer Art hypnotischer Trance befinden. Auf uns prasselt permanent eine gigantische Flut von Informationen ein – pro Sekunde nehmen unsere darunter leidenden Sinne ungefähr elf Millionen Dinge wahr. Von all diesen Informationen registriert unser Gehirn nur etwa vierzig bewusst und verarbeitet sie aktiv. Der große Rest wird in unser Unterbewusstsein weitergeleitet und dort bearbeitet und archiviert. Rufen wir uns vor diesem Hintergrund noch einmal in Erinnerung, dass wir die meisten Gedanken unbewusst denken. Wenn in unserem Unterbewusstsein also gruseliger Gedankenmüll liegt, von beleidigenden Talk-Shows über schockierenden Nachrichten bis zu brutalen Gewaltfilmen, dann senden wir genau diesen Mist unbewusst ins morphogenetische Feld und ziehen uns ganz grausige Lebensumstände an. Das sollten wir uns nicht antun, lieber Leser, denn das wäre verplemperte Lebenszeit.

„Die Zeit ist zu kostbar, um sie mit falschen Dingen zu verschwenden.“ (Heinz Rühmann)

Wenn ein Glas bis zum Rand gefüllt ist, kann kein neues Wasser hinein gegossen werden. Und wenn ich tausend (belanglose) Gedanken in mir habe, die ich z.B. durch Fernseh- und Radiokonsum in mir erzeugt habe, kann unsere Intuition nicht die richtige Stimme in uns hinein senden, weil einfach kein Platz dafür ist. Und wenn sie es doch schafft, dann hören wir sie nicht, weil es in uns zu laut und zu chaotisch ist. Unsere Intuition ruft uns dauernd was zu, aber wir sind so abgelenkt von all den Sinneseindrücken, dass wir es schlicht und ergreifend überhören. Ich kann aus meiner persönlichen Erfahrung sagen: Sobald ich mich selbst nicht überflute mit zigtausend Dingen, kehrt Ruhe in mein Leben ein und ich kann meine innere Stimme wieder hören.

Äußere Lebensausrichtung

Die Gesellschaft, in der wir leben, hat uns gelehrt, dass wir nach außen blicken sollen, um Antworten und Lösungen zu erhalten. Sie hat uns nie beigebracht, dass wir nach innen schauen sollen, um die wirklich wichtigen Dinge des Lebens zu erfahren. Die Schule fördert, wie bereits erwähnt, vornehmlich eine rationale und logische Sicht auf die Welt. Ebenso die Universität. In der Schule wird vorwiegend der Intellekt bzw. die linke Gehirnhälfte geschult, die rechte wird total vernachlässigt. Und so entsteht ein gravierendes Ungleichgewicht zwischen den beiden Gehirnhälften.

In der Schule kommt man nicht dazu, das Notwendige zu lernen, weil zu viel Überflüssiges gelehrt wird. (nach Seneca)

Machen wir uns eines klar: Wenn wir uns ausschließlich äußeren Dingen zuwenden, dann bezahlen wir mit unserem Inneren dafür. Achten wir also ruhig öfters auf unser Inneres, gehen wir in uns und schotten uns täglich etwas ab von den ganzen äußeren Ablenkungen.

„Höre jeden Tag in Dich hinein, damit Du erfährst, was Du Dir zu sagen hast." (Unbekannt)

Gefühlskälte und ein nicht-authentisches Leben

Die Sprache der Intuition sind Gefühle. Je gefühlsechter wir leben, umso besser nehmen wir unsere Intuition wahr. Die meisten Menschen stehen leider nicht zu ihren Gefühlen. Sie leben nicht authentisch, spielen sich selbst etwas vor und sorgen dafür, dass ihr Inneres immer mehr abstirbt. Sind sie traurig, unterdrücken sie das Weinen. Sind sie besorgt, verbergen sie ihre Sorge vor der Außenwelt. Sie spielen ihren Mitmenschen vor, sie seien cool und vermeiden deshalb jede Freundlichkeit. Das Verstellen sorgt dafür, dass wir uns von unseren wahren Gefühlen entfremden, dass wir sie verleugnen, bis wir wirklich nicht mehr wissen, was wir fühlen. Und das wiederum sorgt dafür, dass wir mit unserer Intuition nicht kommunizieren können. Leben wir unser Leben hingegen aus wahren Gefühlen heraus, ist der Kontakt zur Intuition wieder hergestellt. Stelle Dir selbst die Frage: Wie oft am Tag handle ich gegen mein Gefühl? Mein Motto lautet: Was immer ich sage und tue, sollte mit meinen Gedanken, Gefühlen und inneren Überzeugungen übereinstimmen. Keine Doppeldeutigkeiten, kein gekünsteltes Image und keine Selbstbelügelei. Je mehr wir unsere wirklichen Ideale leben, umso rascher verwirklichen wir sie. Der einzige Weg zum Glück besteht darin, wieder zu uns, zu unserer ureigenen Wahrheit zurück zu finden. Leben wir so, wie es UNS entspricht!!!

Freudloses Leben
Ein Leben verliert an Freude, wenn man nicht das lebt, was einen erfreut. Warum wohl mögen Kinder es nicht, wenn sie eingeschult werden? Vor der Schulzeit haben sie viel mehr Freiraum und Freizeit, sie machen das, was ihnen Spaß macht und es gibt noch nicht so viele Dinge, die sie gegen ihren Willen machen müssen. Doch kaum sind sie in der Schule, werden sie gezwungen, sich mit Dingen und Themen zu beschäftigen, die ihnen oft keinen Spaß machen. Deshalb ist es so wichtig, sich Zeit zu nehmen für die Leute, die Tätigkeiten und die Orte, die uns erfreuen, die uns Spaß machen und uns innerlich so harmonisch schwingen lassen, dass wir resonanzfähiger werden für unsere innere Stimme. Trennen wir uns ruhig von Menschen, die ständig mies und negativ drauf sind. Solche Menschen sind Energieräuber und sehr nervenzehrend. Meiden wir Tätigkeiten und Orte, die uns anöden. Sorgen wir für ein Leben in Freude und zwar JETZT!!! Die Angewohnheit, die wirklich schönen und erhellenden Aktivitäten immer wieder aufzuschieben, ist total destruktiv für ein erfülltes Leben. Viele Menschen erkennen erst kurz vor ihrem Tod diesen Fehler und sind betrübt, weil sie ihr Leben mit oberflächlichen und unwichtigen Dingen verbracht haben. Warum sollten WIR es so weit kommen lassen???

Ungesunde Lebensweise
Je ungesünder wir leben, desto mehr leidet unsere Wahrnehmung darunter – sowohl die innere, als auch die äußere. Exzessiver Konsum von Alkohol, Nikotin, Koffein, Drogen, Medikamenten, disharmonischen Filmen und Liedern sorgen für eine vernebelte Wahrnehmung. Wir hören unsere Intuition besser, wenn wir einen gesunden Geist in einem gesunden Körper beherbergen.

Lieber Leser, alle hier beschriebenen Einflüsse führen zur Falschdeutung der intuitiven Botschaften an uns, sie alle lenken uns von unserer Intuition ab, so dass viele Menschen orientierungslos durchs Leben gehen, als seien sie ohne Kompass auf den Weltmeeren unterwegs. In diesem Zusammenhang sollten wir auch eines nie vergessen: Wir sind immer selbst dafür verantwortlich, welchen Einflüssen wir uns aussetzen und was wir in uns aufnehmen, welche Filme, Musik und Literatur wir konsumieren, mit welchen Leuten wir uns umgeben und womit wir uns beschäftigen.

„Es ist nicht genug, beschäftigt zu sein; das sind auch die Ameisen. Die Frage ist: Womit sind wir beschäftigt? (Henry David Thoreau)

Eine gute und zuverlässige Intuitions-Wahrnehmung geht nicht ohne saubere „Datenbank“. Und ihr Zustand liegt allein in unserer Hand.

Affirmation:
Ich mache das, was mich erfreut.
Ich halte mich da auf, wo ich mich wohl fühle.
Ich bin mit den Menschen zusammen, die mir gut tun.

Ohne fruchtbaren Boden gibt es keine Ernte.

Was fördert die Verbindung zur Intuition?

Lieber Leser, jetzt gehen wir ans Eingemachte bzw. jetzt kommen wir zu den einzelnen Übungen, die uns alle dabei helfen können, den richtigen Umgang mit unserer Intuition zu lernen und ganz allgemein eine erhöhte Wachheit zu erlangen. Betrachte die Übungen als ein vielseitiges Selbstbedienungs-Buffet mit den unterschiedlichsten Gerichten. Probieren wir einfach alles aus und sehen, was uns mundet. Halten wir uns dabei immer vor Augen, dass wir von der Schöpfung alle mit denselben Fähigkeiten ausgestattet wurden, dass die Fähigkeit, die Intuition wahrzunehmen, uns allen angeboren ist und dass es keine mehr oder weniger intuitiven Menschen gibt. Was es gibt, das sind Menschen, die die Wahrnehmung ihrer Intuition besser trainiert und besser gelernt haben, und Menschen, die das eben vernachlässigt haben.

„Intuition ist erlernbar.“ (Linda Roethlisberger)

„Wenn man trainiert, schneller und detaillierter wahrzunehmen, macht man in diesem Bereich bald Fortschritte." (Stuart Wilde)

Wobei hier noch einmal ganz klar zu betonen ist, dass wir nicht die Intuition trainieren, sondern vielmehr UNS optimieren, UNSERE Wahrnehmung schulen, UNSEREN Zugang zur Intuition öffnen, aus der bisherigen, recht begrenzten Wahrnehmungsroutine ausbrechen. Wir üben uns nicht darin, dass die Intuition lauter spricht, nein, wir üben uns darin, dass WIR sie besser hören. Ich habe die Erfahrung gemacht, dass das richtig Spaß machen kann. Legen wir mit Alltagsübungen los, die kein Risiko darstellen, für die wir nichts aufs Spiel setzen (zum Beispiel können wir uns von unserer Intuition zu einem freien Parkplatz führen lassen. Oder wenn wir uns neue Klamotten kaufen wollen, kann uns unsere Intuition direkt zum „richtigen Geschäft" lotsen.).

Klarheit in punkto Lebensabsicht

Je besser wir wissen, was wir im Leben wollen, desto besser hilft uns unsere Intuition. Wenn wir ein Ziel haben, dann werden wir themenbezogene Informationen für die Verwirklichung unseres Zieles erhalten. Je fokussierter wir sind, desto zielgerichteter sind die intuitiven Botschaften.

Die Wahrheit hören wollen

Wir nehmen meist nur das wahr, was wir wahrnehmen WOLLEN. Die Intuition sagt uns immer die ungeschminkte Wahrheit, aber die ist manchmal eben so beschaffen, dass wir sie manchmal gar nicht hören wollen (z.B. wenn die Botschaft lautet: Trenne Dich von Deinem Partner.). Deshalb ist die Grundvoraussetzung für das Erhalten intuitiver Nachrichten die innere Einstellung, sich der Wahrheit, so unangenehm sie uns auch scheinen mag, zu öffnen. Erst wenn wir auf „Wahrheitsempfang" schalten, können wir die wahrheitsliebende Intuition hören.

An die Existenz der Intuition glauben

Um unsere Intuition (besser) wahrzunehmen, müssen wir uns zuerst einmal klipp und klar verinnerlichen, dass es die Intuition gibt und dass sie uns hilfreiche Informationen zukommen lässt, die für unser

Lebensglück ungeheuer wichtig sind. Machen wir uns diesbezüglich von allen Zweifeln frei, verinnerlichen wir uns, dass die Intuition nichts Außergewöhnliches ist, sondern ebenso „gewöhnlich“ ist wie unsere anderen Sinne wie sehen oder hören. Machen wir uns klar, dass die richtigen Lösungen bzw. die richtigen Ideen schon bestehen. Wir sind mit ihnen allen durch das morphogenetische Feld verbunden. Sie warten nur darauf, von uns gehört zu werden. Ich selbst mache mir die Existenz der Intuition und meine intuitive Verbundenheit mit dem Rest der Schöpfung oft mit Affirmationen bewusst:

Ich öffne den Zugang zu meiner Intuition.

Ich bin mit dem universalen Wissen verbunden.

Die Verbindung zu meiner Intuition ist großartig.

Meine Intuition gibt mir Antworten und Lösungen.

Ich vertraue meiner Intuition und lasse mich von ihr leiten.

Ich werde geleitet von einer höheren Führung, die will, dass ich glücklich bin.

Ich empfange intuitive Botschaften, die mir ein glückliches Leben bescheren.

Auf diese Weise steigern wir unseren „Intuitions-Quotienten“. Selbst das bloße Verstandesdenken kann nicht übersehen, dass wir alle täglich unsere Intuition nutzen. Wenn wir z.B. eine Parklücke sehen, wägen wir für gewöhnlich nicht lange das Pro und Kontra ab, ob wir diesen Parkplatz besetzen oder nicht. Im Normalfall werden wir intuitiv einparken und froh sein, dass die Parkplatzsuche vorbei ist. Wenn wir über alles im Leben nachdenken würden, würden wir nur noch denken, da wir für nichts anderes mehr Zeit hätten. An dieser Stelle sollten wir unseren Dank an die Intuition senden, weil sie uns so viel Nachdenken erspart ☺.

Beobachten statt bewerten

Grundsätzlich gilt eine objektive und beobachtende (und eben nicht bewertende) Wahrnehmung als beste innere Einstellung, um sich intuitiven Botschaften zu öffnen. Beobachten JA, bewerten NEIN. Stellen wir uns eine Frage, gehen in uns und öffnen wir uns frei von jeglicher Bewertung möglichen Antworten. Bleiben wir dabei nur mit unserer Frage in Verbindung und nutzen unsere Wahrnehmung frei von Urteilen, Wertungen und Einmischung des Verstandes oder unseren Glaubenssätzen. Einen solchen Zustand nennt die Psychosynthese auch rezeptive (empfängliche) Meditation.

Das richtige Umfeld schaffen

Bei mir ist es oft so, dass ich wochen- und sogar monatelang über eine bestimmte Sache nachdenke, aber zu keiner Lösung komme. Und dann gehe ich gemütlich im Wald spazieren und plötzlich kommt mir der entscheidende Gedanke. Woran das liegt? Am richtigen Umfeld. Wenn wir offen sein wollen für neue Ideen, bedarf dies oft eines bestimmten Umfeldes. Der Alltag sorgt dafür, dass wir gewohnheitsmäßig agieren, dass wir alles nach eingefahrenen Mustern erledigen, dass wir immer die gleichen Gedanken denken. In solch einer Atmosphäre ist es schier unmöglich, empfänglich für kreative Einfälle zu sein. Manager wissen das und ziehen sich oft in die Abgeschiedenheit von Klöstern zurück, um der Routine zu entgehen. Stellen wir uns also öfters die Frage: Passen meine Wohnung, mein Wohnort und die Menschen in meinem Umfeld zu mir und meiner Lebensabsicht?

Allgemeine Wahrnehmung üben

Verstärken wir unsere allgemeine Wahrnehmung, so dass es uns auch leichter fällt, unsere Intuition zu hören. Wenn wir zur Arbeit fahren oder einkaufen gehen, dann können wir uns dabei vornehmen, uns bestimmte Häuser oder Autos ganz genau anzusehen. Dabei geht es darum, sich auf EINEN bestimmten Aspekt zu konzentrieren (z.B. auf die Farbe, nächsten Tag auf die Form, tags darauf auf die Größe). Und dann achten wir einmal darauf, wie die Farben auf uns wirken, welche Farbe uns am besten gefällt und wie sich das in uns anfühlt. Oder achten wir auf die Durchsagen auf dem Bahnhof. Welche Durchsage hinterlässt welchen Eindruck in uns? Und wie schaut es mit unseren Mitmenschen aus? Was spüren wir in uns, wenn wir diesen oder jenen Menschen ansehen? Was lösen Blickkontakte zu ihnen in uns aus? Welche Wirkung hat das Wetter auf uns, der Stuhl, auf dem wir gerade sitzen, die Vögel, die wir im Himmel beobachten können, der Apfel, den wir gerade essen und das Buch, welches wir im Vorbeigehen in einem Schaufenster erblicken? Wenn es nichts zu tun gibt z.B. während der Zugfahrt oder in einem Wartezimmer, dann können wir unseren Atem beobachten, unseren Körper oder später unsere Gangart bewusst wahrnehmen. Alle solche Wahrnehmungsübungen machen uns sensitiver, machen uns feinfühliger für unsere Intuition. Es geht darum, mit sich selbst mehr in Kontakt zu sein.

Der Schweige-Tag

Wenn meine Freundin für ein Wochenende ihren Sohn besucht, dann praktiziere ich oft einen Schweigetag bzw. ein Schweige-Wochenende. Das bedeutet konkret, dass ich alle Telefone ausschalte, nicht fernsehe und auch nicht ins Internet gehe. Diese Übung bereitet das Fundament vor, auf dem es uns leichter fällt, unsere Intuition zu hören. Die äußeren Einflüsse (wie z.B. das Geplapper aus der Glotze, welche in uns breiten Raum einnehmen) werden dadurch immer weniger. Es ist wie Fasten, jedoch handelt es sich um ein „Worte-Fasten". Wir sind dann frei von Worten, seien sie nun geschrieben, ausgesprochen oder gesungen.

„Worte sind wie Laub; wo sie im Übermaß sind, findet man selten Früchte darunter." (Anton Kner)

Das ist einfach eine schöne Übung, um die Kommunikation mit der inneren Führung zu trainieren.

Alltägliche Rateübungen

Denken wir uns für jede Woche eine Rateaufgabe aus. Setzen wir uns dabei nicht unter Erwartungsdruck, sondern gehen alles spielerisch an. Spielen macht Spaß und hat nichts mit Leistung zu tun. Hier einige Beispiele möglicher Rateaufgaben:

Beginnen wir mit dem Klassiker: Das Telefon klingelt. Hören wir in uns hinein und fragen unsere Intuition, wer uns da wohl gerade anruft und aus welchem Grund.

Wir telefonieren mit jemandem, den wir nicht kennen (z.B. einem Sachbearbeiter eines Amtes) und mit dem wir im Laufe der nächsten Tage einen persönlichen Termin haben. Fragen wir unsere Intuition, wie die Person wohl aussehen mag.

Es klingelt an der Haustür. Gehe in Dich und frage Dich, wer vor der Tür steht.

Wir stehen an einer Bushaltestelle und fragen uns: Welche Personen steigen als erste in den Bus ein, wenn er kommt?

Bitte Deine Intuition vorm Schlafengehen, Dich nächsten Morgen fünf Minuten vor dem Klingeln des Weckers wach zu machen.

Wir sehen, dass wir mehrere Nachrichten (ohne Betreff) von Freunden und Bekannten in unserem E-Mail-Postfach haben. Fragen wir uns: „Was steht in den Mails?“

Wir befinden uns auf einer Fete. Hier könnten wir uns fragen, welche Leute werden in den nächsten 30 Minuten zusammenstehen und miteinander reden?

Wir stehen in einem großen Einkaufshaus vor zwei oder drei Fahrstühlen. Fragen wir unsere Intuition, welcher Fahrstuhl zuerst kommt.

Bevor wir den Briefkasten öffnen, fragen wir uns, wie viel und welche Post heute darin enthalten ist. Und wie viele Briefe werden morgen im Briefkasten sein?

Wir sitzen in einem Bistro. Wer wird wohl als nächster nach dem Kellner rufen?

Wir sind auf dem Weg zur Arbeit. Intuitieren wir, ob es einen Stau auf dem Weg zur Arbeit gibt.

Bevor wir unsere Firma erreichen, können wir uns fragen, wie gelaunt der Chef heute ist.

Bevor wir zu Hause ankommen, horchen wir in uns hinein und fragen uns, was es heute wohl zu essen gibt.

Wir bestellen uns in einem Restaurant etwas, was wir noch nie zuvor gegessen haben (z.B. eine bestimmte Pizza). Stellen wir uns die Frage, wie es uns wohl schmecken wird.

Wir treffen uns mit ein paar Freunden im Kino. Welche Kleidung werden sie wohl tragen? Und wo wartet ein freier Parkplatz auf uns?

Wie wird das Wetter heute in einem Monat sein?

Du willst wissen, wie spät es ist. Bevor Du auf die Uhr schaust, schätze die Uhrzeit vorher.

Du gehst in einen Kiosk, um Dir eine Zeitung oder Zeitschrift zu kaufen. Stelle Dir vorher bildlich vor, welche Schlagzeile auf der Vorderseite oder welche Werbung auf der Rückseite steht.

Je öfter und regelmäßiger wir solche Übungen machen, desto häufiger liegen unsere intuitiven Prognosen richtig, desto bessere Erfolge werden wir verzeichnen können.

Kreativitätsübungen

Kreativitätsübungen befreien uns vom reinen Kopfdenken – und das wiederum fördert den Zugang zur Intuition. Ich nehme mir oft irgendein Wort und versuche aus den zur Verfügung stehenden Buchstaben neue Wörter zu bilden. Oder ich nehme mir irgendeinen Gegenstand (Regenschirm, Stift, Pfanne) und schreibe intuitiv alles auf, was man mit diesen Gegenständen sonst noch so alles machen kann. Manchmal schreibe ich auch ganz alberne Reim-Gedichte auf, die nicht künstlerisch stilvoll sein sollen, sondern die sich einfach nur reimen sollen und somit meine Kreativität steigern (z.B.: Ich nahm ein Tuch, rot ist das Buch, da kam die Maus und ging wieder raus, plötzlich war es hell und auch ganz schön grell....). Neben den Kreativitätsübungen kann es auch nicht schaden, ein Ideenbuch zu führen bzw. sich eine Idee-Pinnwand an die Wand zu hängen.

Gewohnheiten ändern

Je festgefahrener unsere Sichtweise auf uns und die Welt ist, desto schwerer ist es, sich der Intuition zu öffnen. Also machen wir einfach einmal etwas, um aus dem Alltag auszubrechen. Da gibt es jede Menge Möglichkeiten. Manchmal mache ich Dinge mit der linken Hand, obwohl ich Rechtshänder bin. Oder ich nehme einen anderen Weg zum Supermarkt. Wir können auch einmal etwas essen, was wir noch nicht kennen. Oder einfach einmal fremde Menschen ansprechen und ein Gespräch mit ihnen führen (z.B. während man auf seinen Bus wartet).

Die Sprache der Intuition lernen

Die Sprache der Intuition ist vielfältig und von Mensch zu Mensch unterschiedlich, da wir zwar alle universell, zugleich aber auch individuell sind. Wenn wir unsere Intuition also bewusst nutzen wollen, sollten wir wissen, wie sich für uns persönlich ein intuitives JA und ein intuitives NEIN anfühlen. Dazu müssen wir uns einfach nur etwas vorstellen, was uns erfreut (unseren Partner, unsere Kinder, unsere Eltern, unser Haustier, einen schönen Urlaubsort, einen leckeren Kuchen usw.), uns dann die Frage stellen, ob wir diese Menschen, Tiere, Orte, Speisen usw. lieben und dann in uns hinein spüren, wie sich das intuitive JA anfühlt. Nachdem wir das Gefühl klar und deutlich wahrgenommen haben, speichern wir es in uns ab, so dass wir es zukünftig problemlos wieder erkennen. Nach demselben Prinzip verfahren wir mit dem intuitiven NEIN. Sehen wir uns jeden Abend unseren Tag noch einmal genau an und prüfen, welche Entscheidungen intuitiver Natur waren. Prüfen wir als nächstes nach, ob die Entscheidungen richtig oder falsch waren. Und im Anschluss daran erinnern wir uns, welches Gefühl wir hatten, als wir die richtigen und die falschen Entscheidungen trafen. Haben wir uns energiegeladen gefühlt, mit einer „Packung" Vorfreude in der Bauchgegend? Oder spürten wir ein eisiges Frösteln und waren verspannt und zögerlich? Ich führte vor Jahren ein Tagebuch und schrieb alles auf, um mir mehr darüber klar zu werden, welche intuitiven Vorzeichen mit positiven und negativen Erfahrungen zusammen hängen. Wenn man dies regelmäßig praktiziert, lernt man allmählich zu unterscheiden, welche inneren Impulse uns vor etwas warnen und welche uns auffordern und ermuntern, etwas Bestimmtes zu tun.

Intuitive Reise

An schönen Tagen gehe ich oft spazieren. Dabei lasse ich mich voll und ganz von meiner Intuition leiten. Einmal machte ich einen Spaziergang in einem Wald, wo ich viele Wege ging, die mir bis dahin noch unbekannt waren. Kam ich an eine Weggabelung, lauschte ich in mich hinein und wusste kurz darauf, welchen Weg ich gehen würde. Es war eine superschöne und vor allem befreiende Erfahrung, einfach ohne ein Ziel los zu marschieren. Auf diese Weise habe ich meinen (damals) planbesessenen Verstand mehr oder weniger zum Schweigen gebracht und so konnte meine Intuition in den Vordergrund rücken. Dafür müssen wir nicht unbedingt in einen Wald gehen. Man kann auch die Stadtteile aufsuchen, in denen man noch nie zuvor war. Als Kind bin ich in meiner alten kleinen Heimatstadt gerne auf Erkundungs- und Entdeckungstour gegangen. Wir machen mit solchen intuitiven Reisen im Kleinen, was wir auch im Großen machen, nämlich neue Wege gehen, ohne verstandesmäßig zu wissen, wohin die Wege uns führen werden. Und auf diesen Wegen entdecken wir dann viel Schönes, womit wir gar nicht gerechnet haben. Wir sind dann positiv erstaunt über die Möglichkeiten, die sich uns auf einmal bieten und unser Leben schöner machen. Gehen wir los und zwar so lange, bis uns unsere Füße tragen.

Intuitives Schreiben

Beim intuitiven Schreiben bekommen unsere intuitiven Botschaften plötzlich eine Gestalt, sie erhalten eine Form und wir verstehen, was unsere Intuition uns zu sagen hat. Nehmen wir dazu einfach ein leeres Blatt Papier oder setzen uns vor den Computer, und schreiben bezüglich eines bestimmten Themas, bei dem wir nicht mehr weiter wissen, unsere intuitiven Gedanken dazu auf. Und mit etwas Übung werden wir überrascht feststellen, dass wir uns selbst die Lösung oder zumindest eine Teillösung hingeschrieben haben. Oder wir nehmen einfach 5-10 Gegenstände und notieren uns dazu alle Assoziationen, die uns in den Sinn kommen. All das sind Übungen, die den „Kopf frei machen“. Wenn ich ein Buch schreibe, dann tue ich das für gewöhnlich intuitiv. Ich sitze vorm PC und starre auf ein leeres Dokument. Ich konzentriere mich auf das Thema des Buches und öffne mich inneren Impulsen. Jede künstlerische Betätigung gleicht einem Radar, welches uns zugänglicher und feinfühliger macht für Botschaften (Bilder, Symbole, Metaphern…) unserer Intuition. Worauf es ankommt, ist, sofort nach dem intuitiven Impuls zu schreiben, bevor unser methodischer Verstand dazwischen funkt, alles analysiert und in seine Bestandteile zerpflückt. Ist das nämlich erst einmal der Fall; befinden wir uns auf der Kopf-Ebene und die „Entschlüsselung" der intuitiven Botschaft misslingt.

Intuitives Spielen

Jede große Erfindung kam durch einen intuitiven Geistesblitz, durch eine Eingebung, nicht durch den Verstand. Und intuitives Spielen ist für solche Geistesblitze sehr förderlich. Albert Einstein saß stundenlang in der Badewanne, weil ihm die besten Ein-Fälle kamen, wenn er wie ein kleines Kind mit Seifenblasen spielte. Verstandesmäßig konnte er viele Probleme nicht lösen, obwohl er stundenlang über sie nachgrübelte. Doch kaum saß er entspannt in der Badewanne und spielte wie ein Kleinkind, da kamen ihm die Lösungen alle zugeflogen. Sie kamen wie aus dem Nichts, ohne darüber nachdenken zu müssen.

„Alle großen Entdeckungen wurden von Menschen gemacht, deren Gefühle ihrem Verstand voraus eilten." (C.H. Oakhurst)

Daimler schwänzte den Schulunterricht und lenkte seine Aufmerksamkeit lieber auf irgendwelche Spiele. Das half ihm dabei, einen Sinn dafür zu entwickeln, was die Menschen gerade gebrauchen könnten. Jedes Spiel, bei dem man blitzschnelle Entscheidungen treffen muss und so keine Zeit hat nachzudenken, fördert unsere intuitive Wahrnehmung. Alles, was man auf spielerische Art und Weise lernt, kann man besser. Es macht großen Spaß und dadurch gibt es kaum innere Widerstände. Dabei kann es sich um sportliche Spiele handeln (Sportler haben übrigens meistens eine gut ausgeprägte Intuition und Sport gilt grundsätzlich als intuitionsfördernd), aber auch um Brett- und Ratespiele, bei denen man schnell den nächsten Zug machen muss. Bei Kindern ist die Intuition u. A. deshalb so stark ausgeprägt, weil sie viel spielen und dabei ihrer Spontanität freien Lauf lassen. Aus diesem Grund sind Kinder oft so hilfreich für die Entwicklung von Erwachsenen. Je mehr wir uns auf intuitive Spiele einlassen (z.B. mit Kindern), umso öfter werden wir feststellen, dass unsere blitzschnell getroffenen Entscheidungen richtig waren. Und diese „Trefferquote" überträgt sich ganz automatisch auf unser gesamtes Leben. Ich spiele auch oft mit meinen Katzen. Mein Kontakt zu ihnen ist sehr intuitiv und das schult mein Bauchgefühl.

Intuitives Malen / Zeichnen

Beim Malen oder Zeichnen gewinnt vieles von dem Gestalt, was von unserer Intuition kommt. Fangen wir einfach an etwas zu malen oder zu zeichnen, ohne dabei das Endergebnis schon vor Augen zu haben. Lassen wir unsere Hand von unserer Intuition leiten. Auf diese Weise entwickeln wir unsere interne Kommunikation mit der Intuition. Man muss kein van Gogh oder Picasso sein, um sich künstlerisch auszudrücken. Als Kinder haben wir alle gerne gemalt oder gezeichnet. Diese künstlerischen Sinne haben wir alle noch in uns, auch wenn wir sie verschüttet haben mit unserem Alltagsstress. Wir alle sind auf die eine oder andere Weise kreativ, auch wenn uns die Gesellschaft oft glauben machen will, dass es Experten für die Kreativität gibt.

Intuitives Shoppen

Manchmal gehe ich einkaufen ohne Einkaufszettel. Dabei packe ich ganz intuitiv Lebensmittel in den Einkaufswagen, die mir regelrecht ins Auge springen. Ich achte dabei nicht auf den Preis oder auf irgendwelche gesundheitlichen Faktoren, sondern vertraue dabei voll und ganz meiner Intuition. Jeder kann durch diese und ähnliche Übungen seine intuitiven Fähigkeiten entwickeln.

Intuitives Tanzen

Mit intuitivem Tanzen meine ich nicht, in die nächste Tanzschule zu gehen, sondern es geht mir dabei um eine Art „Tanztherapie“. Beim intuitiven Tanzen geht es nämlich nicht um Tanzen mit fester Abfolge von Schritten und Figuren, nein, man improvisiert **während** des Tanzens die nächsten Schritte und Bewegungen. Man hört einfach auf seinen Bauch und somit ergibt sich die Choreographie des Tanzes ganz spontan. Wichtig dabei ist, sich wirklich auf das Tanzen einzulassen und sich dabei nicht albern vorzukommen. Ich selbst habe beim intuitiven Tanzen gelernt, dass es zu blitzartigen Eingebungen kommen kann, die ich lange Zeit nicht wahrgenommen habe, die ich vielleicht sogar unbewusst unterdrückt habe. Und ich lernte auch, dass, zumindest bei mir, die Wahrnehmung der Intuition unter Einsatz von Körper UND Geist besonders schnell und effektiv erlernt werden kann.

Das Intuitions-Erfolgsbuch

Die meisten Menschen haben oft deutlicher ihre Misserfolge im Erleben und Erinnern, und sind sich zu wenig bewusst über die Erfolge, die sie in ihrem Leben erreicht und die sie ihrer Intuition zu verdanken haben. Immer dann, wenn unsere Intuition uns nachweislich geholfen oder zu einer Wunscherfüllung geführt hat, sollten wir diesen Erfolg aufschreiben. Folgende Punkte sollten darin enthalten sein: Welche Erfolge hattest Du? Was hat dich bei Deinem Vorhaben unterstützt? Welcher Einfall führte zum Erfolg? Und welches Gefühl hatte sich da bei Dir gemeldet? Jedes Mal, wenn wir der Intuition vertrauen und folgen, und dadurch unsere Wünsche wahr werden, wird sie stärker und klarer. Und irgendwann ist die „Beweiskraft" bezüglich der Effektivität unserer Intuition so unübersehbar, dass man sie einfach nicht mehr verdrängen kann.

Entspannen

Je entspannter wir sind, umso besser nehmen wir innerlich und äußerlich wahr. Warum? Weil wir uns dann auf die Frequenz begeben, in der wir mit unserer Intuition am besten kommunizieren können. Dazu muss man wissen, dass unsere Schwingung nicht immer im selben Bereich liegt. Im alltäglichen Wachzustand schwingt unser Gehirn in einem Frequenzbereich zwischen 14 und 21 Hertz (Beta-Zustand). Kurz vor dem Einschlafen, wenn unsere linke, rationale Gehirnhälfte abschaltet, befinden wir uns im Frequenzbereich zwischen 7 und 14 Hertz (Alpha-Zustand). Diesen Zustand gilt es bewusst zu erreichen. Und das geht ausgezeichnet in einem Zustand totaler Entspannung. Die meisten seiner Eingebungen erhielt Albert Einstein während seiner Entspannungsbäder in der Badewanne. Ich selbst benutze gerne Entspannungs-Musik. Nicht ohne Grund gehört Entspannungsmusik in zahlreichen Zahnarztpraxen und in einigen Krankenhäusern (im Operationssaal) dazu. Die Musik wirkt beruhigend und harmonisierend auf den Blutdruck und die Herzfrequenz. Auch den Aufenthalt in der Natur oder in einem sogenannten Salzwassertank (floating tank) kann ich empfehlen. Eine Stunde im schalldichten Tank im Salzwasser mit dem Salzgehalt des toten Meeres - einfach grandios. Keine Reize der Außenwelt, absolute Ruhe, innen und außen. Aber was „rede“ ich – Du wirst selbst entdecken, wie gut das wirkt. Auch die Farbentspannung kann ich empfehlen. Man setzt sich dazu einfach auf einen Stuhl, stellt die Füße fest auf den Boden, lehnt den Rücken gerade an die Stuhllehne, legt die Handrücken auf die Oberschenkel, fixiert einen Punkt an der gegenüberliegenden Wand, schließt nach etwa einer Minute die Augen und fängt an den Körper in einer bestimmten Reihenfolge zu entspannen. Durch das Visualisieren von sieben Farben (rot - orange - gelb - grün - blau - lila - violett) begibt man sich immer tiefer in die Entspannung hinein.

Fragen wir uns doch einfach selbst.

Wie spreche ich mit meiner Intuition?

Nachdem wir nun wissen, wie wir uns am besten in Form bringen, um intuitiver zu werden, wird es an der Zeit, den Dialog mit unserer Kommunikation anzugehen. Wichtig ist dabei der richtige Zeitpunkt. Die besten Momente, mit unserer Intuition in Verbindung zu treten, liegen nach meiner Erfahrung zwischen Wachsein und Schlaf (also kurz vorm Einschlafen und kurz nach dem Aufwachen). Das ist deshalb so, weil der Verstand in dieser Phase noch nicht „hoch gefahren“ ist. Dabei zählt meist der erste Gedanke. Wenn ich morgens einen intuitiven Impuls erhalte, dann kommt er wie aus der Pistole geschossen, blitzartig und wie aus dem Nichts. Und was passiert dann? Nach ihm kommen zig analysierende Gedanken, die ihn dann abwägen, anzweifeln und/oder verwässern. Wenn ich mich von meinem analytischen Verstand überrumpeln lasse, dann ist die Chance hin, die Botschaft der Intuition zu verstehen. Denn dann werde ich höchst wahrscheinlich eine sachliche und verstandesmäßige Entscheidung treffen. Deshalb sollten wir uns angewöhnen, die Macht des Moments zu nutzen, die sogenannte „Augenblicksinformation“ unserer Intuition auf der Stelle aufzunehmen und ohne unnötiges Hin und Her sofort zu einer „Augenblicksentscheidung“ zu kommen.

Direkte Frage an die Intuition

Wer fragt, dem wird geantwortet, steht bereits in der Bibel. Fokussieren wir uns auf eine bestimmte Sache, auf ein Thema, auf eine Situation und stellen unserer Intuition eine Frage. Und dann horchen wir in uns hinein, lauschen auf eine Antwort. Die „Qualität“ unserer Lebensumstände hängt von der Qualität unserer Fragen ab. Also sollten wir die Fragen wählen, die uns wirklich bewegen, die uns wirklich am Herzen liegen. Z.B.: *„Liebe Intuition, was ist der nächste Schritt in den mir wichtigen Lebensbereichen? Bitte hilf mir, mein Leben besser zu verstehen, meinen Lebensplan besser zu erkennen und dass ich bewusster werde, so dass mir alles leichter fällt. Und ich danke Dir für Deine Geduld und Dein Verständnis, weil ich Dich nicht immer höre. Sei aber versichert, dass ich alles tue, was mir möglich ist, um Dich zu verstehen und meinen mich glücklich machenden Lebensplan zu realisieren. Danke.“*

Man kann dank dieser Methode auch abnehmen. Man fragt seine Intuition einfach, was dafür erforderlich ist. Wir halten uns somit nicht an einen bestimmten Diät-Plan, sondern fragen unsere Intuition jeden Tag aufs Neue: *„Was ist heute zu tun? Wie nehme ich heute am besten ab und was benötigt mein Körper, um mich bei diesem Wunsch zu unterstützen?“* An einem Tag braucht der Körper mehr Obst, an anderen Tagen weniger. In unserem Dialog mit unserer Intuition werden wir erfahren, was uns JETZT GERADE gut tut.

Personalisieren der Intuition

Wenn Goethe in einer schweren Lage war und eine wichtige Entscheidung treffen musste, zog er sich zurück und unterhielt sich mit imaginären Gesprächspartnern, welche nur in seiner Vorstellung existierten. Er tat das mit einer solchen Intensität, Lebendigkeit und Leichtigkeit, dass er von seinen imaginären Gesprächspartnern den Weg aus seiner schwierigen Lage erhielt. Dabei handelte es sich vermutlich um eine bewusste Kommunikation mit seiner Intuition. Er stellte sich einfach einen unsichtbaren Helfer vor und beschrieb ihm sein Problem in allen Einzelheiten. Und ehe er sich versah, hatte er den rettenden Einfall. Und plötzlich ging vieles, was zuvor nicht „ging".

Auslöser einrichten für intuitive Botschaften

Wir können uns (z.B. durch Affirmationen) einprogrammieren, dass wir immer dann mit unserer Intuition in Kontakt treten, wenn ein bestimmter Auslöser aktiviert wird. Ein Auslöser kann alles Mögliche sein: Das morgendliche Frühstück, eine sportliche Gymnastikübung oder ein bestimmter Satz, den man laut ausspricht.

Die Pendel-Methode

In der Psychologie sagt man, dass wir Menschen auf bewusste und unbewusste Ideen ideomotorisch reagieren. Ideomotorische Bewegungen kriegen wir bewusst gar nicht mit, sie sind mit unseren Augen nicht wahrnehmbar. Nehmen wir jedoch ein Pendel (einfach eine Schnur mit einem Gegenstand an einem Ende) in die Hand, bekommen wir unsere Körperreaktionen, die auf intuitive Botschaften reagieren, deutlich zu sehen. Die Pendel-Methode hilft uns nicht nur dabei, die intuitiven Botschaften zu sehen, sondern auch sie richtig zu deuten. Um sie richtig zu „lesen", müssen wir zuvor selbst bestimmen, wie unser Pendel sich bei einem JA und einem NEIN als Antwort bewegen soll (z.B. JA, wenn es von hinten nach vorne pendelt und NEIN, wenn es von links nach rechts pendelt). Dann stellen wir uns die Frage, die uns beschäftigt und konzentrieren uns auf unser Pendel.

Aus „Fehlern" lernen

Denken wir einmal zurück und fragen uns: *„Wie oft hatte ich eine Ahnung, ein Gefühl, eine Eingebung, denen ich nicht gefolgt bin und die sich später als richtig herausstellten?"* Meist schenken wir der skeptischen Stimme des Verstandes mehr Beachtung und stellen im Nachhinein fest, dass unsere Intuition doch richtig lag. Und dann ärgern wir uns, dass wir ihr nicht geglaubt haben. Aber alles halb so wild, denn wer Fehler macht, macht schließlich auch Erfahrungen. Wir können uns von Fall zu Fall immer mehr herantasten an das untrügliche Gefühl der Intuition, so dass wir beim nächsten Mal nicht auf unseren misstrauischen Verstand hören, sondern den Kontakt zur Intuition behalten.

Die Zähl-Methode

Wenn wir vor einer Entscheidung stehen, dann können wir uns fragen: *„Zu wie viel Prozent ist meine Intuition einverstanden mit dieser Entscheidung?“* Dazu visualisieren wir Prozentangaben vor unserem inneren Auge und achten darauf, welche Zahl herausragt, frei von jeglichen Zweifeln und Unsicherheiten. So ähnlich gehen auch Wünschelrutengänger vor, wenn sie ermitteln wollen, wie viel Meter eine Wasserader unter der Erde liegt. Sie zählen einfach los, bis die Wünschelrute bei einer bestimmten Zahl ausschlägt.

Die Angel-Methode

Wenn wir zwischen mehreren Optionen wählen können, die uns alle mehr oder weniger zusagen, wir uns aber nicht entscheiden können, dann besteht die Möglichkeit Zettel mit je einer Option pro Zettel aufzuschreiben, diese in einen Behälter zu tun, die Zettel durchzumischen und dann, nachdem wir uns auf die Lösung des Themas konzentriert haben, uns von unserer Intuition leiten zu lassen und einen Zettel zu angeln. Diese Methode können wir natürlich auch ohne Zettel ausprobieren, indem wir unsere geistige Angelschnur in die Weiten der Welt hinauswerfen. Und ebenso wie es beim normalen Angeln mehr Fische gibt als Schnüre, so gibt es auch immer mehr Lösungen für ein Problem bzw. für ein Thema.

Die Ampel-Übung

Stellen wir uns eine ganz gewöhnliche Ampel vor, gehen tief in uns, stellen uns eine Frage und warten auf die Antwort. Die imaginierte Ampel repräsentiert unsere Intuition und hat drei Antwortmöglichkeiten: Grün bedeutet JA, Rot bedeutet NEIN und gelb bedeutet NOCH NICHT (also einfach den gegenwärtigen Zustand beizubehalten). Diese überaus wirksame Methode stammt von Kurt Tepperwein.

Träume als intuitive Botschaften

Was ist das Entscheidende im Schlaf? Unser Verstand hat Sendepause und wir träumen. Das Bewusstsein ist inaktiv, wir stehen in einer viiieeel stärkeren Beziehung zu unserer Intuition und können ihre Infos viel leichter empfangen, die in Form von Traumgeschichten in den Vordergrund rücken. Unsere Träume wollen ernst genommen werden. In manchen Naturvölkern wird man sogar zum Schamanen, wenn man dreimal davon träumt. Und auch „bei uns“ in der Zivilisation spielen Träume eine wichtige Rolle. Schon so manche „Genies“ bekamen in ihren Träumen ihre kreativsten und originellsten Ideen und Entscheidungshilfen. Der Chemiker Kekulé z.B. entdeckte die ringförmige Anordnung des Benzols im Traum.

„Den Seinen gibt es der Herr im Schlaf.“ (Bibelspruch)

Bei schwierigen Entscheidungen schlafe ich erst einmal eine Nacht darüber, getreu dem Motto: Wenn ich heute nicht weiß, wie ich entscheiden soll, weiß ich es meistens morgen.

Wie können wir unsere Traumphase nutzen, um mit unserer Intuition Verbindung aufzunehmen? Indem wir die Fragen, die wir beantwortet haben wollen, mit in den Schlaf nehmen. Machen wir es so wie Thomas A. Edison, der sich vor dem Einschlafen ein wissenschaftliches Problem in einem Bild vorstellte, um so seine Intuition mit einer Lösung zu beauftragen. Ich selbst bestelle mir seit Jahren intuitive Ein-Fälle für den Schlaf. Dazu setze ich mich vor dem Zubettgehen aufs Bett, mache die Augen zu und entspanne mich. Dann konzentriere ich mich auf die Frage, die ich gerne beantwortet haben möchte. Ich sende dann den Wunsch (manchmal verbal, manchmal non-verbal) aus, dass ich in dieser Nacht einen Traum haben werde, der mir die Antwort liefern wird. Der zweite Teil meines Wunsches besteht darin, dass ich mich am nächsten Morgen an meinen Traum erinnern werde. Und dann lege ich mich ganz normal schlafen. Die Traumbotschaft kann mich während des Schlafes in Form von Bildern, Symbolen und/oder Geschichten erreichen. Manche Menschen vergessen ihre Träume sehr schnell, deshalb ist es empfehlenswert, sich einen Stift und einen kleinen Block parat zu legen, damit man unmittelbar nach dem Aufwachen alles aufschreiben kann. Dabei ist es wichtig, wirklich alles aufzuschreiben, woran man sich erinnert, auch wenn es sich dabei um unlogische und auf den ersten Blick zusammenhanglose Erinnerungsfetzen handelt. Wer will, kann gerne auch ein Traumtagebuch führen. Unabhängig von dieser Übung sollte man IMMER einen Stift und einen kleinen Notizblock dabei haben, um intuitive Ideen zu notieren.

Wichtig: Wir sollten Träume nicht immer „wörtlich“ nehmen. Ich träume z.B. oft, dass ich in Gefahr gerate und mich ihr stelle. Das bedeutet nicht zwangsläufig, dass mich nun eine Gefahrensituation in der Außenwelt erwartet, sondern nach meiner Erfahrung bedeutet dies meistens, dass ich schon bald neue Einsichten erhalte und wieder ein bisschen über mich hinauswachse. Der Traum deutet darauf hin, dass ich mich intuitiv darauf einstelle, mich einem neuen Thema zu stellen, auch wenn es dafür sorgt, dass mein bisheriges Weltbild erweitert werden muss. Ein anderes Beispiel: Hebammen berichten, dass schwangere Frauen, die oft von einer schweren Geburt träumen, für gewöhnlich eine leichte Geburt haben. Das wirklich Wichtige ist demnach immer das intuitive Gefühl, welches mit dem Traum einher geht.

Meditation

Das Allerwichtigste, um wieder Zugang zu seiner Intuition zu finden ist die STILLE, denn die Intuition kommt aus der Stille und nicht aus dem Nachdenken. Solange der Verstand rotiert, ist die Leitung besetzt und die Intuition kann nicht zu uns vordringen. Und wie macht man die Leitung wieder frei? Indem man den Verstand ausschaltet. Stellen wir uns einfach vor, dass der Verstand im Erdgeschoss zu Hause ist und die Intuition im ersten Stockwerk. Wollen wir die Intuition in der ersten Etage erreichen, müssen wir den im Erdgeschoss wohnenden Verstand logischer Weise verlassen. Und wie verlässt man den Verstand am besten? Durch Meditation.

„Höre jeden Tag in Dich hinein, damit Du erfährst, was Du Dir zu sagen hast.“ (Unbekannt)

Im Meditationszustand gelangen die Botschaften unserer Intuition besser ins Bewusstsein, weil wir dann besonders intensiv mit dem großen Ganzen vernetzt sind. Untersuchungen mit Menschen, die medial begabt sind, haben ergeben, dass der Kontakt zum morphogenetischen Feld in Verbindung steht mit bestimmten Gehirnwellenaktivitäten. Dabei ragen besonders der Alpha- sowie der Theta-Frequenzbereich heraus. Und diese Schwingungsebene kann man mittels innerer Ruhe bzw. mittels Meditation halt am besten erreichen.

„Zum Herzen führen keine lauten Straßen, sondern nur stille Wege.“ (Unbekannt)

„Wahre Intelligenz wirkt im Stillen. Nur in der Stille finden wir Kreativität und die richtigen Lösungen." (Eckhart Tolle)

„Die größte Offenbarung liegt in der Stille."(Lao Tse)

Wie sieht unser Denken eigentlich aus? Zahllose Gedanken schwirren uns durch den Kopf. Um dieses Gedankenchaos zu beruhigen, gehen wir schrittweise vor. Bei der Zen-Meditation ist es so, dass man sich auf den Atem konzentriert. Setzen wir uns hin und schließen die Augen. Entspannen wir uns. Wir alle können uns entspannen, denn wir tun es jeden Tag vorm Schlafengehen. Wenn wir gerade an zehn Dinge denken, dann fokussieren wir uns auf acht Dinge, dann auf vier Dinge, dann auf zwei und schließlich auf unseren Atem. Mit beobachten meine ich wirklich nur beobachten, nicht etwa das Atmen verändern, tiefer atmen oder sonst etwas in dieser Art. Nur beobachten. Wir lassen das Atmen einfach geschehen, wir lassen alles los. Wenn störende Gedanken immer wieder dazwischen kommen, lassen wir auch sie los und weiter ziehen. Mit der Zeit beruhigt sich der Gedankenfluss und wir gelangen in einen ganz anderen Bewusstseinszustand. All das, was uns dann in den Kopf kommt, sind ungefilterte Botschaften unserer Intuition.

Die besten Ergebnisse habe ich erzielt, wenn ich mich ins Freie hinsetze und einfach die Natur beobachte. Oft fokussiere ich dabei einen Baum oder ein Gebüsch. Eine weitere Möglichkeit ist die, seine Aufmerksamkeit auf den Raum zwischen zwei Objekten zu richten. Diese Methode kann man auch am eigenen Körper praktizieren. Man fokussiert sich auf den Raum zwischen den Augen oder zwischen den Fingern (man nennt diese Meditation „Open Focus Exercise").

Dieselben Bewusstseinszustände, die man mittels Meditation erreichen kann, gelingen übrigens auch mit Hypnose (für gewöhnlich sogar weitaus schneller als nur mit Meditationen).

<u>Hypnose</u>

Mit Hypnose lässt die Intuition sich bemerkbar steigern. Hypnose ist nämlich (u. A.) eine sehr effektive Entspannungsmethode. Im tranceartigen Hypnosezustand entspannen wir ganzheitlich, der ganze Organismus wird gelöster, die Gedanken beruhigen sich, angesammelte

Sorgen, Blockaden und Unsicherheiten werden losgelassen, und wir bekommen direkten Zugang zum morphogenetischen Feld. Wir erreichen durch solch einen Bewusstseinszustand eine erhöhte Konzentration für intuitive Botschaften. Man muss sich vorstellen, dass bei einer Hypnose die Aufmerksamkeit des Probanden in eine bestimmte Richtung gelenkt wird. Durch das „Ablenken" der Aufmerksamkeit gelangen Informationen, die normalerweise durch das Bewusstsein gefiltert und bewertet werden, fast ungefiltert in unser Unterbewusstsein. Bei Untersuchungen hat man zudem herausgefunden, dass der hypnotische Zustand beim Menschen vermutlich die Aktivität der rechten (intuitiven) Gehirnhälfte entwickelt. Zwischen Hypnose und Intuition besteht somit ein direkter Zusammenhang. Das bedeutet, dass wir im Hypnose-Zustand zu völlig neuen Sichtweisen und Lösungen gelangen können, für die wir im Wachbewusstsein Jahre bräuchten.

Wer eine Hypnotherapie in Erwägung zieht, dem empfehle ich den Besuch bei einem erfahrenen Hypnosetherapeuten. Man kann sich aber auch selbst helfen – mit Selbsthypnose.

Setze Dich dazu auf einen Stuhl und lege die Handinnenflächen auf Deine Oberschenkel. Schließe die Augen und atme tief ein und aus. Ganz tief in den Unterbauch atmen.

Pause – für 3-4 Atemzüge

Nun geh mit Deinem Bewusstsein an die Stelle, an die Deine Hände auf Deinen Oberschenkeln aufliegen. Spüre, wie es sich anfühlt an dieser Stelle. Vielleicht werden die Hände oder die Oberschenkel nach einer kurzen Weile warm und wärmer…

Pause – für 20-30 Sek.

Nun stelle Dir vor, Du atmest mit jedem Atemzug Ruhe und Entspannung ein. Wie würde sich das anfühlen, wenn die Ruhe und Entspannung jetzt zuerst in Deine Hände und vor dort aus in Deinen ganzen Körper fließen? Einfach vorstellen, die Ruhe und Entspannung fließen von Deinen Händen in Deinen ganzen Körper.

Pause – für 20-30 Sek.

Stell Dir nun ein großes Tor vor, das sich langsam öffnet. Dieses Tor ist der Zugang zu Deinem Unterbewusstsein. Dein Unterbewusstsein ist nun ganz weit offen und alles, was Du Dir nun vorstellst und zu Dir sagst, wird genau so eintreffen, wie Du es sagst.

Wirktext:
„Meine Intuition ist ein Teil von mir, der mir weiterhilft und mich beschützt. Ab sofort hilft mein Unterbewusstsein mir, meine Intuition in jeder Situation besser wahr zu nehmen. Ab sofort werde ich meine Intuition von Tag zu Tag besser wahr nehmen. Mein Unterbewusstsein wird mir den Zugang zu meiner Intuition jederzeit ermöglichen, da es gut und richtig für mich ist."

Auflösung:
1 – ich komme langsam zurück ins Hier und Jetzt
2 -- ich werde wacher und wacher
3 – ich fühle mich vollkommen wohl
4 – ich bin voller Energie und Kraft
5 – ich bin vollkommen wach (AUGEN AUF)

Kinesiologie
Ein Großteil des intuitiven Wissens äußert sich über sogenannte somatische Marker (Körperreaktionen).

„Hören Sie auf den Körper. Der sagt Ihnen, welche Entscheidungen Sie treffen." (notiert von Deepak Chopra)

Bei der hier vorgestellten Übung geht es um einen Muskeltest, der uns Aufschluss darüber gibt, welche Entscheidungen uns gut tun und welche nicht. Dafür brauchen wir einen Helfer. Wir halten unseren Arm waagerecht zur Seite ausgestreckt. Der Helfer stellt uns eine Frage, auf die wir mit JA oder NEIN antworten sollen. Dabei legt der Helfer zwei Finger auf unser Handgelenk und drückt dieses nach unten. Wir versuchen dagegen zu halten. Nehmen wir einmal an, jemand stellt uns die Frage: *„Tut es Dir gut, Dir jeden Tag disharmonische Fernsehsendungen anzusehen?"* Wenn sich unser Arm leicht runter drücken lässt, dann bedeutet dies, dass uns disharmonische

Fernsehsendungen nicht gut tun. Dieser Test klappt übrigens auch, wenn man die Frage nicht laut stellt, sondern sie sich nur denkt.

In einem Seminar mit mehreren hundert Teilnehmern wurden Briefumschläge ausgeteilt. Einer enthielt Süßstoff, der andere natürliches Vitamin C. Alle Seminarteilnehmer haben intuitiv beide Briefumschläge dank der hier beschriebenen Übung voneinander unterscheiden können. Weder die getestete Person noch der Helfer, der den Arm runter drücken sollte, wussten, welcher Briefumschlag welchen Inhalt hatte. Doch der Körper wusste es (kein Wunder, da alles eins ist und alles mit allem Informationen austauscht). Ich selbst habe oft die Erfahrung gemacht, dass mein Kopf JA sagt zu etwas, mein Körper sich dabei aber in der Bauchgegend verkrampft, mein Herzschlag sich erhöht, ich eine Gänsehaut bekomme oder das Atmen schwerer wird. In solchen Fällen weiß ich, dass mein Körper ein Veto, einen Einspruch, heftigen Protest eingelegt hat. Immer dann, wenn wir von unserem Lebensweg abkommen, macht sich das in absehbarer Zeit in körperlichen und/oder geistigen Spannungen bemerkbar.

(Der Physiker David Bohm spricht von sogenannten „SOMA-Zeichen“, wenn unser Körper uns als Überbringer wichtiger Botschaften dient.)

Für den Fall, dass wir bei einer JA oder NEIN-Frage gleich stark reagieren, kann man sich eine Skala erstellen (z.B. von 1 bis 100). Wir gehen dann nicht nur nach JA oder NEIN, sondern fragen unsere Intuition, ob die in Rede stehende Option über 10, 20, 30 usw. liegt. Und genau so verfahren wir auch mit der zweiten Möglichkeit und zu guter Letzt vergleichen wir sie und sehen, welche den höheren Wert in der Skala erreicht hat.

Visualisieren

Begeben wir uns an einen Platz, an dem wir ungestört sind. Konzentrieren wir uns eine Zeitlang auf unseren Atem. Gehen wir dann in unserer Vorstellung an einen visualisierten Ort, an dem wir uns über eine bestimmte Sache klar werden wollen. Nehmen wir einmal an, wir wissen nicht, ob es uns gut tut, nach Las Vegas zu fliegen und dort Urlaub zu machen. Stellen wir uns in unserer Phantasie so detailliert wie möglich vor, wir seien bereits in Las Vegas. Beginnen wir damit, dass wir uns vorstellen, wie wir morgens im Hotelzimmer aufwachen, wie wir frühstücken, uns duschen, durch die Stadt fahren usw. Was fühlen wir dabei, welche Gefühle melden sich dabei zu Wort, was sendet uns unser Herz? Je mehr wir uns die ganze Szenerie vorstellen können und sie vor dem geistigen Auge erleben, umso deutlicher wird unsere Intuition uns mitteilen, ob dies das Richtige ist für uns oder nicht.

Channeling

Es war für mich persönlich sehr hilfreich, mit meiner Intuition (bzw. meinem höheren Selbst, aber dazu später mehr) mittels Channeling Kontakt aufzunehmen. Ich erhielt dadurch einen Blick unter die Oberfläche meiner Lebensumstände und sah vieles klarer als je zuvor. Ich erfuhr, was meine Intuition mir sagen wollte und diese Infos waren Gold wert. Ich kenne mittlerweile so einige Channeling-Medien und besonders empfehlen kann ich Gaby Teroerde (http://www.gabyteroerde.com/).

Wie lange müssen wir üben, bis wir unsere Intuition bewusst wahrnehmen? Hoppla! Steht da wirklich das Wort „müssen"??? Solange wir das Gefühl haben, wir „müssen" etwas erreichen, herrscht ein innerer Zwang vor, ein blockierendes Leistungsdenken. Wozu Druck erzeugen? Wir wollen doch nichts erzwingen, nein, wir wollen „geschehen lassen", ich bitte dies nicht zu verwechseln. Gehen wir nach dem Motto vor: *„Ich darf ruhig ‚Fehler' machen (und sogar darüber lachen)."* Es geht darum, dazu zu lernen und auch jeder Rückschlag ist ein notwendiger Teil des Lernprozesses, also kritisieren wir uns nicht. Ich gehe alle beschriebenen Übungen immer ganz locker, offen, neugierig und spielerisch an, lieber Leser. Und ich habe mir einen Intuitions-Übungstag in der Woche eingerichtet (der nicht immer derselbe Wochentag ist). An diesem Tag gehe ich einzelne Übungen durch. Dabei ist nicht fest gelegt, wie lange ich übe. Solange ich mich dabei wohl fühle und mir das Ganze Spaß macht, bleibe ich dran. Ist das nicht mehr der Fall, höre ich auf. Such auch Du Dir Deine Übungen am besten intuitiv aus und ebenso auch Deinen Übungstag ☺.

Bringen bestimmte Übungen uns nicht weiter, dann widmen wir uns einfach einer anderen Übung. Vielleicht ist die Zeit auch noch nicht reif für eine Entscheidung. Unsere Wahrheit kann heute ein X sein und morgen ein Y. Die Wahrheit ist nicht statisch, sondern sie entwickelt sich, weil auch wir uns entwickeln und ständig neue Schwingungen produzieren. Als Kind hatten wir andere Wünsche, als wir sie heute haben. Das ist ganz natürlich. Bleiben wir einfach offen und aufgeschlossen.

Hilf Dir selbst, dann hilft Dir Gott.

Setz die intuitiven Botschaften um

„So viel Sie auch lesen oder sich einzuprägen versuchen – nichts von alledem wird Sie im Leben erfolgreich machen. Erst wenn Sie etwas wirklich begreifen und Ihr Wissen auch anwenden, werden Sie Erfolg haben.“ (Bob Proctor)

Es ist gut zu wissen, wie man seine Intuition hört, aber noch viel besser ist es doch, ihre Botschaften auch in die Tat umzusetzen, findest Du nicht auch!? Allein durch Wissen geschah noch nie eine Verbesserung. Viele Menschen sammeln zwar wie Besessene Wissen an und werden zu regelrechten „INFO-holikern“, wenden all die angesammelten Infos aber nie oder nur selten an. Und genau aus diesem Grund finden viele von uns das persönliche Lebensglück nicht, weil sie sich nie richtig auf den Weg machen, es zu verwirklichen. Die Intuition zeigt uns die richtigen Wege, aber wir müssen sie schon selbst beschreiten. Selbst die beste Landkarte der Welt übernimmt nicht das Fahren unseres Wagens – das müssen wir schon selbst übernehmen.

„Die Gegenwart des Inneren Helfers bedeutet aber nicht, dass Du nun einfach alles ihm überlassen und selbst die Hände in den Schoß legen kannst. Die Erfahrung lehrt, dass der Innere Helfer Dir nur soweit beisteht, als Du Dir selbst zu helfen entschlossen bist. Du musst tun, was Du zu tun vermagst und zugleich dem Inneren Helfer vertrauen; dann tut er das Seine, um Dein Wohl aufs Beste zu fördern.“ (K.O. Schmidt)

Weisheiten ohne Anwendung sind nur in den Wind gesprochene Wörter. Einen Meister des Lebens erkennt man weder an seinen Fähigkeiten noch an seinem Wissen, sondern nur an seinen Taten, an seinen „Früchten“. Wenn wir also wollen, dass unsere Wünsche sich durch die Hilfe unserer Intuition erfüllen, dann müssen wir das, was uns unsere Intuition mitteilt, in eine Handlung umsetzen. Erst dann kann ihr Zauber sich entfalten. Wenn wir vor einer Tür stehen, öffnet sie sich schließlich auch nicht von alleine. Es liegt an uns, sie aufzuschließen.

Ein überaus gottesgläubiger Mensch betete täglich zwölf Mal für einen Lottogewinn. Er kniete sich voller Demut hin und ging während seiner Gebete ganz in sich. Er war so fixiert auf den gewünschten Gewinn, dass er dachte, das Beten alleine reiche aus. In dieser inneren Haltung war er nicht empfänglich für Gottes Antwort. Die bestand darin, dass ihm jeden Tag jemand begegnete, der ihm erzählte, er habe Lotto gespielt. Es vergingen mehrere Jahre, doch der gottesgläubige Mann erhielt nie den ersehnten Lottogewinn. Gott schaute sich das Ganze an, bis es ihm zu bunt wurde. Er schickte dem gottesgläubigen Mann einen Engel, der ihm im Traum erschien. Der Engel sprach die Botschaft Gottes aus: „Mein Sohn, Dein Glaube an Gott ist unerschütterlich und bewundernswert. Doch wenn Du im Lotto gewinnen willst, so rate ich Dir zum 1000. Mal: Kaufe Dir zuerst einen Lottoschein und fülle ihn aus.“

Es reicht bei weitem nicht aus, nur Bücher oder Webseiten zu lesen, Gottesdienste oder Seminare zu besuchen. Warten wir auch nicht auf die Zustimmung unseres Umfeldes oder sogenannter Experten. Vertrauen wir einfach unserer inneren Stimme und legen los!!! Schreiten wir von der Passivität in die Aktivität. Ich hätte damals auch erst einmal darauf warten können, dass sogenannte Spezialisten mir beibringen, wie man ein Buch schreibt. Meine Intuition aber sagte mir damals: *„Nö, Goran, Du brauchst keine Seminare von sogenannten Experten und Profis zu besuchen, um Schriftsteller zu werden. Du hast einen Computer und ein Schreibprogramm. Und Du hast mich. Mehr brauchst Du nicht. Also leg los.“* Ganz nach dem Motto: *If you don't try, you don't know.* Und was war das Resultat? Eine erfolgreiche Buchreihe, die sich einer solchen Beliebtheit erfreut, dass sie ständig wächst, dass sie es in die Bestsellerliste meines Verlags schaffte und dass sich schon Fan-Clubs gebildet haben. Nur in den allerseltensten Fällen brauchen wir wirklich einen Experten, lieber Leser, da der einzig wahre und echte Experte für uns immer wir selbst sind. Unsere Intuition ist der vertrauenswürdigste und sicherste Ratgeber, den es für uns in diesem Universum gibt. Also zögern wir nicht, sondern gehen nach innen, pflegen auf diese Weise unsere Freundschaft zu unserer Intuition und gehen zur Praxis über.

„Wenn Du es wirklich tun willst, tust Du es. Es gibt keine Ausreden." (Bruche Nauman)

Frage Dich selbst: Was ist schöner? Sich das Meer nur anzusehen oder darin zu schwimmen? Stell Dir das Leben als Meer vor. Es will, dass Du darin eintauchst und Bewegung ins Spiel bringst. Also weg vom ständigen Grübeln und theoretischen Nachdenken, hin zur praktischen Tat. Denn nur da geschieht Veränderung, nur so tut sich was im Leben. Fangen wir einfach an, die Reihenfolge spielt keine Rolle.

„Höre nie auf anzufangen! Der Anfang ist die Hälfte vom Ganzen." (Aristoteles)

Wenn wir unsere Intuition nutzen und die Wunscherfüllung in Gang bringen wollen, dann geht das nur, wenn wir auch in der Außenwelt etwas für die Erfüllung tun. Setzen wir empfangene Einsichten um, damit wir glücklicher leben.

Finde heraus, was Dein Herz will.

Unser Lebensplan

„Wenn Sie das von Ihnen Gewünschte im Leben erreichen wollen, besteht der erste unentbehrliche Schritt darin, sich darüber klar zu werden, was Sie überhaupt möchten." (Ben Stein)

Lieber Leser, es gibt für fast alles in der Welt eine Bedienungsanleitung, nur fürs Leben offenbar nicht, so dass die meisten Menschen glauben, dass sie sich mit den gegenwärtigen Lebensumständen abfinden müssen. Würden wir Menschen auf der Straße nach dem Sinn ihres Lebens bzw. nach ihrem Lebensplan fragen, würden die wenigsten eine klare Antwort darauf haben. Viele Menschen sagen zwar immer wieder, dass sie nach dem Sinn ihres Lebens suchen, doch in Wahrheit suchen sie nicht wirklich danach, sondern fragen nur halbherzig danach und vergessen die Angelegenheit tags darauf wieder. Ich finde es immer wieder erstaunlich, wie wenig Zeit sich die meisten Leute nehmen, um die wirklich fundamentalen Fragen ihres Lebens zu behandeln. Solange wir aber nicht wissen, um was es im Spiel des Lebens wirklich geht, kann uns das Leben auch nicht erfüllen. Und genau da liegt der Unterschied zwischen einer bewussten und einer unbewussten Lebensführung.

Manch einer rennt sein Leben lang irgendwelchen Pseudowünschen hinterher und landet immer wieder in einer Sackgasse. Falsche Ziele führen zu einem falschen Leben. Und ein falsches Leben führt zu Unglück und Leid (ich habe diesbezüglich leidvolle Erfahrungen mit verschiedenen Lebenswegen und Jobs hinter mir).

Selbst eine Kirschblüte hat ein Ziel, einen Plan, folgt einer Absicht. In der Sommerzeit wächst sie zu einer Kirsche aus. Sie hat im Gegensatz zum Menschen jedoch keinen freien Willen und kann nicht zu einem Apfel oder zu einer Birne auswachsen. Wir Menschen können hingegen sehr wohl einem falschen Plan folgen. Und kein Mensch steigt gerne in einen Zug ein, nur um an der Endstation festzustellen, dass er in der falschen Stadt ist. Darum wollen wir bewusst schöpfen und deshalb gehen wir der Frage nach dem Sinn des Lebens in diesem Kapitel auf den Grund. Wir alle haben den (unbewussten) Wunsch nach einem SINN-vollen Leben in uns. Stellen wir uns deshalb einmal die Fragen: Was zum Kuckuck machen wir hier eigentlich? Auf dieser Welt? In dieser Zeit? In diesem Körper? Wenn wir uns nicht darüber im Klaren sind, was wir wirklich wollen, wird auch unser Leben nicht klar sein, nein, es wird unklar, widersprüchlich und schwankend sein. Deshalb sollten wir unser Leben immer wieder hinterfragen. Dass wir nicht nur auf die Welt gekommen sind, um zu essen, zu trinken und uns fort zu pflanzen, dürfte jedem klar sein.

Dafür ist das Leben einfach zu schön, zu großartig und zu wertvoll. Wir existieren nicht zufällig und wir sind auch nicht zufällig genau zu dieser Zeit in dieser Welt. Warum aber sind wir dann hier, was ist der Sinn des Lebens?

Mein Sinn des Lebens ist es, glücklich zu sein. Der Maßstab meines Lebenssinns ist immer das Gefühl der Freude.

Wir sind meiner Überzeugung nach alle auf dieser Welt, um einen lehrreichen Urlaub zu verbringen, der uns vor allem happy und zufrieden machen soll.

„Das Leben ist seiner Natur nach Glück." (Maharishi Mahesh Yoga)

„Ich denke, dass der Sinn des Lebens darin besteht, glücklich zu sein." (Dalai Lama)

„Wenn Du nicht glücklich bist, dass Du lebst, dann hat das Leben keinen Sinn!" (Goran Kikic)

Wir wollen uns selbst erfahren auf der menschlichen Ebene und unsere Intuition weiß, wie wir es machen sollen, um es zu genießen. Unser „Job" ist es, das Leben auf diesem Planeten durch unsere Anwesenheit und unser Tun zu bereichern. Und das geht am effektivsten, wenn wir gut drauf sind. Tief in uns allen ist eine Art Lebensplan verborgen, eine Art Aufzeichnung, die wir nur aktivieren können, wenn wir den richtigen Schalter betätigen – und den finden wir nur dann, wenn wir bewusster werden. Und das lohnt sich, denn dieser Lebensplan beschert uns das totale Glück, wenn wir uns an ihn halten.

In ihm sind alle unsere Wünsche und (Entwicklungs-)Ziele enthalten, deren Verwirklichung uns in die größte Euphorie befördert. Und wir haben uns selbst versprochen, dass wir unser Leben auf diese Wünsche und Ziele ausrichten werden. Alles andere wäre SINN-los, am Lebenssinn vorbei und würde uns nur unglücklich machen.

„Ihr Leben funktioniert in dem Ausmaß, wie Sie Ihre Versprechen halten." (Werner Erhardt)

Ich glaube fest daran, dass selbst unser Körper genau so ausschaut, dass er perfekt zu unserer Lebensabsicht passt (selbst dann, wenn er behindert sein sollte).

Der Weg ist das Ziel, lautet eine uralte Weisheit. Das sagt mir, dass unser Lebensweg zum Entwicklungsziel mindestens ebenso wichtig ist, wie das anvisierte Ziel selbst. Und er sollte uns so richtig Spaß machen. Und das wird er auch, solange wir nur unserem Lebensplan folgen. Folgen wir ihm, klappt alles wie auf magische Weise und das Glück ist uns hold. Vergessen wir unseren Lebensplan und folgen unserem Ego oder unseren Ängsten (was in diesem Fall dasselbe ist), stellen wir damit die natürliche Ordnung auf den Kopf und ernten schon bald unglückliche Lebensumstände. Halten wir uns an das Gefühl der Freude, denn das zeigt uns unmissverständlich an, ob wir auf dem richtigen Dampfer sind.

Stelle Dir einmal vor, dass Du Millionär bist, in einer glücklichen Partnerschaft lebst, gesunde und aufgeweckte Kinder hast und kerngesund bist. Doch irgendwie fehlt da was, aus irgendeinem Dir unbekannten Grund bist Du immer noch nicht restlos zufrieden. Rein logisch und verstandesmäßig betrachtet gibt es keinen Grund, sich unglücklich zu fühlen, dafür aber zig logische Gründe, um zufrieden und rundum glücklich zu sein. Trotzdem bist Du es nicht. Der Verstand kann uns hier also nicht helfen, seine sachlichen Argumente bringen uns keinen Millimeter weiter. Dabei liegt die Lösung klar auf der Hand: Wir sind unerfüllt, weil wir nicht das gemacht haben, was uns Freude bereitet. All der scheinbare Erfolg verblasst, weil wir nicht unserem eigentlichen Lebensplan entsprechend gelebt haben. Wir wurden uns selbst untreu und verließen unseren einzigartigen, individuellen Weg. Doch das macht überhaupt nix, denn es ist nie zu spät, das Leben nochmal neu anzufangen.

„Jedem Anfang wohnt ein Zauber inne." (Hermann Hesse)

Und diesmal meine ich wirklich das eigene Leben zu leben, nach eigenem Plan. Wichtig dabei ist es sich wirklich zu verinnerlichen, dass unser Leben nicht von höheren Mächten bestimmt wird, sondern von uns selbst!!!

„Die spirituelle Suche beginnt mit einer Sehnsucht. Irgendwann inmitten unseres geschäftigen Lebens teilt uns eine feine innere Stimme mit, dass uns etwas im Leben fehlt.“ (Sant Rajinder Singh)

Bevor wir uns auf die Suche nach unserem Lebensplan machen, widmen wir uns zuerst folgender Frage: Schließen sich ein Lebensplan und der freie Wille gegenseitig aus? Nein, das tun sie nicht. Scheint auf den ersten Blick so zu sein, denn ein Plan, der unsere Marschroute festlegt, scheint keinen freien Willen zuzulassen. Ich sehe es so: Wir können unser Leben frei gestalten, wir können entscheiden, welcher Arbeit wir nachgehen, mit welchen Menschen wir uns umgeben, welche Musik wir hören, wie wir uns kleiden, wo wir wohnen usw., ohne dass ein Blitz von oben auf uns herab fällt und uns zu einer Änderung zwingt. Wir können viel rumprobieren und experimentieren, in viele verschiedene Bereiche reinschnuppern und testen, ob das, womit wir uns beschäftigen, uns erfüllt oder nicht. Und während wir all das machen, erschaffen, schöpfen und manifestieren wir unsere Lebensumstände. Doch wir können nicht alles mittels unserer Schöpferfähigkeit beeinflussen. Es gibt ein paar feste Vorgaben in unserem Lebensplan, an denen nicht zu rütteln ist: Unsere Eltern z.B. bleiben ein Leben lang unsere Eltern. Wir haben uns das auf höheren Ebenen so ausgesucht und dabei bleibt es. Ebenso sind unsere Herkunft (Geburtsort) und unser Sternzeichen (Geburtsdatum), um nur zwei weitere Beispiele anzuführen, nicht durch uns veränderbar. All das und noch mehr gehört in den Rahmen unseres Lebensplans und ist unabänderlich. Doch was soll's. Abgesehen von einigen (selbst gewählten) Vorgaben haben wir alle den freien Willen und können in unserem Leben frei schöpfen.

Wir sollten hier ganz klar unterscheiden zwischen unserem Lebensplan und unserem Lebensstil. Unser Lebensplan oder auch Lebensziel beinhaltet all jene Dinge, die wir verwirklichen wollen und bei dessen Verwirklichung wir uns weiter entwickeln. Der Lebensstil wiederum drückt die Art und Weise aus, wie wir unsere Lebensziele erreichen wollen, wie wir wohnen wollen, welche Menschen wir um uns haben möchten usw. Wir können unsere Lebensabsichten leicht und freudig verwirklichen, oder mit Mühsal und Qual. Es ist unsere freie Entscheidung. Wenn unser Lebensplan z.B. darin besteht, mehr Mitgefühl für unsere Mitmenschen zu entwickeln, dann gibt es harmonische und disharmonische Wege zu diesem Ziel: Wir könnten unsere Empathie entwickeln, unser Bewusstsein durch Meditation entfalten und uns so besser in andere Menschen hinein versetzen (sei es in einen Bettler, in einen Kriegsverbrecher, in den Präsidenten einer kriegerischen Nation, in einen willensschwachen Politiker, einen Möchtegern-Erleuchteten usw.) und Mit-GEFÜHL für ihn empfinden. Oder aber wir lernen es auf die harte Tour, gehen pleite, verlieren alle unsere Freunde und plötzlich befinden wir uns in der gleichen Situation wie jemand, den wir Monate zuvor noch ausgelacht haben für dieselbe Lebenssituation. Und auf einmal ist es da, das Mitgefühl. Wir wurden quasi geläutert. Der letztere Weg wird erst dann erfolgen, wenn wir unsere Intuition einfach ausblenden und ihre Ratschläge nicht zur Kenntnis nehmen. Es ist wie beim Autofahren. Achten wir nicht auf die Wegweiser, müssen wir halt einen Umweg nehmen.

Das ganze Leben ist der Ablauf eines Wachstums. Und wir selbst können entscheiden, ob der Ablauf harmonisch oder disharmonisch wird. Selbst dann, wenn wir in ärmlichen Verhältnissen aufwachsen? Ja, selbst dann!!! Die glücklichsten Menschen auf der Welt haben nicht unbedingt von allem das Beste, aber sie verwerten all das, was sie auf ihrem Lebensweg vorfinden, zum Besten!!! Lebensplan und Lebensstil zusammen ergeben in meinen Augen erst dann einen Sinn, wenn sie uns glücklich machen. Niemand ist auf diese Welt gekommen, um Märtyrer zu werden und zu leiden!!!

Unser Lebensplan ist genau so einzigartig wie unser Fingerabdruck, jeder hat seinen persönlichen Fahrplan (da jeder seine spezifischen Vorstellungen, Hobbys und Wünsche hat). Deshalb sollte jeder Mensch seine ganz persönliche Wahrheit in sich finden, spüren und danach leben. Es gibt kein Universal-Patentrezept. Für jeden von uns gelten, je nach Lebensplan, andere Wegweiser, die unseren spezifischen Aufgaben entsprechen.

Im Volksmund heißt es, Petrus besäße einen großen Schlüsselbund. Warum hat er nur so viele Schlüssel? Ob das Paradies wohl mehrere Tore hat? Für mich liegt die Antwort auf der Hand. Petrus hat all die-

se Schlüssel, weil jeder von uns mit seinem eigenen ankommt. Er sammelt die Schlüssel aller bereits Eingetroffenen an seinem Bund. Nehmen wir für einen Moment an, dass es das Paradies wirklich gibt, so hieße das, dass jeder seinen eigenen Eingang hat. Keiner kommt durch die Tür eines anderen herein.

Es bringt deshalb herzlich wenig, wenn wir anderen Menschen, irgendwelchen Religionen, Philosophien, Sekten oder magischen Vereinen auf Lebenszeit folgen. Zu Beginn kann das helfen und man kann die Informationen heraus picken und verwerten, die für das Finden der eigenen Wahrheit dienlich sind, so dass wir uns schließlich selbst verwirklichen können.

Was könnte in unserem Lebensplan so alles drin stehen? Nun, manch einer fühlt sich vielleicht dazu berufen, eine Familie zu gründen, die Mutterschaft zu erleben (und kommt deshalb in einem weiblichen Körper zur Welt), in ein bestimmtes Land auszuwandern, einen bestimmten Beruf zu erlernen, in die Öffentlichkeit zu gehen, bestimmte Menschen kennen zu lernen (oft werden unsere Lebensabsichten erst in Verbindung mit bestimmten Menschen oder Ereignissen realisierbar) oder sich für die Tierwelt bzw. Umwelt einzusetzen.

Wir sind nicht hergekommen, um in einem Leben ALLE Erfahrungen zu machen, die man machen könnte. Nein, wir sind hier, um GANZ BESTIMMTE ERFAHRUNGEN zu machen. Hinter allen Lebensplänen steht die Absicht, innerlich und glücklich zu wachsen, der Maßstab unseres Lebensplanes ist IMMER unser Glück, nicht etwa unser Ansehen oder die Zustimmung unserer Freunde und Verwandten.

Zurück zur Hauptfrage: Was ist unser Lebensplan? Manch einer mag denken, dass das größte Ziel im Leben das Überleben ist. Ich persönlich glaube nicht, dass das Überleben einen Selbstzweck darstellt. Es ist von der Schöpfung alles so organisiert und angelegt, dass wir diese Welt sowieso eines Tages verlassen werden (was überhaupt nicht schlimm ist, da wir sowieso alle nachweislich aus Energie bestehen und somit nicht sterblich sind). Das Überleben dient in meinen Augen eher dazu, dass wir unserer Lebensabsicht nachkommen können. Ich glaube der erste Punkt in unserem Lebensplan besteht darin, heraus zu bekommen, dass es überhaupt einen Lebensplan gibt (und um das zu schaffen, bedarf es einer bewussten Lebensweise).

Und nachdem wir heraus bekommen haben, dass es so etwas wie einen Lebensplan gibt? Was dann? Wie bekommen wir heraus, wie er genau ausschaut? Da gibt es verschiedene Möglichkeiten: Wir können eine Kontrastliste erstellen, auf der auf einer Seite alles steht, was wir wollen und auf der anderen Seite alles, was wir loslassen wollen. Zuvor gehen wir mehrere Intuitionsübungen durch und achten auf das innere Feedback. Du kannst die Frage nach Deinem Lebensplan auch ans Universum bzw. die Schöpfung aussenden: *„Ich freue mich, weil ich den Sinn meines Lebens kenne."* Für gewöhnlich erhalte ich bei dieser Vorgehensweise innerhalb von drei bis fünf Tagen ein Zeichen (jemand sagt mir etwas oder ich lese oder höre im Radio etwas, was mir einen Wink gibt). Plötzlich macht es KLICK in mir, ich bekomme Klarheit und fühle mich gut. Warten wir auch hier einfach schön geduldig auf eine Rückmeldung aus unserem Inneren.

Eine weitere Option wäre, dass wir den Wunsch nach einem rundum glücklichen Leben aussenden, denn dann wird unser Lebensplan automatisch aktiviert.

Die nachfolgende Methode, seinen Lebenszweck zu ermitteln, ist von Arnold M. Patent, einem spirituellen Lehrer und Autor.

1.)
Notiere ein paar persönliche Eigenschaften von Dir (z.B. Weitblick, Begeisterungsfähigkeit, Kreativität, Lebensfreude)

2.)
Schreibe als nächstes auf, wie Du diese Eigenschaften im Umgang mit Deinen Mitmenschen zeigen kannst (z.B. indem Du andere Menschen mit Deiner Lebensfreude inspirierst)

3.)
Beschreibe Deine Vorstellung einer perfekten Welt und wie es sich anfühlt, in solch einer Welt zu leben. Mache die Beschreibung in der Gegenwartsform und tauch in Deine Phantasie ein, so, als ob sie real sei. Beispielsweise kann man sich vorstellen, wie friedlich und har-

monisch einer dem anderen hilft, dass es keine Steuern und keine korrupten Regierungen gibt, dass es keine „oberen Zehntausend" gibt und dass es stattdessen allen Menschen finanziell gut geht.

4.)
Zum Schluss fasse alle drei Punkte zu einer Endaussage zusammen, wie z.B. dieser hier: Mein Lebenszweck besteht darin, meine Lebensfreude auszuleben und mit ihr meine Mitmenschen zu inspirieren, die sich dadurch auch auf mehr Freude im Leben ausrichten.

Früher war ich mir völlig unklar darüber, was ich hier auf Erden soll. Ich stand lange Zeit überhaupt nicht in Verbindung mit meinen wahren Lebenszielen. Ich dachte zwar, ich wüsste, was ich will, aber dem war nicht so. Man könnte auch sagen: Ich ging nicht durchs Leben, eher könnte man sagen, dass ich durchs Leben stolperte und mich verirrte. Viele Menschen aus meinem Freundeskreis stellten nach meiner Krise fest, dass ich plötzlich ganz anders durch die Welt ging als zuvor, dass ich Freude und Energie ausstrahlte und rundum glücklich und ausgeglichen war, weil ich wusste, was ich will und in welche Richtung ich gehen will. Und dazu kam es, weil ich meine Aufmerksamkeit auf die Fragen nach meiner mich glücklich machenden Lebensabsicht richtete. Und das über einen längeren Zeitpunkt, nicht nur ein paar Minuten am Tag. Hier sind die Fragen, mit denen ich mich eingehend beschäftigte:

Ist es wirklich gut für mich, wenn ich so lebe, wie ich derzeit lebe? Stimmt das für mich? Lebe ich für mich selbst richtig und passend? Ist mein Leben im Fluss? Hat es mich wirklich glücklich gemacht, wie ich mein Leben bisher gelebt habe? Wodurch begrenze ich meine Freude am Leben? Wie definiere ich ein glückliches Leben überhaupt? Was ist richtig und wichtig für mich? Was will mein Herz und was will der Kopf? Wo ist mein Platz in der Welt? Was ist meine einzigartige Aufgabe in diesem Universum? Was ist meine „Lebensmission"? Was liegt mir GAAAANZ besonders am Herzen? Was möchte ich in der mir noch verbleibenden Lebenszeit verwirklichen? Was ist es, was ich in diesem Leben auf jeden Fall, um jeden Preis, unter allen Umständen erleben will? Was ist das Aller- Aller- Allerwichtigste in meinem Leben?

Nach einiger Zeit wird sich eine klare Antwort bezüglich unseres Lebensplans herausschälen. Wann genau sie kommt, kann man nicht vorhersagen. Aber dass sie kommt, schon.

(Stellen wir diese und andere Fragen immer wieder, denn obwohl wir eigentlich immer dasselbe wollen, nämlich ein glückliches Leben, kann der Weg sich dahin verändern. Als Kind, als Jugendlicher, als Erwachsener und als Senior ändern sich unsere Zielsetzungen.)

Immer dann, wenn wir uns unklar über unsere gegenwärtige Lebensabsicht sind, kann es helfen, wenn wir die folgende Frage zu Ende schreiben:

„Es ist jetzt allerhöchste Zeit, endlich einmal …“

Und nachdem innere Klarheit eingekehrt ist, mache Folgendes: Schreibe Deinen Lebensplan auf und lies ihn Dir jeden Morgen und jeden Abend laut vor. Nimm Dir die Zeit, denn es handelt sich meist nur um ein oder zwei Sätze. Und dann achte genau, was Deine Intuition Dir dazu sagt. Ist Dein Weg noch aktuell oder macht der er eine scharfe Kurve?

Durch die richtigen Fragen und dem Wunsch nach Antworten wurde mir mit der Zeit immer alles klarer und klarer. Fragt mich heute jemand nach meinem Lebenssinn, kann ich darauf sofort antworten: Meine Intuition gibt mir seit geraumer Zeit unmissverständlich zu verstehen, ich solle Bücher schreiben, die andere Menschen inspirieren, motivieren und informieren, ihre schönsten und wunderbarsten Wünsche zu verwirklichen. Ich liebe es einfach, andere Menschen dabei zu unterstützen, sich ein glückliches Leben zu erschaffen und ihre Lebensabsicht heraus zu bekommen. DAS ist es, wozu mein Herz klar und deutlich JA sagt.

Ich bin überzeugt davon, dass es in unserem Leben sogenannte Schlüsselwörter, Schlüsselpersonen und Schlüsselerlebnisse gibt, die dafür sorgen, dass wir uns unserer Lebensaufgabe bewusster werden. Irgendwann hören oder lesen wir ein bestimmtes Wort oder einen Satz, treffen einen bestimmten Menschen oder erleben etwas –

und plötzlich macht es KLICK in uns und wir nehmen das Leben anders wahr, Prioritäten verschieben sich, es kommen neue Menschen in unser Leben und wir erkennen ein neues Ziel für diesen Lebensabschnitt. Es ist dann einfach alles stimmig, es passt alles, es ist alles so, wie es uns gefällt. Probleme müssen dann nicht erst gelöst werden, sondern sie entstehen gar nicht erst. Das Leben wird energievoller und ist kein (Überlebens-)Kampf mehr.

Das Schöne an unserem Lebensplan ist, dass er für jeden im Universum bereichernd ist. Jeder von uns hat seinen eigenen Plan und alle Lebenspläne zusammen genommen ergänzen sich und ergeben ein glückliches Universum. Und das wird wohl auch das große, gemeinsame Ziel sein: Die absolute Glückseligkeit und das Eins-Sein mit der Schöpfung.

Stellen wir uns immer wieder die folgende Frage, lieber Leser: Wenn wir alles Geld, alle Zeit und alle Möglichkeiten dieser Welt hätten, was würden wir dann tun??? Oder was würden wir machen, wenn wir nur noch einen Tag zu leben hätten?

Der letzte Tag
Dies ist die wahre Geschichte eines chinesischen Geschäftsmannes, der mit sich selbst, seinen Beziehungen und mit seinem Geschäft mehr als unzufrieden war. Seine Frau wollte sich von ihm trennen, sein Geschäft war verschuldet, und er war müde seiner Kraft- und Mutlosigkeit. Als er eines Abends Bilanz über sein Leben zog, beschloss er, sich am übernächsten Tag umzubringen. Nach diesem Entschluss sah er dem nächsten und letzten Tag in seinem Leben gelassen entgegen.

Sein letzter Tag brach an. Froh über das nahe Ende seines Leidens, genoss er an diesem Tage in Ruhe sein Frühstück und fand sogar liebe und lobende Worte für seine Frau. Heiter verabschiedete er sich und machte noch einen Umweg zu seinen alten Freunden, für die er schon Jahre keine Zeit mehr hatte. Zu jedem sprach er gütige, wohlwollende Worte, hatte Zeit und ein Ohr für ihre Probleme, auch ein stilles, ruhiges Lächeln für jeden. Er genoss die Morgensonne auf dem Weg ins Geschäft. Dort nahm er sich seiner Kunden ganz besonders herzlich und fair beratend an. Frei jeglicher Verkaufserwar-

tung präsentierte er seine Produkte mit großer Rücksicht auf den wirklichen Bedarf der Kunden. Als er am Abend Kasse machte, stellte er fest, dass an diesem Tag ein riesiger Gewinn gemacht worden war. Zu Hause empfing ihn seine Frau wie in den Anfangszeiten seiner Ehe und servierte ihm sein Lieblingsmahl mit größter Aufmerksamkeit. In der kommenden Nacht erkannte er, dass es eigentlich keinen Grund mehr für seinen geplanten Selbstmord gab. Der Grund dafür war: Er hatte seine Einstellung zum Leben geändert; und das Leben hatte es ihm gedankt. So beschloss er, von nun an jeden Tag als seinen "letzten Tag" auf Erden zu leben.

Machen auch wir es so wie der Chinese in der Geschichte. Stellen wir uns vor, dass wir nicht unbegrenzte Lebenszeit zur Verfügung haben und schon kommen die Wünsche, die zu unserem glücklichen Lebensplan gehören, an die Oberfläche. Und die sollten wir nicht warten lassen, sondern zur Erfüllung bringen. Fragt uns also jemand: „Wann ist der beste Zeitpunkt, nach seinem Lebensplan zu leben?“, dann ist die Antwort: *„Na JETZT SOFORT UND FÜR IMMER!!! Wenn Du nicht das tust, was Du Dir selbst vorgenommen hast, wer sollte es dann tun?“* Erst wenn wir nach unserem natürlichen und von uns selbst bestimmten Lebensplan leben, werden wir als authentisch, echt und einzigartig wahrgenommen.

Ich bin der Meinung, dass es Zeit wird, dass wir uns ent-wickeln und uns auf unseren Lebensplan besinnen, uns daran erinnern, warum wir hier und heute auf Erden sind. Denn wenn wir es nicht tun, zahlen wir einen ziemlich hohen Preis dafür (wir zahlen mit unserem Lebensglück).

Erweitern wir unsere Fähigkeiten und unser Bewusst-SEIN (Mitgefühl, bedingungslose Liebe, Authentizität, Geduld und Verständnis, innere Harmonie …), sammeln wir Erfahrungen und seien wir vor allem glücklich dabei. Und lassen wir unseren Intellekt dabei nicht die Hauptrolle spielen, denn Eigenschaften wie Liebe und Mitgefühl sind nicht-rational. Fangen wir endlich an, das zu machen, was uns wirklich wichtig ist.

Noch etwas Wichtiges: Es ist von niemandem die Lebensabsicht, z.B. einen miesen Charakter zu haben. Wir alle kommen mit bestimmten

Eigenschaften auf die Welt, doch der Charakter gehört nicht dazu. Unser Charakter lässt sich am besten so definieren: Du bist das, WIE du es bist. Vergessen wir nie den freien Willen, dank dem wir immer die Wahl haben, uns frei zu entscheiden.

Affirmation:
Ich mache nur das, was sich für mich gut und richtig anfühlt. Ich folge meinem Lebenszweck und bin glücklich dabei.

Nichts muss, alles darf!

Müssen wir unserem Lebensplan folgen?

Wenn ich nach Kroatien an den Strand fahre, werde ich mir alles Erforderliche für einen schönen Sommerurlaub einpacken. Die Fahrt dorthin ist aber kein MUSS. Da ich den freien Willen habe und frei entscheiden kann, liegt es an mir, ob ich meinem Navigationsgerät (meiner Intuition) im Auto, welches den Weg nach Kroatien (zu meiner Lebensabsicht) einprogrammiert hat, folge oder nicht. Es ist MEINE Entscheidung. Es steht mir völlig frei, meinen Weg zu verlassen und statt ins warme Kroatien lieber nach Sibirien zu fahren (anderen Zielen nachzugehen). Nur werde ich dort dann feststellen, dass ich mit meinen Sommersachen (mit meinen Talenten und Fähigkeiten, die ich mir in dieses Leben „mitgenommen" habe) nicht wirklich glücklich werde. Ich persönlich habe die Erfahrung gemacht, dass es für mich bisher immer besser war, wenn ich mich an die ursprüngliche Linie gehalten habe (also an meinen Original-Lebensplan). Wenn Steven Spielberg die „Gabe" hat Filme zu drehen und Mozart die „Gabe" Lieder zu komponieren, dann macht sie das auch glücklich. Wenn der Jurassic Park-Regisseur aber versucht Musik zu machen und der österreichische Meister-Musiker versucht Filme zu machen, gehen beide an ihrer Lebenserfüllung vorbei. Führt man Krieg gegen die eigene Lebensabsicht, so führt man Krieg mit dem Leben selbst. Warum gegen das Leben kämpfen, wo wir doch die besten Freunde sein können?

Halten wir uns dabei bitte immer vor Augen: Unsere Intuition bzw. unser Lebensplan ist keine strenge Instanz, die uns dazu zwingt, welchen Weg wir gehen sollen. Nein, unser (von uns selbst gewählter) Lebensplan zeigt uns nur an, was uns glücklich macht, er ist eine MÖGLICHKEIT und zwar die beste aller Möglichkeiten. Ob wir den Weg des Glücks letztlich gehen oder nicht, ist unsere Sache.

Was aber, wenn uns unser Lebensplan tatsächlich nicht mehr gefällt? Was kann man dann tun? Meine Meinung dazu ist, dass es möglich ist, seinen Lebensplan komplett zu ändern und auf diese Weise sein Glück trotzdem zu machen. Wir alle haben den freien Willen, der trotz eines Lebensplans über allem steht. Wir müssen unserer Intuition also nicht folgen, wenn wir nicht wollen, es liegt ganz an uns. Wenn ich in einem Kinosaal sitze und mir gefällt der Film nicht, dann kann ich mich ohne Weiteres dafür entscheiden, diesen Kinosaal zu verlassen und eventuell in einen anderen Kinosaal mit einem anderen Film zu gehen. Ob uns das jedoch glücklich(er) macht, hängt von unserer Schwingung ab. Um einen neuen Lebensplan zu schreiben, ist es erforderlich, dass wir uns schwingungstechnisch für einen neuen Lebensplan resonanzfähig machen. Zuerst müssen wir also in uns gehen und unseren Wunsch nach einem neuen Lebensplan aussenden. Dazu sollten wir vorher ganz genau klären, was wir in diesem Leben alles erleben möchten und dass es uns glücklich machen soll.

Es gibt etliche Menschen, die nicht ihrem Lebensplan gefolgt sind, sich keinen neuen Lebensplan erschaffen haben und deshalb unbewusst und unglücklich gelebt haben. Es ist ihre Sache. ICH bevorzuge ein glückliches Leben und immer, wenn mir alles leicht von der Hand geht, weiß ich, dass ich gerade meiner Intuition folge und meinen Lebensplan umsetze (sei es der originale Lebensplan oder ein neuer).

Unser Lebensplan ist der Weg aus dem Unglück ins Glück, aus der Disharmonie in die Harmonie und aus der Selbstverurteilung in die Selbstliebe.

Wenn Du Dich mit dem, was Du nicht willst, beschäftigst, kannst Du das, was Du willst, nicht tun! (Bruno O. Sörensen)

Unsere BERUF - ung

Wir wissen nun, dass wir alle einen persönlichen Lebensplan haben. Nun geht es darum, sich ihm auch zu öffnen. Wie sieht es zum Beispiel mit unserer beruflichen Tätigkeit aus? Meinungsumfragen zeigen, dass jeder Dritte lieber eine andere Arbeit verrichten würde. Hast Du Dir schon einmal die Frage gestellt, ob Du wirklich der Arbeit nachgehst, die Dir Spaß macht, lieber Leser? Wie fühlst Du Dich während der Arbeit? Bist Du happy, bist Du voller Energie, macht die Beschäftigung Dir Spaß? Oder bist Du müde, lustlos und kannst es kaum erwarten, nach Hause zu kommen? Sind die Beschäftigungen an Deinem Arbeitsplatz Dinge, die Du verrichtest, weil Du sie verrichten WILLST? Oder sind es lästige Aufgaben, von denen Du glaubst, sie tun zu MÜSSEN?

Die meisten Menschen trennen die Begriffe Arbeit und Spaß oder Arbeit und Freizeit. Warum das so ist? Weil kaum jemand seiner Arbeit mit Freude nachgeht und kaum jemand die Arbeitszeit als Zeit ansieht, in der er wirklich frei ist und freiwillig arbeitet.

Wir alle haben eine BERUF-ung (auch wenn dieser Begriff antiquiert klingt) und das schließt den RICHTIGEN BERUF mit ein. Ein Beruf sollte nicht etwas sein, wovon man lebt, sondern WOFÜR man lebt!!! Wir erkennen unsere Berufung daran, dass uns diese Arbeit gar nicht wie Arbeit vorkommt. Sie geht uns mühelos von der Hand und wir genießen jede Sekunde daran. Unsere Berufung wird sich per Intuition immer und immer wieder bei uns melden und uns keine Ruhe lassen, bis wir sie annehmen (Viele Menschen verdrängen ihre Berufung, weil sie sich z.B. zuerst um ihre Kinder kümmern wollen. Aber spätestens wenn die Kinder für sich selbst sorgen können, wird der innere Ruf nach Erfüllung wieder lauter.).

Im Wort Berufung ist auch das Wort „Ruf“ enthalten. Für mich liegt es klar auf der Hand, dass eine Berufung wie ein innerer Ruf ist, der uns auf das hinweist, was uns wirklich wichtig ist, was uns wirklich mit Glück erfüllt. Nicht nur bekannte Persönlichkeiten hatten oder haben eine Berufung, sondern wir alle haben sie.

Ein Fisch ist nur glücklich in seinem Element. Und genau so wie ein Fisch sein Element hat, so haben auch wir unser Element, unsere Schwingungsfrequenz, unsere Beschäftigung, die uns glücklich macht. Es gibt z.B. Jobs und Tätigkeiten, die ebenso wenig zu uns passen wie eine zu enge Hose oder zu kleine Schuhe. Weder wir noch die Hose noch die Schuhe sind richtig oder falsch, aber wir passen halt eben nicht zusammen. Warum etwas Unpassendes zusammen zwingen wollen? Dabei kommen nur Unglück und Frust heraus. Das kann man sich doch getrost sparen. Wenn wir gegen unsere Berufung leben, ist es so, als würden wir die passende Hose ausziehen und versuchen, in eine zu enge Hose hineinzuschlüpfen. Und das geht auf Dauer nicht gut. Es KANN nicht gut gehen, denn es gibt nur eine Hose, die uns wirklich passt und in der wir uns wohl fühlen, mit der wir wirklich glücklich sind. Und nur darum geht es doch: Um GLÜCK und FREUDE!!!

Das, was uns antreibt, ist immer die Suche nach Glück. Manch einer wird jetzt vielleicht einwenden und sagen, dass wir nicht arbeiten, um glücklich zu sein, sondern um genug Geld zu verdienen. Aber wenn wir unter die Oberfläche schauen, stellen wir fest, dass es aufs Gleiche hinaus läuft. Haben wir kein Geld, können wir uns nicht über Wasser halten und sind unglücklich. Wir aber wollen ALLE glücklich sein, weil das unser Lebenszweck ist. Und um das zu schaffen, ist es sinnvoll, die eigene Berufung heraus zu bekommen und ihr zu folgen.

Mein Paps wollte aus mir immer einen Fußball-Profi machen und meinte es nur gut mit mir. Aber ich hatte andere Pläne und so wurde nichts draus. Jede Entscheidung muss bei mir nämlich durch einen Filter. Und zwar durch meinen intuitiven GLÜCKS-Filter. Komme ich zu dem Schluss, dass eine Entscheidung mich nicht glücklich macht, dann lehne ich sie ab – ganz egal, ob ich dabei auf Geld, auf Ansehen, auf tollen Sex oder auf sonst etwas verzichte (was viele Leute mit echtem Glück verwechseln oder als Voraussetzung sehen, um glücklich sein zu können). Fußball war definitiv nicht mein Weg. Ich weigerte mich einfach, Dinge zu tun, die mir nicht entsprachen (auch dann, wenn ein inneres Pflichtgefühl mich dazu drängte). Stattdessen ging ich meinen Wünschen nach, die ich immer wichtiger nahm. Damit schuf ich meinem wahren Wesen mehr Raum. Warum sollte ich mich irgendetwas beschäftigen, was schwingungstechnisch überhaupt nicht zu mir passt? Das entspricht mir nicht. Warum also sollte ich mir sowas antun und mich selbst quälen???

Sich mit etwas beschäftigen, was einem keine Freude bereitet, ist eine Hassbeziehung. Kannst Du Dir vorstellen, täglich mit einem Menschen Sex zu haben, der Dich anwidert? Das macht unsere gesamte Psyche krank, es wäre wie eine Selbstvergewaltigung. Und so ist es auch mit Tätigkeiten, die uns nicht gut tun, auch wenn andere Menschen anderer Meinung sein sollten. Eines der größten Hindernisse für das Ausleben einer Berufung ist nämlich die Angst vor der Meinung anderer. Es ist aber nicht wichtig, was andere Menschen für richtig halten, die wichtigste Frage unseres Leben lautet: ***„Was wollen WIR???“*** Entscheiden wir uns alle, die Sichtweise anderer Menschen zu überwinden und unsere eigene zu entwickeln. Alles andere wäre Selbstverleugnung.

„Sei dem treu, was in Dir entsteht, und lebe nicht nach den Werten anderer. Was Du bist, hast Du zu geben. Deine Echtheit ist Dein Beitrag, nicht Deine Fähigkeit, die anderen nachzuahmen und so zu leben wie sie. Wenn Du echt sein willst, musst Du lernen, NEIN zu sagen zu dem, was Dich erstickt. dann wirst Du zu dem finden, was Dir entspricht, und darin aufblühen.“ (Ulrich Schaffer)

Früher oder später bricht unsere Berufung durch jeden Mantel äußerlicher Einflussnahme hindurch. Der mittlerweile verstorbene Violinist und Dirigent Yehudi Menuhin wünschte sich als Vierjähriger eine Geige. Als man ihm eine Kindergeige aus Blech schenkte, zerschlug er sie wütend und gab keine Ruhe, bis er eine richtige Geige bekam. Er folgte seiner Berufung ohne Wenn und Aber, da war kein Platz für faule Kompromisse.

Da draußen in der Welt gibt es bestimmt viele Kaufleute, Büroangestellte und Ärzte, die lieber Tänzer, Musiker oder Schauspieler geworden wären. Doch sie gingen faule Kompromisse ein, sie ließen sich verbiegen, sie begruben ihre Träume und passten sich irgendwelchen Normen und Meinungen anderer Menschen an. Doch ist es gesund, wenn ich jeden Tag zähneknirschend zu einer Arbeit gehe, die ich verfluche? Mit Sicherheit nicht. Jeden Morgen früh aufstehen und mit etlichen anderen Unzufriedenen per Bahn oder auf verstopften Straßen zu einem Arbeitsplatz pilgern, den wir nie haben wollten und acht Stunden täglich einem Job nachgehen, der uns anödet, kann es doch nicht sein, findest Du nicht auch? Das ist doch kein Leben. Wenn Du in Dich hinein horchst, wirst Du spüren, dass ALLES IN DIR mehr vom Leben will. Wenn wir chronisch mies drauf sind wegen einer Arbeit, die uns anödet, dann bedeutet das ohne Zweifel, dass wir eine zu enge Hose anhaben, die uns die Luft zum Atmen nimmt.

Die meisten Menschen wählen ihren Beruf intellektuell aus. Sie achten dabei auf die Höhe des Gehaltes und wie weit der Arbeitsplatz von zu Hause entfernt ist. Aber ob der Job uns happy macht, das fragt der Intellekt sich nicht. Er ist halt ein reiner Denkautomat (kein Fühlautomat). Glücklich sein kann man nur, wenn man sich seine (alltägliche) Tätigkeit mit dem Herzen aussucht. Die falschen Fragen in Bezug auf einen Job lauten: *„Welcher Beruf ist krisensicher, welcher Job bringt viel Geld und welcher hat eine gute Zukunft?“* Solche Jobs brachten mir überhaupt keine Sinnerfüllung, sie machten aus mir ein Kunstprodukt und ich wurde mir irgendwann selbst fremd. Durch solche Jobs verpassen wir oft das wahre Leben, wir verpassen uns selbst. Die richtigen Fragen bei der Jobsuche lauten: *„Welcher Beruf erfüllt mich, welche Beschäftigung bringt mein Herz zum Tanzen, welcher Job macht mir Freude?“* Hier gilt es also klar zu differenzieren: Ist der Job nur zweckmäßig oder macht er uns wirklich glücklich?

<u>Was geht uns leicht von der Hand?</u>

Wir sind in dieser Welt auf der Reise, besser gesagt auf der Durchreise. Und jeder von uns hat Gepäck dabei. In unseren Koffern befinden sich unzählige Fähigkeiten, Talente und Begabungen. Wir haben alle ein bestimmtes Potenzial in uns, welches gelebt werden will, jeder von uns ist so gemeint, wie er auf die Welt gekommen ist. Oft ist es aber so, dass viele Talente ein Leben lang unentdeckt bleiben.

Wenn ich Mitglied in einem Sportverein bin, dann reicht meist ein Blick in meine Sporttasche, um zu sehen, was die Berufung meiner „sportlichen Werkzeuge“ ist. Habe ich einen Tennisschläger in der Tasche, dann werde ich damit kaum Fußball spielen. Habe ich Fußballschuhe eingepackt, eignen die sich kaum für den Golfplatz. Ein Golfschläger wiederum bringt mir nichts beim Tauchen. Und habe ich eine Taucherbrille zum Mitnehmen vorbereitet, ist sie ganz sicher nicht fürs Radfahren vorgesehen. Ein Tennisschläger ist NUR für Tennis geschaffen worden und ein Fußball NUR fürs Fußballspielen. Natürlich können wir versuchen mit einem Golfschläger Tischtennis zu spielen, aber wozu Zeit und Energie verplempern mit sowas??? Und ebenso wie all unsere sportlichen Instrumente, haben auch unsere Talente eine bestimmte Funktion. Wenn wir unsere Talente zweckentfremden, bringt uns das keine Erfüllung. Wenn ich gut singen kann, werde ich kein Kampfsportler. Wenn ich ein weltmeisterlicher Fußballer bin, dann habe ich in einem Büro eigentlich nichts verloren. Es sei denn, ich spiele gerne Fußball auf dem Schreibtisch. Und wenn ich handwerklich talentiert bin, warum sollte ich mich dann für einen Job als Informatiker entscheiden? Der eine ist eine Sportskanone, der andere ist ein handwerkliches Genie, manch einer ist ein Superkoch, während andere Leute künstlerisch begabt sind. Oder wir sind Marketing-Experten oder auch gute Redner. Jedes Talent, jede Fähigkeit will gelebt werden.

„Jede Gabe ist eine Aufgabe.“ (Carl Schmidt)

Talente sind uns in die Wiege gelegt worden, sie sind uns angeboren, sie sind mitgebrachte Schöpfungsenergien. Werden wir uns unserer Talente bewusst, werden wir uns unserer Berufung bewusst und können aus ihr unseren Beruf machen. Unsere Talente geben uns unsere Richtung quasi vor. Doch was nützen uns Talente, wenn wir sie nicht nutzen? Das wäre so, als hätte man einen Wagen, der aber seit Jahren in der Garage steht und noch nie benutzt wurde. Das macht keinen Sinn. Nutzen wir unser Potenzial, denn dafür ist es schließlich da. Es wäre doch auch zu schade gewesen, wenn jemand wie Albert Einstein seinen Eltern zuliebe Bäcker oder Metzger geworden wäre. Wir alle erfreuen uns doch daran, dass große Musiker, Maler, Schauspieler und Wissenschaftler ihre Talente nutzten. Die gesamte Welt profitiert davon. Warum sollten wir der Welt all das vorenthalten, was wir können? Bringen wir unsere Talente in die Welt, erfreuen wir uns und unsere Mitmenschen damit.

Ich wollte eine Zeitlang unbedingt Musiker werden. Nach zwei Jahren stellte ich fest, dass ich dafür kein Talent habe. Dabei hatte meine Intuition es mir die ganze Zeit zugerufen, nur hatte ich nie hingehört. Zwei Jahre sind eine lange Zeit für etwas, was ich eigentlich in den ersten drei Wochen schon hätte merken sollen. Heute achte ich ganz genau darauf, was ich gut kann und wo meine Begabungen liegen.

Was begeistert uns?

Neben unseren Fähigkeiten und Talenten gibt uns noch etwas anderes Aufschluss darüber, was unsere Berufung sein kann: Nämlich unsere Freude, unser Interesse. Das, was wir am liebsten tun und was uns interessiert, fasziniert und begeistert, ist ebenfalls ein Hinweis auf unsere Berufung. Das Schöne an der ganzen Sache ist: Die Dinge, die uns begeistern, bringen auch den größten Erfolg im Leben.

„Nur wenn Sie etwas tun, das Sie auch tun wollen, werden Sie Erfolg haben. Es gibt keine andere Möglichkeit, erfolgreich zu werden.“ (Malcolm S. Forbes)

Im Grunde leicht zu verstehen: Es ist immer viiieeel leichter etwas zu lernen oder etwas zu tun, wenn es uns Spaß macht. Das wiederum produziert eine Schwingung, die Erfolg und Glück anzieht. Als ich noch Schüler war, da hatte ich in allen Fächern, die mich interessierten, gute Noten. In den Fächern, für die ich kein Interesse hatte, erhielt ich weniger gute Noten. Und so ist es auch im Berufsleben. Was wir gerne machen, das gibt uns den größtmöglichen Erfolg.

„Tu das, was Dir am meisten Spaß macht.“ (Bill Gates)

Fragen wir uns in Bezug auf einen möglichen Job: *„Ist diese Arbeit für mich gemacht? Oder doch eher für jemand anderen?“* Fragen wir uns bei allem, was wir tun, ob es uns glücklich macht, ob es uns Freude bereitet. Ich habe das gefunden, was ich am besten kann und was mir den größten Spaß bereitet. Ich liebe es z.B. zu schreiben, zu zeichnen, Videoclips zu erstellen, andere Menschen mental zu coachen, verschiedene Sportarten auszuüben, zu meditieren und viele andere Dinge. Diese Tätigkeiten euphorisieren, sie elektrisieren, sie beglücken mich. Niemals ermüden sie mich, so wie früher andere Tätigkeiten. Ich gehe in diesen Beschäftigungen vollkommen auf, bin völlig eins mit ihnen und weiß: JA, DAS BIN ICH WIRKLICH!!!!!!!! Ich gehe ihnen nicht nach, weil sie einem Zweck dienen (z.B. Geld zu verdienen) oder weil man es von mir erwartet, sondern weil sie in sich selbst bereits eine Erfüllung für mich sind.

Wie sieht es bei Dir aus, lieber Leser? Visualisiere Deinen Traumjob. Wo ist er? In welcher Branche? Was tust Du? Wie sind Deine Arbeitskollegen? Wie ist das Arbeitsklima? Wie viel Geld verdienst Du monatlich? Bist Du Angestellter oder Chef? Was schlummert da Großartiges in Dir, das raus will, das sich entfalten will? Welcher Arbeit würdest Du auch unbezahlt nachgehen? Wann bist Du voll bei der Sache? Wann und wo erhältst Du am meisten aufrichtiges Lob und Anerkennung? Was fängst Du am liebsten mit Deiner (Frei-)Zeit an? Wann fühlst Du Dich am meisten mit dem Leben und mit Dir selbst verbunden? Wann kommen solche magischen Momente am häufigsten?

Ist Freude an einer Begeisterung eigentlich immer ein Indikator für unsere Berufung? Ja, aber auch hier gibt es einiges zu beachten. Nehmen wir einmal an, wir lieben Sport, sind selbst aber nicht besonders sportlich. Was will unsere Sport-Begeisterung uns damit sagen? Womöglich ist der Sport unsere Berufung, jedoch nicht als aktiver Sportler. Es kann sein, dass unsere Begeisterung uns als Hinweis dient, zu erkennen, dass unsere Berufung darin liegt Sportjournalist, Sportfotograf oder Sportmanager zu wird Hören wir ganz genau zu, was unsere Intuition uns zu sagen hat.

Welche Hürden stehen uns im Weg?

Und als dritter Hinweis dienen uns die Hürden im Leben. Nehmen wir einmal an, wir sind bettelarm und leiden sehr darunter. Dann könnte es unsere Lebensaufgabe sein, reich zu werden und anderen Menschen dabei zu helfen, ebenfalls zu Vermögen zu kommen. Jemand, der unsicher und ängstlich ist, könnte als Lebensabsicht das Ziel haben, ein selbstsicherer Mensch und später sogar Motivationstrainer zu werden, der anderen Menschen die Angst nimmt und ihnen Mut zuspricht. So gesehen kann sich selbst ein schwieriges „Schicksal“ als perfekter Umstand herausstellen, um uns auf unseren Lebensplan hinzuweisen. Gehen wir bewusst durchs Leben, achten auf Hindernisse und setzen jede einzelne Hürde in Relation zu unserer Berufung.

Das Hobby zum Beruf machen

Wäre es nicht schön, seinen Lebensunterhalt mit dem zu verdienen, was einem Freude macht? Ich mache das und kann mich wirklich nicht beklagen. Ich liebe das, was ich jeden Tag (mal mehr, mal weniger) acht Stunden lang mache, es gibt mir Energie (früher nahmen mir viele Jobs Energie) und ich lasse mich von der Freude leiten. Also habe ich schon gewonnen. Ich habe acht Stunden lang positive Schwingungen der Freude und Zufriedenheit ausgestrahlt. Jeder Arbeitstag ist somit ein wundervoller Erlebnistag. Es ist im Grunde wie bezahlter Urlaub. Ein glückliches Leben ist dadurch garantiert. Ich merke gar nicht, dass ich arbeite. Und warum? Weil ich aus reiner Freude arbeite, weil es aus dem Herzen kommt.

„Haben Sie den Mut, Ihrem Herzen und Ihrer Intuition zu folgen.“ (Steve Jobs)

Ich bin während meiner Arbeit mit dem Leben im EIN-Klang. Man sagt oft, erst komme die Arbeit dran, dann das Vergnügen. Befasst man sich mit dem, was einen erfüllt, dann sind Vergnügen und Arbeit eins. Es besteht kein Unterschied mehr zwischen ihnen. Jeder von uns sollte dem nachgehen, was ihn erfüllt – frei von irgendwelchen Zweifeln. Der größte Irrtum aller Zeiten besteht darin, zu glauben, dass man mit dem, was einem Freude bereitet, kein Geld oder zumindest nicht genug Geld verdienen kann. Und dass man deshalb erst einmal etwas machen MUSS, was zwar Geld bringt, aber einem nicht besonders gefällt. Ich sage aus eigener Erfahrung: Das ist QUATSCH!!! Es gibt zig Möglichkeiten, mit dem, was uns Spaß macht, Geld zu verdienen. Bill Gates verließ die Harvard Universität und gründete, seiner Intuition folgend, Microsoft. Die Talkmasterin Oprah Winfrey verdient über 300 Millionen Dollar jährlich, indem sie sich einfach nur mit anderen Menschen unterhält. Schauspieler Charlie Sheen bekommt über eine Million Dollar pro Folge seiner Fernsehserie, indem er meist auf dem Sofa sitzt, schöne Frauen um sich hat und ein Bier trinkt. Tiger Woods ist Multimillionär und verdient sein Geld damit, indem er Golf spielt. Wir sehen also, dass es selbstverständlich möglich ist, Geld mit allen möglichen Beschäftigungen zu verdienen – selbst mit denen, die Spaß machen und einem gar nicht wie echte Arbeit vorkommen. Tatsache ist und bleibt: Auch Du kannst Dein Leben so gestalten, dass Du mit Deiner Lieblingsbeschäftigung Deinen Lebensunterhalt bestreitest. Das sind wir uns alle selbst schuldig.

Ich zeichnete als Kind gerne alles Mögliche, ich schrieb gerne Geschichten, ich erstellte später als Jugendlicher Grafiken aller Art. All diese Hobbys bzw. Tätigkeiten bescheren mir heute Geld. Und das Schöne dabei ist: Ich erledige keine Fremdaufträge, sondern verwirkliche meine ureigensten Visionen und genieße jede Sekunde daran. Es dauerte nicht lange, bis ich mich daran gewöhnte, für das bezahlt zu werden, was ich liebend gerne mache. Ich kann diesen Beschäftigungen stundenlang nachgehen und vergesse dabei jegliches Zeitgefühl. Ich bin dann so richtig im Arbeitsrausch und meine Arbeit wird zu einer spirituellen Erfahrung. Arbeit ist dann keine lästige Pflicht mehr, sie ist ein Hobby, dem man nach geht, eine „Spaß-Chance", die man nutzt. Nichts ist mühsam, was man gerne tut. Ich würde diesen Tätigkeiten auch dann noch nachgehen, wenn ich 50 Millionen EUR im Lotto gewinnen würde.

Ich hatte in meinem Leben etliche Jobs, die gar nicht mein Ding waren. Aber eines Tages fasste ich den Entschluss, nur noch dem nachzugehen, was wirklich zu mir passt. Ich sagte mir einfach: *„Ich lebe lieber glücklich, statt nur zu funktionieren. Und leben kann ich nur dann in Glück, wenn ich das mache, was mich happy macht!!!"* Ich habe mich auf das Risiko eingelassen, mein Leben so zu leben, wie es mir gefällt – und zwar mit letzter Konsequenz. Ich war bereit, das Notwendige zu unternehmen, um ein Leben in Glück und Freude führen zu können. Es war mir egal, was andere Menschen davon halten. Ich lebe schließlich mein Leben und nicht das Leben der Masse. Ich tue das, was ICH gerne mache, was ICH gut kann und was MICH innerlich erfüllt.

Stellen wir uns unserer Berufung, springen wir über unseren Schatten und überwinden unsere Risikoscheu und unsere inneren Ängste. Und eines kann ich dabei mit absoluter Gewissheit sagen: Das, wovor wir die größte Angst haben, gibt uns bei seiner Überwindung den größten Erfolg und das größte Glücksgefühl, das größte Wachstum, die schnellste Entwicklung in ein neues und schöneres Leben.

Wenn Dich Deine Arbeit belastet, dann suche Dir eine andere, lieber Leser. Was ist aber, wenn wir gerade in einem Job festsitzen, der uns finanziell sehr gut versorgt, uns aber überhaupt keinen Spaß macht und wir uns nicht trauen, ihn zu verlassen? Halb so schlimm. Wir können ihm weiter nachgehen und in unserer Freizeit schon mal die Weichen stellen für unsere Berufung. Wenn wir beides parallel machen, wird sich früher oder später die Situation einstellen, dass unsere Berufung uns genug Geld einbringt, um davon leben zu können. Auf jeden Fall sollte kein Mensch seinen jetzigen Job sofort kündigen. Immer Schritt für Schritt. Wenn uns unser Navigationsgerät im Auto mitteilt, dass wir gerade auf der falschen Autobahn fahren, werden wir auch nicht eine 180 Grad-Drehung machen, sondern konzentriert und aufmerksam die nächste Ausfahrt nehmen und uns wieder auf die ursprüngliche Reise machen. Und wenn es nicht auf Anhieb klappt? Dann kann man es jederzeit wieder versuchen ☺.

Um uns an die Realisierung unserer Berufung heran zu tasten, eignet sich die sogenannte Walt Disney-Methode. Dafür brauchen wir drei Stühle. Ein Stuhl repräsentiert den Träumer in uns, einer den Realisten und einer den inneren Kritiker. Setzen wir uns auf den Stuhl des Träumers und träumen wir ungehemmt von allem, was uns Spaß macht, was uns Freude bereitet und unser Herz zum Singen bringt, kurz: Was unser Leben mit Sinn erfüllt. Schreiben wir danach alle unsere Wahrnehmungen und Gefühle auf. Als nächstes setzen wir uns auf den Stuhl des Realisten und fragen uns, wie wir unsere Lebensträume wahr machen können. Was benötigen wir? Und wo können wir uns das, was wir benötigen, beschaffen? Auch hier schreiben wir alle unsere Gefühle und Gedanken auf. Dann setzen wir uns auf den Stuhl des inneren Kritikers und nehmen alle Punkte kritisch unter die Lupe, die noch nicht ganz ausgereift zu sein scheinen. Notieren wir auch hier unsere Wahrnehmungen. inneren Bilder und Empfindungen. Diese Übung wiederholen wir so oft, bis wir innere Klarheit erhalten. Die Methode geht auf Robert B. Dilts zurück, der über den berühmten Filmproduzenten und Zeichentrick-Pionier Walt Disney schrieb: *"...tatsächlich gab es drei Walts: Den Träumer, den Realisten und den Miesepeter."*

Tätigkeiten sollten nie von Zwängen bestimmt werden, sondern aus Lebensfreude unternommen werden. Denn nur dann tun sie uns gut. Das ist die Basis für Glück. Verzichten wir nie auf das, was uns Spaß macht, um etwas zu machen, was uns keinen Spaß macht. Wenn wir vor lauter Freude gar nicht mehr aufhören wollen zu arbeiten, dann sind wir auf dem richtigen Weg!!! Dann haben wir unsere Berufung gefunden.

Sich mit dem Fluss des Lebens synchronisieren

Synchronizitäten

Um zu wissen, ob wir unserem Lebensplan bzw. unserer Berufung wirklich folgen, dienen uns neben dem Gefühl des Glücks auch Synchronizitäten als Erkennungshinweis.

Was sind Synchronizitäten?

Manch einer würde sie als „außergewöhnliche Zufälle" bezeichnen. Ein ganz einfaches Beispiel: Wir haben einen alten Freund jahrelang nicht gesehen und denken seit drei Tagen vermehrt an ihn. Und siehe da: Plötzlich ruft er uns an und etwas später begegnen wir ihm in der Stadt. Oder ein anderes Beispiel: Wir planen Urlaub in Tunesien. Vorher hatten wir uns noch nie mit diesem Land beschäftigt, doch seitdem wir unseren Urlaub dort geplant haben, hören wir im Radio auf einmal nur noch Berichte über Tunesien, lernen wir Menschen kennen, die gerade Urlaub in Tunesien gemacht haben und erfahren, dass unser Kind in der Schule im Erdkundeunterricht das Land Tunesien durchnimmt. Der Begriff „Synchronizität" stammt vom Schweizer Psychoanalytiker Carl Gustav Jung und er bezeichnete die

Synchronizität als ein „Prinzip akausaler Zusammenhänge“ (also das Zusammentreffen von ungewöhnlichen Ereignissen). Damit wollte er ausdrücken, dass ihr Zusammentreffen kein Zufall ist, sondern dass wir alle Teil eines unteilbaren Ganzen sind, und dass unser Denken, unsere inneren Einstellungen, unsere Wünsche und Absichten Dinge in der materiellen Welt in Bewegung setzen und Ereignisse jenseits von Zeit und Raum erfassen.

Wie kam es dazu, dass er diese These entwickelte? Er saß eines Tages mit einem seiner Patienten in seinem Büro und unterhielt sich mit ihm über Ägypten. Auf einmal krabbelte ein ägyptischer Skarabäus-Käfer über den Schreibtisch. Es konnte nicht geklärt werden, wie ein ägyptischer Käfer in die Schweiz gelangte. Jung sah darin einen Beweis, dass das Universum geordnet ist, dass es synchronisiert ist.

Jede Synchronizität zeigt uns an, wo wir gerade stehen, ob wir UNSEREM Weg folgen, ob wir uns selbst treu sind. Je mehr Synchronizitäten Dir im Leben begegnen, lieber Leser, umso mehr deutet das darauf hin, dass Du (wieder) auf Deinem Lebensweg bist. Im Grunde zeigen sie an, dass unsere Verbindung zur Intuition hervorragend klappt, denn ohne eine intakte Verbindung zu ihr würden wir Synchronizitäten gar nicht erst bemerken. Sie ereignen sich nämlich ständig - wir nehmen sie in den meisten Fällen bloß nicht wahr. Wenn wir meditativ oder kontemplativ gestimmt sind, erkennen wir diese "Zufälle" jedoch leichter. Auch darum sind Wahrnehmungsübungen so wichtig.

Die Erlebnisse mit Synchronizitäten können sehr erhebend sein. Bei mir ist es oft so, dass ich an jemanden denke und in den nächsten fünf bis dreißig Minuten ruft mich genau diese Person an. Das versetzt mich immer wieder in Ehrfurcht und Erstaunen.

Unserer Intuition zu lauschen, hält viele schöne Entdeckungen für uns bereit. Je mehr wir sie in unser Alltagsleben integrieren, umso mehr Schlüssel halten wir in der Hand, um Türen zu öffnen, vor denen wir in unserem Leben eines Tages stehen.

Wissenschaft ist nicht die letzte Wahrheit.

Ist Intuition wissenschaftlich erklärbar?

„Höhere Eingebung will stets nur singen und niemals erklären." (Khalil Gibran)

Absolute Wissenschaftsgläubigkeit ist ziemlich naiv, denn sie ist wie ein geistiges Korsett (*welches niemand braucht, der selbstständig seinen Kurs bestimmen will*). Die Wissenschaft baut bekanntlich auf unserer Beobachtungsgabe und auf unserem Verstand auf, und beide haben ihre natürlichen Grenzen, also ist auch die Wissenschaft begrenzt.

Die auf dem mechanischen Weltbild gegründete Wissenschaft geht nicht ganzheitlich vor, sondern nimmt sich ein Detail und beleuchtet es. Sie ist wie eine Taschenlampe, deren Lichtstrahl einen Baum beleuchtet. Da der Lichtstrahl allerdings sehr begrenzt ist, kann er nicht die restlichen 999 Bäume erfassen und geht deshalb davon aus, dass wirklich nur der eine Baum existiert. Nur weil man etwas nicht zeigen kann, ist es nicht zwangsläufig nichtexistent. (vor 500 Jahren konnte man keine Röntgenstrahlung messen). Was bedeutet das nun? Dass es sie vor 500 Jahren nicht gab? Natürlich ist das Quatsch, denn es gab sie auch damals schon, nur waren wir nicht imstande, sie wissenschaftlich zu messen. Die Intuition geht da ganz anders vor, sie ist laut Roberto Assagioli (einem der Schöpfer der Transpersonalen Psychologie und Begründer der Psychosynthese) eine Kraft, die nicht vom Detail aufs Ganze hinarbeitet (so wie die Wissenschaft), sondern aus dem Ganzen in die Individualität fließt (aus dem morphogenetischen Feld in uns)

Verdeutlichen wir uns: Wissenschaftlich erklären lässt sich immer nur Rationales, doch die Intuition ist nicht rational. Der Intuition zu folgen bedeutet in den meisten Fällen, sich auf Dinge einzulassen, die nach allem, was wir (verstandesmäßig) wissen, oft gar keinen Sinn ergeben.

„Man kann vieles unbewusst wissen, indem man es nur fühlt, aber nicht weiß." (Dostojewski)

Ist Dir klar, lieber Leser, dass sogenannte Verstandesmenschen sich von einem Organ (Gehirn) führen lassen, welches nur 10-15% seines Potenzials nutzt? Unglaublich, aber wahr. Selbst der klügste Kopf der Welt nutzt lediglich maximal 15% seines intellektuellen Potenzials (z.B. ein Albert Einstein oder Nikola Tesla). 85% bleiben völlig ungenutzt. Stell Dir einmal vor, Du würdest nur 10% der Kraft nutzen, die in Deinen Beinen steckt. Viel Spaß im Rollstuhl.

Unser Verstand kann die Intuition zwar wahrnehmen, er kann feststellen, dass da etwas ist, aber er kann sie nicht erklären, nicht methodisieren, da die Intuition keine Funktion des Verstandes ist. Und immer wenn der Verstand etwas nicht erklären kann, dann hält er es meistens für nicht-existent. Der Verstand verlangt immer Beweise, er kann ja nicht glauben, dazu ist er nicht in der Lage. Intuition ist für ihn nichts Beweiskräftiges, da sie für ihn einfach nicht greifbar ist, sie liegt außerhalb seines Verstehens. Es ist so, als solle ein tauber Mensch erklären, was Geräusche sind. Das kann er nicht. Und so ist es auch beim wissenschafts- bzw. verstandeshörigen Menschen, der es sich sehr leicht macht und sagt: *„Es gibt keine wissenschaftlichen Beweise für die Existenz der Intuition, demnach gibt es sie nicht."*

Man könnte auch sagen, dass reine Verstandesmenschen „ungläubig" sind, also unfähig sind etwas zu glauben, was außerhalb bzw. oberhalb des Verstandes liegt. Sie halten sich selbst auf einer Ebene fest, die ziemlich begrenzt ist, da man auf ihr keine Verbindung zur Intuition herstellen kann. Und wenn intuitive Eingebungen erfolgen, dann werden sie „wegerklärt" als Einbildung. Unser Verstand kann meistens erst rückblickend voller Staunen erkennen, wie die Intuition scheinbar völlig zusammenhanglose Aspekte sich zu einem glücklich machenden Resultat verbunden hat.

Wie wir wissen, geht die Wissenschaft nach der Devise: Erst sehen (oder messen), dann glauben. Doch das kann zu keiner Wahrheit führen, da uns das Gesetz der Anziehung sagt, dass es sich in unserer Welt so verhält, dass der Glaube Dinge erschafft. Es ist also genau umgekehrt. Erst glauben wir an etwas, manifestieren es, sehen es und können es dann messen. Natürlich bleibt es jedem von uns selbst überlassen, an was er glauben möchte. Aber bedenken wir dabei, dass es sooooo vieles gibt, was sich wissenschaftlich nicht messen bzw. erklären lässt (die Liebe, der Sinn des Lebens, unsere Seele usw.). Wer immerzu Beweise im Außen sucht, der traut sich im Grunde selbst nicht mehr. Durch solch eine Haltung macht man sich zu einem Spielball der Außenwelt. Wissenschaftshörige Menschen glauben nicht an einen tieferen Sinn im Leben, an eine Seele, an Schutzengel und sonstige Dinge, die sich wissenschaftlich nicht erklären lassen. Doch wenn sie im Sterben liegen oder schwer krank sind, dann gehen viele von ihnen plötzlich neue Wege, suchen Heilpraktiker und Geistheiler auf, befassen sich mit Channeling und anderen Dimensionen.

Wenn wir nur von dem ausgehen, was wir sehen und verstandesmäßig überblicken können, sehen wir nur bis zu einem gewissen Punkt. Aber hinter diesem Punkt geht es zweifellos weiter. Ein anschauliches Beispiel, dass es ganz anders sein kann, als es rein logisch betrachtet ausschaut, liefert die folgende Geschichte:

Ein ungeborenes Zwillingspärchen unterhält sich im Bauch seiner Mutter. „Sag mal, glaubst Du eigentlich an ein Leben nach der Geburt?“ fragt der eine Zwilling. „Ja, auf jeden Fall! Hier drinnen wachsen wir und werden stark für das, was draußen komme wird.“ antwortet der andere Zwilling. „Ich glaube, das ist alles Blödsinn!“ sagt der erste. „Es kann kein Leben nach der Geburt geben, das ist wissenschaftlich unmöglich – wie sollte das denn bitteschön gehen?“ Darauf antwortet der andere Zwilling: Na ja, so ganz genau weiß ich das auch nicht. Aber es wird sicher viel heller als hier sein. Und vielleicht werden wir herumlaufen und mit dem Mund essen?“ Der erste Zwilling fängt an zu lachen: Hahaha. So einen Unsinn habe ich ja noch nie gehört! Mit dem Mund essen. Was für eine verrückte Idee. Es gibt doch die Nabelschnur, die uns ernährt. Und wie willst du herumlaufen? Dafür ist die Nabelschnur doch viel zu kurz." Doch der andere Zwilling bleibt bei seiner These: „Doch, es geht ganz bestimmt. Mein Gefühl sagt es mir. Es wird eben alles nur ein bisschen anders, als es jetzt ist." Jetzt wird der erste Zwilling etwas ungehalten: „Du spinnst ja! Es ist noch nie einer zurückgekommen von 'nach der Geburt'. Mit der Geburt ist das Leben zu Ende. Punkt. Ende. Aus. Basta.“ Darauf entgegnet der andere Zwilling: „Ich gebe ja zu, dass keiner weiß, wie das Leben nach der Geburt aussehen wird. Aber ich weiß intuitiv, dass wir dann unsere Mutter sehen werden und sie wird für uns sorgen."Das war zu viel. Der erste Zwilling ist entrüstet: „Mutter??? Du glaubst doch wohl nicht an eine Mutter, an so einen Quatsch? Mutter - dass ich nicht lache. Wo ist sie denn bitteschön, Deine Mutter? Häää? Ich sehe sie nicht. Das sind doch alles unbewiesene Hirngespinste, alles Nonsens und esoterisches Gefasel." Der andere Zwilling antwortet ruhig und liebevoll: „Wo sie ist, willst Du wissen? Na hier – überall um uns herum. Wir sind und leben in ihr und durch sie. Ohne sie könnten wir gar nicht sein!" Der erste Zwilling winkt verächtlich ab: „Alles Quatsch! Von einer Mutter habe ich noch nie etwas bemerkt, es gibt keine Beweise für ihre Existenz, also gibt es sie auch nicht." Der andere Zwilling aber weicht nicht von seiner intuitiven Ahnung ab: „Doch, manchmal, wenn wir ganz still sind, kannst du sie singen hören. Oder spüren, wenn sie unsere Welt streichelt...." (nach Henry Nouwen)

Die Wissenschaft ist wie ein heran wachsendes Kind, welches sich ständig neu erfindet, andauernd Neuland betritt und alte Ansichten über den Haufen wirft. Vor Jahrhunderten wusste man nicht, dass die Erde sich dreht, trotzdem tat sie es. Der Mensch wusste nicht, wie sein Körper funktioniert, dennoch funktionierte er. Den Körper interessierte es nicht die Bohne, ob er sich wissenschaftlich erklären ließ. Was ich damit sagen will: Es muss nicht alles wissenschaftlich erklärbar sein, um zu funktionieren, Und genau so verhält es sich auch mit der Intuition. Für mich wird die Wissenschaft niemals das Maß aller Dinge sein (*glücklicher Weise gibt es eine neue Generation von Wissenschaftlern, die sich trauen, alte dogmatische Ansichten hinter sich zu lassen und ihren Horizont zu erweitern).*

Wer keine Lust hat, darauf zu warten, bis die Wissenschaft mit ihren Messgeräten dazu in der Lage ist nachzuweisen, dass die Intuition tatsächlich existiert, der kann schon heute damit beginnen, sie bewusst zu nutzen (so wie es indische Yogis, tibetische Mönche, Shaolin-Meister seit Jahrtausenden schon tun) und mit ihr alle seine Wünsche wahr werden lassen. Die Intuition begreift, dass wir göttlich, dass wir universal, dass wir unendlich sind. Sie weiß, dass wir schöpfen, erschaffen und manifestieren können. Sie pfeift auf logische und wissenschaftliche Erklärungen, denn die Wissenschaft ist weit unter ihr zu Hause.

Ich frage mich oft, wieso man eigentlich alles trennen und kategorisieren will? Es gibt nur EINE Schöpfung, alles ist eins. Es gibt keinen Grund alles aufzuteilen und darüber zu rätseln, ob etwas psychologischer, wissenschaftlicher, außerirdischer oder übersinnlicher Natur ist. Steigen wir ab von unserem intellektuellen Ross und nehmen die Dinge ganzheitlich wahr.

Die Sache mit dem „Beweisen wollen"

Wir müssen niemandem was beweisen, lieber Leser, was wir durch Eigenerfahrungen selbst erfahren haben. Eigenerfahrungen sind keine Sache, die man auf andere Menschen übertragen kann, nein, man muss sie schon selbst erfahren. Es ist ganz einfach nicht unsere Aufgabe, anderen Menschen irgendetwas zu beweisen. Jeder Mensch steht in seiner eigenen Beweispflicht, denn jeder trägt die Verantwortung für sein persönliches Leben(sglück).

Unser Verstand schreit ständig nach Beweisen, er will immer alles intellektualisieren, statt etwas einfach freudig zu erleben. Das Leben sollte aber gefühlt werden, doch viele von uns zerdenken es regelrecht, sie analysieren es „zu Tode". Die Wissenschaft will alles wissen, sie will jedes Geheimnis lösen, sie will alles aufdecken und sie ist perfektionistisch. Mit anderen Worten: Die Wissenschaft ist im Grunde wie eine Neurose. Und warum ist es für unseren Verstand so wichtig, alles zu erforschen und zu beweisen? Alles, was unerforscht bleibt, kann man nicht kontrollieren. Und der Verstand, auf dem die Wissenschaft basiert, ist, wie ich schon schrieb, ein zwanghafter Kontrolleur. Ohne Kontrolle hat er nämlich eine Heidenangst. Ich weiß z.B. nicht in allen Details, welche biochemischen Vorgänge in mir ablaufen, wenn ich mich verliebe. Ich kann auch den Verdauungsvorgang nicht in allen subatomaren Einzelheiten erklären und auch nicht, wie mein Computer genau funktioniert. Können wir eigentlich in letzter Instanz beweisen, dass unser Computer aufgrund elektrischer Impulse funktioniert und nicht etwa, weil ein unsichtbarer Geist aus einer anderen Dimension ihn antreibt? Nein, könnten wir nicht. Können wir beweisen, dass wir wirklich ECHT sind und nicht alle nur Traumgestalten eines schlafenden Riesen sind? Nein, auch das könnten wir nicht. Warum also alles kaputt intellektualisieren? Das ist genau das, was die meisten Menschen z.B. von einem Zen-Mönch unterscheidet. Der Zen-Mönch muss nichts über Quantenphysik wissen, er benötigt keine wissenschaftlichen Beweise, er lebt einfach nach Gefühl. Mir persönlich ist es gar nicht so wichtig, warum meine Intuition existiert und wieso sie mir Botschaften schickt. Hauptsache sie helfen mir, glücklich zu sein. Ich empfinde es als sehr befreiend, nicht alles zerdenken zu müssen und frei zu sein von solch neurotischen Zwängen.

Seien wir Leute der Tat und halten uns den Satz vor Augen: „Probieren geht über studieren." Weniger Theorie, dafür mehr Praxis. Was sollen wir lange darüber reden, lassen wir uns auf unsere Intuition einfach ein, dann erübrigt sich jegliche Diskussion über wissenschaftliche Beweise. Gehen wir die ganze Sache mit dem Herzen an, nicht mit dem skeptischen Intellekt. Alle großen Lehren (z.B. von Jesus, Buddha, Krishnamurti) haben genau aus diesem Grund eine ewige Gültigkeit, weil sie nicht aus dem Verstand gewonnen wurden, sondern aus dem Herzen.

Die feste Grundlage wirklichen Wissens geht verloren, wenn man sich damit zufrieden gibt, alles nur wissenschaftlich und logisch verstanden zu haben.

Unser Glück tut allen gut!

In den folgenden Kapiteln möchte ich Dir nahe bringen, was meine Intuition mir so alles zuflüstert. Dabei handelt es sich um einige meiner Lebensprinzipien, die mich überglücklich machen!!! Da wäre einmal die intuitive Botschaft, dass unser Glück auch allen anderen gut tut.

Die Welt und wir seid eins, lieber Leser, vergegenwärtigen wir uns diese Tatsache bitte immer wieder aufs Neue. Die ganze Welt wird es uns also danken, dass wir unser Glück „machen", denn wir alle profitieren ja davon. Wenn unser Leben uns gut tut, dann tut es dem ganzen Universum gut, es freut sich über unser Glück, weil es sein eigenes ist. Der Wissenschaftler, Erfinder und Philosoph Buckminster Fuller spricht dabei vom sogenannten Präzessionseffekt.

Stellen wir uns als anschauliches Beispiel eines Präzessionseffektes eine Biene vor, die es als ihren Lebenssinn ansieht, Nektar für die Produktion von Honig zu sammeln. Indem die Biene ihrem glücklich machenden Lebenszweck nachgeht, dient sie zugleich einem höheren Zweck. Während sie von Blüte zu Blüte fliegt, bleiben Blütenpollen an ihr haften und sie bestäubt damit Blumen, Bäume und Büsche. Und genau so ist es auch mit unserem Lebensglück, es „bestäubt" alle anderen, es motiviert auch Deine Mitmenschen, ein glückliches Leben zu führen. Unsere Lebensfreude beglückt auf energetischer Ebene immer auch den Rest der Welt!!!

Unser Beitrag, den wir zu einer glücklichen und harmonischen Welt beisteuern können, besteht demnach darin, unsere Herzenswünsche heraus zu finden und sie zu erfüllen, indem wir auf unsere Intuition hören und ihr vertrauen. Und der zweite Teil unseres persönlichen Beitrages besteht darin, andere Menschen darin zu motivieren, es ebenso zu machen. Und das wiederum geht nur dann, wenn wir den ersten Teil erfolgreich gemeistert haben und uns selbst glücklich gemacht haben.

Unsere Herzenswünsche und unser Glück sind ultrawichtig!

Ich bin hier auf der Welt, um das, was ich wirklich bin, auszudrücken, zu leben, in die Welt einzubringen und meine Wünsche wahr zu machen. Jeder von uns flirtet mit seinen Wünschen, aber nur wenige machen aus dem Flirt eine herzliche und innige Beziehung. Betrachten wir unsere Herzenswünsche, als seien sie unsere Kinder. Sie sollten unsere volle Aufmerksamkeit erhalten, wir sollten sie immer wichtig nehmen und sie lieben und würdigen. Herzenswünsche, die man ignoriert, sind wie Bälle, die man unter Wasser drückt. Man kann sie eine Zeit lang unterdrücken und unten halten, aber es ist ihre Natur, wieder nach oben zu schnellen. Sie sind wie ein Vulkan, der ausbrechen will und sich auf Dauer nicht aufhalten lässt. Unsere Wünsche melden sich immer wieder bei uns und wollen er-FÜLLT werden. Wenn wir sie ignorieren, unterdrücken wir unsere Lebensenergie, unsere Lebensfreude, unser Potenzial. Leben wir lieber das aus, was aus uns heraus möchte.

Ich stelle mir manchmal vor, dass viele Menschen nach ihrem Erdenleben im Jenseits ankommen und ein Engel ihnen gaaaanz viele tolle Sachen zeigt, die sie TOTAL begeistern. Und dann teilt der Engel ihnen mit, dass es sich dabei um Wunscherfüllungen handelt, die eigentlich zu ihnen gehören, aber sie sind leider nie bestellt worden. Machen wir uns also ein für allemal klar: **Unser Glück ist von der Schöpfung gewollt.** Darum wird es höchste Zeit, unser Glück und unsere Wünsche ernst zu nehmen.

Wir sind der einzige Mensch; der garantiert vom Lebensanfang bis zum Lebensende bei uns bleibt. Wir nehmen uns überall hin mit und haben somit eine große Verantwortung für uns selbst, für unsere Lebensfreude, unsere Gesundheit, für unsere innere Harmonie und ganz besonders für UNSERE WÜNSCHE. Also gehen wir gut mit uns um, akzeptieren wir uns, seien wir geduldig und machen unsere schönen Träume wahr. Warum sollten wir auf etwas Schönes verzichten oder es aufschieben? Ich werde meine Wünsche nicht aufschieben, nicht einmal eine einzige Minute (es sei denn, meine Intuition rät mir dazu).

Wir alle sind hier auf der Welt, um glücklich zu sein. Und wir sollten nichts und niemandem gestatten, uns dieses Glück zu verweigern. Wenn wir unsere Wünsche unerfüllt lassen, enthalten wir dem ganzen Universum großes Glück vor. Lassen wir unseren Träumen freien Lauf und versuchen immer, sie auch wahr werden zu lassen, befolgen wir unseren Wunsch nach Glück und Freude.

Alle unsere Wünsche sind erfüllbar!

„Wir können entweder auf Zehenspitzen durchs Leben gehen und hoffen, dass das Leben uns nicht zu übel mitspielt, oder wir können uns voll und ganz auf das Leben einlassen, jedes Ziel erreichen und unsere kühnsten Träume verwirklichen.“ (Bob Proctor)

Lieber Leser, auch wenn Du vielleicht der Meinung sein solltest, Du könntest Deine Wunschziele nicht erreichen, weil Du zu wenig Geld, eine zu schlechte Ausbildung, keine Beziehungen oder zu wenig Zeit hast, sage ich Dir klipp und klar: **Selbstverständlich kannst Du Deine Wünsche verwirklichen. Alle Umstände sind völlig uninteressant, wenn Du Deiner Intuition folgst.**

Die Wahrheit ist: Wir können alle einen besseren Job, eine schönere Wohnung, ein größeres Haus, eine eigene Firma, unseren Traumpartner, nettere Nachbarn, eine gesündere Ernährung und mehr Freizeit haben. Es spielt dabei überhaupt keine Rolle, ob wir reich oder arm geboren wurden, welche Hautfarbe, Konfession oder welches Geschlecht wir haben. Ich werde niemals meine Zeit damit verschwenden, zu glauben, es gäbe etwas, was ich nicht schaffen kann, wenn ich es wirklich, wirklich, wirklich will. Geht nicht, gibt es nicht!!! Wir alle tragen das Energiepotenzial in uns, um alle unsere Ziele zu erreichen. Kein Wunsch muss unerfüllt bleiben.

Der 42jährige Franzose Philippe Croizon z.B. hatte den Wunsch, den Ärmelkanal zu durchschwimmen. Also tat er es und zwar in nur 13,5 Stunden. Er glaubte an sich und erfüllte sich seinen Wunsch. Wie sollte es auch anders sein? Und dabei ist das Durchschwimmen des Ärmelkanals gar nicht das, was die ganze Sache zu etwas Besonderem macht. Die Sensation dabei ist nämlich, dass Philippe Croizon keine Arme und Beine hat, und die sportliche Höchstleistung mittels Beinprothesen und Taucherflossen vollbrachte. Dieses Beispiel zeigt, dass wir die Worte „unmöglich“, „unrealistisch“ und „unerreichbar“ aus unserem Vokabular streichen sollten. Was galt früher alles als unmöglich und heute ist es die reinste SELBSTVERSTÄNDLICHKEIT!!! Denken wir nur einmal an all die Erfindungen, die wir heute als „ganz natürlich“ betrachten: Autos, Fernseher, Internet, Küchengeräte, Telefone usw. So unmöglich uns etwas auch erscheinen mag, Fakt ist: Alles ist möglich, alles ist erreichbar, jeder Traum und jeder Wunsch sind erfüllbar!!! Wir leben schließlich in einer Welt ohne Grenzen.

„Ihr seht Dinge, die es gibt, und fragt: ‚Warum?' Ich hingegen träume von Dingen, die es nie gegeben hat, und sage: ‚Warum nicht?'" (George Bernard Shaw)

Ich weiß, dass meine Gedanken meine Realität erschaffen und ich erschaffe mir jetzt mein wundervolles, ideales Leben. Wie schaut es bei Dir aus, lieber Leser? Spürst Du auch die Vorfreude, wenn Du Dir nur für eine einzige Sekunde bewusst machst, dass alle Deine Wünsche wirklich erfüllbar sind? Ein WUNDER-bares Gefühl!!! Und früher oder später werden wir alle voller Begeisterung feststellen, dass Wunder nicht nur möglich sind, sondern dass sie sich wie „auf Kommando" an jedem Tag unseres Lebens ereignen können.

Leben wir spontan

Was ist uns wichtiger? Sicherheit oder Freiheit? Frei sein kann man nur sein, indem man das Leben spontan nimmt. Ich muss nicht alles vorausplanen. Als ich mein erstes Buch schrieb, da legte ich einfach los – ohne Gliederung, ohne einen Plan, mit dem ich auf „Nummer Sicher" ging. Nein, ich ließ einfach alles ins Buch einfließen, was wie von allein aus mir raus strömte. Meinen Verstand ließ ich dabei komplett außen vor. Man kann auch sagen, dass meine Intuition das Buch schrieb und ich einfach nur stiller Zeuge des Ganzen war.

Intuition macht feste Regeln überflüssig. Wenn ich abends das Gefühl habe, an einem Buch weiter zu schreiben, dann mache ich es abends. Ich gehe nicht nach einer Regel vor, die bestimmte Zeiten vorschreibt, sondern nach meinem individuellen Rhythmus, nach meiner Intuition. Jeder von uns sollte nach seinem Rhythmus leben, nicht nach Vorschriften und Regeln. Wann küsst Du Deinen Partner? Nach festen Tageszeiten? Um 8 Uhr morgens? Nachmittags? Abends um 20 Uhr? Oder wenn ein Impuls in Dir Dich dazu motiviert?

Ich war lange Zeit nicht bereit, mutig und spontan zu leben, stattdessen machte ich jahrelang alles nach „Schema F“ und plante immer alles bis ins allerkleinste Detail voraus, so dass ich gar nicht dazu kam, das Leben wirklich zu genießen. Heute ist das anders und ich kann mich dem Fluss des Lebens überlassen. Dadurch ist jeder einzelne Tag eine Premiere, bei der ich mir etwas Neues wünsche.

Es ist anstrengend, etwas Neues zu entdecken. Also ziehen wir es vor, zu bleiben, wie wir sind. Und da liegt die eigentliche Schwierigkeit. (Krishnamurti)

Das Zitat will uns damit sagen: Seien wir spontane Lebensunternehmer, offen, neugierig, risikobereit, intuitiv und lassen uns auf Neues ein. Halten wir Ausschau nach Abenteuern und allem was uns so richtig erfreut, was uns fasziniert und begeistert. Je spontaner wir sind, desto mehr befähigen wir uns, unsere innere Bilderwelt und unsere innere Stimme wahrzunehmen. Intuitiv leben heißt spontan leben

Seien wir unser eigener Chef!

Richtig glücklich sein kann man nur, wenn man absolut frei ist, wenn das Leben sich in freien Bahnen bewegt. Wahre Lebensfreude kann sich immer erst in Freiheit entfalten. Und frei können wir nur dann sein, wenn wir die volle Verantwortung über unser Leben übernehmen und unser Leben, unsere Ziele, unsere Wünsche selbst bestimmen. So gut die Absichten mancher Mitmenschen auch sein mögen – sie wissen trotzdem nicht besser als unsere Intuition, was gut für uns ist. Deshalb sollten in unserem Leben WIR die Puppen tanzen lassen – und zwar ganz bewusst! Soll heißen: Wenn wir uns schon führen lassen, dann bitteschön von unserer Intuition.

„Intelligenz, die voll erwacht ist, ist Intuition, und Intuition ist die einzig wahre Führung im Leben.“ (Krishnamurti)

Wir brauchen niemanden, der uns sagt, wie wir zu leben, wo wir zu wohnen und wen wir zu wählen haben. Wir benötigen keinen Menschen und keine Organisationen, die uns vorzuschreiben versuchen, was gerade IN und was OUT ist, was man darf und was nicht, welche Mode gerade getragen werden soll und woran wir zu glauben haben. Alle Lebensumstände sind würdig, uns zu unterstützen, aber nichts und niemand ist dazu da, um unser Herr zu sein.

ICH bin intuitiv und ich gehöre mir selbst. ICH entscheide für mich, was ich mache, wie ich es mache und warum ich es mache. Ich beschließe selbst, woran ich glaube, wie ich mit Krankheiten umgehe, worauf ich meinen Fokus lenke und wie ich mich ernähre. Und dank meiner liebevollen Intuition treffe ich die Entscheidungen, die mich und meine Mitmenschen glücklich machen.

„Warte nicht auf jemanden, der dir Anweisungen erteilen soll, oder auf einen Vorgesetzten; tu das Gute allein, von Mensch zu Mensch.“ (Mutter Theresa)

Wenn wir unser Lebensglück entwickeln wollen, dann ist es erforderlich, zum Chef über das eigene Leben zu werden, alle „Möchtegern-Chefs“ im Außen mit ihrer erdrückenden Scheinmoral, mit der sie Druck erzeugen, links liegen zu lassen und uns unserer Intuition anzuvertrauen, die besser als jeder andere weiß, was uns gut tut und wie wir unser Leben gestalten sollten.

Mir fällt kein einziger Grund ein, weshalb ich Mitglied einer Religion, einer Sekte, einer verstaubten Tradition, einer politischen Richtung (Naturvölker haben noch nicht einmal eine Bezeichnung für Politik) oder sonst irgendeiner Ideologie sein sollte. Ich muss nicht dazu gehören, ich bin kein Rädchen im Getriebe einer Maschinerie, die mit meinem Glück nicht das Geringste zu tun hat. Was also soll ich damit? Ich habe keine Verwendung für so etwas. Auch sehe ich keinen Grund, irgendeinem Guru hinterher zu laufen. Dafür bin ich viel zu sehr in mir selbst verwurzelt. Das wäre so, als würde ich im Auto sitzen, mein Navigationsgerät ignorieren und dafür den Anweisungen des Navigationssystems meines Nachbarautos Folge leisten, welches aber ein ganz anderes Ziel hat als ich.

Wenn uns die Realität anderer Menschen (teilweise) gefällt, dann können wir sie gerne gemeinsam leben (z.B. in einer Partnerschaft). Passt sie uns aber nicht, dann sollten wir sie uns nicht wie einen Stempel aufdrücken lassen.

Wenn unsere Schwingung uns vor Lebensproben stellt, dann wird uns keine Organisation helfen können, nur wir selbst können uns auf Dauer helfen. Wir sind auf energetischer Ebene zwar alle eins und bestehen alle aus demselben „Urstoff", aber wir haben uns auch alle dafür entschieden, in einem eigenen Körper auf die Welt zu kommen. Wir haben das deshalb gemacht, weil wir unser Leben selbst meistern wollen, weil wir keinen Chef über uns haben wollen, der uns sagt, wo es lang geht. Und wir werden unser Leben auch selbst meistern, wir werden alle in Eigenregie die Meisterschaft über unser Leben erlangen. Und wer ein Meister des Lebens ist, der kann nicht gleichzeitig der Gefolgsmann von jemand anderem sein. Selbst dann, wenn ein anderer Mensch uns auf die richtige Fährte bringt, so war es nicht diese Person, die uns geholfen hat, sondern unsere Intuition. Die Person war im Grunde eine Art indirektes Mittel zum Zweck, die sich gar nicht bewusst ist, wie sehr sie uns weiter geholfen hat.

Erst ein freies und selbstbestimmtes Leben ist ein Leben zum eigenen Wohle und zum Wohle aller. DU darfst selbst entscheiden, wie Du LEBEN und was Du ERLEBEN willst. Die Essenz des Lebens ist nie Zwang, deshalb machen wir uns klar, dass wir nichts MÜSSEN.

Jeder hat seinen eigenen Weg

Niemand muss bekehrt werden, niemand von uns braucht einen „Bevormunder", der uns sagt, wo es lang geht. Du bist frei, lieber Leser, und es ist DEIN Leben, also gestalte es nach DEINEN Wünschen!!! Ich stelle mir das Leben jedes einzelnen Menschen als einen Fluss vor, der in seinem eigenen individuellen Tempo fließt und sich eines Tages in den Ozean ergießt. Es gibt unzählige Flüsse und jeder nimmt einen anderen Weg zur großen Quelle. Wir alle gehen verschiedene Entwicklungswege, obwohl wir alle den gleichen Ursprung und das gleiche Ziel haben. Einen Berg z.B. kann man aus allen vier Himmelsrichtungen besteigen, es führen viele Wege auf den Gipfel und so ist es auch mit dem Lebensglück. Es gibt unendlich viele Wege dahin und keiner ist identisch mit einem anderen. Es ist auch keiner besser oder schlechter als der andere, sie sind nur verschieden.

Der Ozean möchte erfahren, was ein Berg ist. Also gibt er einigen Wassertropfen die Möglichkeit, sich freiwillig von ihm zu trennen und in Form von Wasserdampf zum Berg zu reisen. Als sie über dem Berg angekommen sind, landen sie in Form von Regentropfen auf dem Gipfel des Berges und beginnen dort ihre Entdeckungsreise. Oben gefrieren sie zuerst, tauen dann auf und jeder Wassertropfen nimmt einen anderen Weg. Ein Wassertropfen begibt sich in eine kleine Quelle, ein anderer vereint sich mit einem großen See und wieder ein anderer wird Teil eines Baches. Nach einer Weile kehren alle wieder zurück zum Ozean und jeder erzählt eine andere Geschichte über genau den gleichen Berg. Wessen Weg war besser? Keiner. Alle sind gleich bedeutend. (Weise Geschichte)

Ist derjenige, der täglich meditiert, auf dem richtigen Weg, während derjenige, der noch nie meditiert hat, auf dem Holzweg vor sich her stolpert? Ich sehe das nicht so. Ein Zen-Mönch sitzt und meditiert viel, Mutter Theresa machte viel in der Außenwelt. Ich finde, wir sollten keinen dieser Wege abwerten, sondern beide achten. Wir müssen niemanden nach unseren ureigenen Maßstäben ändern und umerziehen. Buddha z.B. war für seine Eltern, seine Frau und seine Freunde ein Totalversager, weil er ein Bettler wurde. Aber er kümmerte sich nicht um die Maßstäbe seiner Eltern. Hören wir nicht auf Stimmen von außen, sondern auf die Stimme unserer Intuition. Gehen wir einfach den Weg, den uns unsere Intuition weist.

Wenn wir jemandem helfen wollen, seinen eigenen Weg des Glücks zu finden, dann sollten wir nicht missionieren und quatschen, sondern das vorleben, was uns glücklich macht. Daraus können andere Menschen für sich etwas verwerten und ihr Leben besser meistern. Es gab viele zweifelnde Stimmen aus meinem Umfeld, als ich mein erstes Buch schreiben wollte. Erst „wussten" sie, dass es besser sei, ich soll kein Buch schreiben, und als es dann ein Erfolg wurde, da waren es dieselben Leute, die nun alle besser wussten, was ich als nächstes schreiben sollte. Mich ließ das kalt und ich zog mein Ding durch. Wenn Arnold Schwarzenegger in seiner Jugend allen seinen Freunden erzählt hätte, dass er Mister Universum werden will, die dadurch entstehende Popularität für den Sprung nach Hollywood nutzen wird, um von dort aus in die Politik zu wechseln, hätte ihm sicher kein Mensch geglaubt. Also wozu lange reden? Worte sind hier nur Schall und Rauch. Arnold Schwarzenegger realisierte seine Wünsche und plötzlich eiferten ihm Millionen Menschen nach, das Bodybuilding wurde durch ihn unheimlich populär und er hatte unzählige Fans. Verplempern wir unsere Zeit nicht damit, andere Leute mit Worten zu überzeugen. Hätte Arnold sich auf den Marktplatz gestellt und nur geredet, hätte ihm kaum jemand dauerhaft Gehör geschenkt. Aber sein Leben selbst wurde zu einer unmissverständlichen Aussage, die für sich selbst spricht (unabhängig von seiner politischen Richtung). Er sprach nicht mit Worten, er sprach mit Taten.

„Warum kümmerst Du Dich um den Splitter im Auge Deines Bruders und bemerkst nicht den Balken in Deinem eigenen?“ (Bibelzitat)

Da wir alle uns stetig weiter entwickeln, ist es nie auszuschließen, dass auch wir eines Tages ganz andere Wege ausprobieren als die, welche wir jetzt beschreiten.

Wir sind mächtige Schöpfer

„Ist es nicht traurig, dass Du die Flügel mit Deinen eigenen Händen brichst und es zulässt, dass Deine Seele wie ein Insekt auf dem Boden kriecht?“ (Khalil Gibran)

Wir alle sind mächtige Schöpfer, die jeden Tag erschaffen, manifestieren und kreieren. Dank dieser Macht können wir uns das Leben so einrichten, wie es uns gefällt. Es ist totaler Unfug, wenn wir uns selbst als klein und hilflos wahrnehmen. Es gibt nichts Größeres und Wichtigeres, denn wir alle sind eins und gleich wichtig. Die ganzen Weltlehrer wie Jesus (der sich selbst immer wieder Menschensohn nannte) und Buddha lehrten uns alle, dass sie nicht besser oder höher gestellt sind als wir. Und sie erklärten uns alle, dass wir genau die gleichen Wunder machen können wie sie auch. Die Schöpfungsenergie steht uns in unendlicher Fülle zur Verfügung, die „Urkraft“ befindet sich in jeder einzelnen Zelle von uns, wir alle sind mit der Macht ausgestattet, um „Herr über die Materie“ zu sein, um aus unserem Leben ein Paradies zu machen. Im Grunde brauchen wir keine Hilfsmittel, um auf unserer Welt für paradiesische Zustände zu sorgen. Wir haben alles, was man dafür benötigt, in uns – und das hatten wir schon immer. Jesus, Hermes Trismesgistos, Buddha, Ramtha und etliche andere haben es uns alle mehr als einmal vorgeführt.

Also resignieren wir nicht, wenn unsere Lebensumstände vielleicht gerade chaotisch sind. Wir alle sind Realitätsgestalter und wenn uns die derzeitigen Umstände nicht gefallen, liegt es an uns, sie zu verändern. Mag es noch so chaotisch zugehen in der Welt, wenn wir innerlich positiv schwingen, kann uns da draußen nichts Negatives treffen.

„Womit wir auch im Leben konfrontiert werden, welche Herausforderungen oder Hindernisse auch immer auftauchen, solange wir uns nach innen unserem Herzen zuwenden, anstatt zuzulassen, dass die äußeren Umstände uns überwältigen – dann werden wir geführt und beschützt, weil das der natürliche Plan ist.“ (Sonia Choquette)

Wir sind derart mächtig, dass es weit über unsere persönlichen Vorstellungen hinausgeht. Ich meine, HEY – wir erschaffen Realitäten. Dagegen kommt nicht einmal Supermann an. Verinnerlichen wir uns diese Macht in ihrer vollen Tragweite!!! Und betrachten wir unsere natürliche Macht nicht als etwas Negatives, den sie gehört so selbstverständlich zu uns, wie auch unsere Augen und Ohren zu uns gehören. Macht ist weder gut noch schlecht, sie IST einfach nur. Sie ist etwas ganz Neutrales, ebenso wie ein Gebrauchsgegenstand. Ein Tennisschläger kann auch nichts dafür, wenn er zu einer Mordwaffe missbraucht wird. Es liegt immer an uns, ob wir unsere Schöpfermacht in Liebe oder ohne Liebe einsetzen. ICH wähle den Weg der Liebe, der Freude, des Glücks!!!

Dein Glück bestimmst nur Du. Deshalb hast Du die Macht, alles an Dir oder Deinem Leben zu ändern, was Du möchtest.“ (Barbara de Angelis)

Nehmen wir uns selbst in Liebe an

„Ich wünsche Ihnen, dass Sie entdecken, was für ein liebenswerter Mensch Sie selbst sind!“ (Matthias Hipler)

„Das Glück Deines Lebens hängt von der Beschaffenheit Deiner Gedanken ab“, sagte bereits Marc Aurel. Dabei zählen besonders die Gedanken, die man sich selbst gegenüber hat. Selbstliebe ist das Zauberwort, sie ist der Schlüssel zu einem Leben, welches vor lauter Glück und Freude übersprudelt. Wer sich selbst liebt, der strahlt die glücklichste und harmonischste Schwingung aus, die in diesem Universum möglich ist. Dann kann das Leben gar nicht anders, als Dich mit erfüllten Wünschen, Geschenken und Wundern zu überhäufen.

Es ist überhaupt kein Geheimnis, worüber wir hier sprechen. Schon in der Bibel steht: *„Liebe Deinen Nächsten wie Dich selbst“.* Anders ausgedrückt: Wenn Du Dich nicht selbst liebst, wirst du Probleme haben, andere Menschen, die Welt und das Leben zu lieben. Es gab eine Zeit, in der meine Selbstliebe derart geschrumpft war, dass man sie selbst mit einem Mikroskop nicht gefunden hätte. Heute ist es anders und ich gehe durchs Leben wie ein Verliebter. Und wir alle kennen das Gefühl: Wenn wir verliebt sind, dann ist die Welt eine ganz andere Welt. Alles ist wie verzaubert. Alles ist supermegaklasse und selbst die langweiligste Beschäftigung fliegt nur so von der Hand. Das Glück braucht man nicht mehr zu suchen, nein, das Glück kommt zu uns bzw. wir selbst werden zu Glück!!! Egal, wie alt man ist, man fühlt sich jung, schön und stark, man geht mit glücklichem Lächeln und erhobenem Haupt durchs Leben. Ja, SO macht das Leben einfach Spaß.

In wen ich mich verliebt habe?

IN MEIN EIGENES LEBEN!!!!!

Ich fühle mich wohl in meinem Leben, ich fühle mich wohl in meiner Haut und ich fühle mich wohl in meinem Inneren. Und ich kann Dir sagen: Sich selbst zu lieben ist der Anfang einer wunderbaren

Freundschaft bis zum Lebensende! Man kann sich in diesem Zustand selbst verzeihen, man gönnt sich das Schönste vom Schönen, man sieht in allem das Gute und Positive, man ist durchweg zuversichtlich und optimistisch. Und mit einer solchen inneren Einstellung sieht man keine Grenzen. Man weiß, dass man alles schaffen kann, denn die Schwingung der Liebe ist grenzenlos. Man traut sich soooo viel Gutes zu. Man weiß, dass man diese Welt liebt und dass die Welt einen auch liebt. Und man nimmt sich vor, die Welt besser zu verlassen, als man sie vorgefunden hat. Das ist der Weg, den meine Intuition mir weist. Und das Tolle ist, dass Intuition und Selbstliebe ineinander übergehen und sich ergänzen.

„Liebe ist ein innerer Zustand, der es uns erlaubt, unserem leben mit mehr Verständnis zu begegnen. Wenn wir lieben, erkennen oder schaffen wir Möglichkeiten, an die wir vorher nicht gedacht haben.“ (Laura Day)

„Wenn Sie ein intuitives Leben führen, leben Sie mit einem offenen Herzen. Mit anderen Worten: Sie werden verpflichtet, sich selbst zu lieben, und sind damit einverstanden, die Liebe und den Reichtum anzunehmen, den das Universum Sie erleben lassen will.“ (Sonia Choquette)

Schritt für Schritt

„Das gute Gelingen ist zwar nichts Kleines, fängt aber mit Kleinigkeiten an.“ (Sokrates)

Unsere Intuition so zu schulen, dass wir sie jederzeit wahrnehmen können, ist keine Sache von wenigen Minuten oder Stunden, und auch kein Ereignis über Nacht. Wenn wir unsere Wahrnehmung zu unserer Intuition verbessern wollen, dann ist das eine Frage von Zeit und Geduld, es ist ein Prozess der ständigen Verfeinerung. Hinter jedem Erfolg steht eine mehr oder weniger lange Phase des Übens, denn Übung macht den Meister. Wenn ich z.B. einen Nagel mit dem Hammer in ein Holzbrett schlage, dann mache ich das nicht mit einem einzigen Schlag. Das ist auch gar nicht meine Aufgabe, wichtig ist es, beständig zu bleiben. Solange ich immer wieder auf den Nagel hämmere, wird er früher oder später in das Holzbrett eindringen. Bleiben wir einfach dran. Wenn wir jeden Tag ein paar Wassertropfen in einen Eimer gießen, wird er früher oder später gefüllt sein. Es ist wirklich eine ganz einfache Angelegenheit und hat schlicht und ergreifend mit Ausdauer und regelmäßiger Wiederholung zu tun: Der effektivste Weg ist der, mit kleinen Dingen zu beginnen und sich selbst nicht unter Druck zu setzen.

Wenn wir von einer Blume fordern, sie solle schneller wachsen, wird das nichts bringen. Alles im Leben, jedes Wunder braucht seine Zeit UND den richtigen Zeitpunkt. Wenn ich in die dritte Etage hoch gehen will, dann gehe ich Stufe für Stufe hoch. Ich schaffe es nicht mit einem Sprung alle Stufen hinter mir zu lassen. Und wenn ich es doch versuchen sollte und nicht schaffe, dann gebe ich nicht resigniert auf. Nein, dann weiß ich höchstens: *„Aha, SO geht es also nicht."* Aber das ist noch lange kein Grund um aufzugeben. Wir alle sind Menschen, keine Riesen, also brauchen wir auch keine Riesenschritte zu machen. Es reicht, wenn wir in unserem individuellen Tempo einen Schritt nach dem anderen machen, einen Fuß vor den anderen setzen und dran bleiben, dann wird sich uns der richtige Weg immer mehr offenbaren. Bedeutende Veränderungen ereignen sich meist in kleinen, unauffälligen Schritten. Oft stellen wir erst im Nachhinein fest, was wir da geschafft haben.

„Erfolg ist die Summe aller kleinen täglichen Schritte." (Robert Collier)

Gehen wir manchmal schnell, manchmal langsam vor. Ganz so, wie es sich für uns richtig anfühlt! Wenn wir ein angestrebtes Ziel nicht in dem gewünschten Tempo erreichen, dann sagen wir uns einfach, dass das einen tieferen Sinn hat. Womöglich würde es uns nicht gut tun, wenn wir das Ziel zu schnell erreichen würden. Der Weg dauert vermutlich deshalb so lange, damit wir während des Voranschreitens die erforderliche Reife erlangen, die wir dafür benötigen, um mit dem erreichten Zielzustand überhaupt zurecht zu kommen. Also nur keine innere Hektik entwickeln, das wäre nämlich absolut kontraproduktiv. Und fürchten wir uns auch nicht vor Rückschlägen, denn sie sind wie Wegweiser, die uns darauf hinweisen, woran es noch hapert. Kein

Mensch auf dieser schönen, weiten Welt hat in allen Lebensbereichen eine gleich starke intuitive Wahrnehmung. Der eine hört seine Intuition in beziehungstechnischen Angelegenheiten besser, der andere in beruflichen oder gesundheitlichen. Machen wir uns deshalb nicht verrückt, sondern bleiben vergnügt, locker und gelassen am Ball.

Betrachten wir das Ganze als Spiel. Wenn ich ein Spiel spiele, dann kommt es mir nicht darauf an, ob ich gewinne oder verliere. Das Spielen tut mir gut, ich genieße es und deshalb spiele ich das Spiel. Dabei gehe ich nach meinem eigenen Rhythmus vor. Und auf diese Weise entsteht kein Leistungsdruck in mir. SO lernt man mit „Spaß an der Freud“ ☺.

Es ist noch ein gutes Stück bis zur absolut störungsfreien Kommunikation mit unserer Intuition, aber es ist noch lange nicht so weit entfernt, wie Du vielleicht denkst, lieber Leser.

Auf zu neuen Ufern

Unsere Neugeburt

Dank meiner intuitiven Wahrnehmung ließ ich viele Dinge los: Bekanntschaften, Partnerschaften, meine früheren Essgewohnheiten, mein gesamtes Weltbild. Und für alles, was ich losgelassen hatte, bekam ich etwas viel Schöneres. Und das alles ist noch lange nicht beendet, sondern geht immer weiter und macht einen Riesenspaß. Ich wurde „Geistes-gegenwärtig“, wurde quasi neu geboren – innerlich. Mein Bewusstsein veränderte sich total. Es war im Grunde wie eine beschleunigte, innere (R)Evolution, sozusagen eine „Involution“.

Und ich kenne zig Leute, denen es ebenso erging wie mir. Was ist mit uns geschehen? Ganz einfach: Wir sind nicht mehr dieselbe Person wie vorher. Etwas ist passiert: Wir denken anders, wir fühlen anders, wir nehmen anders wahr, wir werden bewusster und sehen die Wahrheit. Wenn ich von Bewusstheit und Wahrheit rede, dann meine ich damit, dass wir uns nicht ausschließlich auf unsere Sinne reduzieren. Unsere Intuition schaut hinter den Schein und dank ihr werden wir freier und selbstbewusster, wir begreifen uns selbst besser, besinnen uns auf uns selbst und lösen uns von äußeren Ablenkungen, wir erkennen unsere wahren Lebenswünsche und –absichten. Alle Zweifel in uns verflüchtigen sich. Wir verstehen unser Leben und können es steuern, weil wir unser inneres Navigationssystem eingeschaltet haben, es hören und seine Botschaften be-HERZ-igen.

„Wir aber werden die werden, die wir sind - die Neuen, die Einmaligen, die Unvergleichbaren, die Sich-Selbst-Gesetzgebenden, die Sich-Selber-Schaffenden.“ (F. Nietzsche in ecce homo)

Wir erhalten ganz neue Ideen und Einfälle, um lange bestehende Probleme und Schwierigkeiten ganz anders anzugehen und zu lösen. Und das ist noch lange nicht alles, denn wir werden durch unsere Neugeburt zu dem wissenden Wesen, das wir eigentlich immer schon waren. Und zu unserem Leben gehören dann:

Ein authentisches Gefühlsleben

Wir leben wieder GEFÜHL-VOLL. Wir unterdrücken unsere Gefühle nicht mehr mit dem Verstand, sondern leben sie authentisch aus, nehmen sie wahr, akzeptieren sie als unsere Wahrheit und bekommen dafür ein erstklassiges Leben geschenkt.

Vertrauen ins Leben

Wir folgen unserem inneren Ruf unbeirrt und ohne Risikoscheu. Unser Sicherheitsbedürfnis rutscht auf unserer Prioritätenliste ziemlich weit nach unten, während wir dem Leben selbst immer mehr Vertrauen entgegenbringen. Unser Alltag wird dadurch leichter und viel lebenswerter. Wir machen mit Leichtigkeit genau das, wovon wir spüren, dass es genau JETZT das Richtige für uns ist. Ganz egal, welche Risiken damit verbunden sind.

Durchblick

Wir wissen, was gut für uns ist und was nicht. Wir sehen plötzlich Dinge und Zusammenhänge, die unserer früheren Sichtweise verschlossen waren. Wir lernen zu differenzieren und die Schwarz-weiß-Sicht abzulegen, gleichzeitig werden unsere Entscheidungen allumfassender. Wir spüren automatisch, welche Menschen, Arbeiten und Hobbys wir in unser Leben lassen wollen, wonach wir suchen sollten und was wir auf jeden Fall meiden müssen, weil es uns nicht gut tut. Damit erheben wir unsere Lebensqualität in ungeahnte Höhen.

Das Erkennen unseres Lebenssinnes

Wir lernen zwischen echten Lebenswünschen und schädlichen Ego-Bedürfnissen oder von der Gesellschaft übernommenen Pseudo-Wünschen zu unterscheiden. Dadurch finden wir zu uns selbst zurück. Und wir wissen, dass wir alle unsere Wünsche realisieren können, ganz egal, wie die Umstände gerade sind und in welchen Sachzwängen wir uns gerade befinden. Dadurch führen wir ein mit einem glücklich machenden Sinn erfülltes Leben.

Innere Ruhe und Ausgeglichenheit

Wir bleiben ganz selbstverständlich wir selbst, bleiben in Extremsituationen gefasst und ausgeglichen, lassen uns nicht aus der inneren Ruhe bringen. Wir machen keine großen Augen mehr und verfallen nicht mehr in Panik, sondern wissen ganz genau, wie wir vorzugehen haben.

Selbstbestimmung

Es gibt keine Chance mehr für Andere, uns zu manipulieren oder uns zu etwas zu überreden, was uns nicht gut tut. Wir sind nicht länger fremdbestimmt, weil wir zur Fremdbestimmung nicht länger resonanzfähig sind. Das ist das befreiendste, was man erleben kann.

Eine machtvolle Lebensweise

Wir er-INNERN uns wieder an unsere natürliche Schöpfermacht und dehnen uns in immer weitere Bereiche aus. Dabei begnügen wir uns nicht mehr damit, nur noch passiv und träge durchs Leben zu gehen, sondern gestalten unser Leben aktiv unserem Potenzial entsprechend und nach unserem Willen.

Herrliche Zukunftsaussichten

Wir wissen genau, wie wir das HEUTE zu meistern haben, um ein glückliches MORGEN zu erleben. Mit solch einer von der Intuition unterstützten Lebensweise werden ganz neue, wunderbare, fantastische Dinge in unserem Leben geschehen – vollkommen unabhängig von irgendwelchen äußeren Umständen.

Fazit: Wir entwickeln eine ganz neue Beziehung zu unserem Leben, eine viel persönlichere. Erst durch unsere Intuition verstehen wir die Sprache des Lebens und uns wird immer bewusster, dass wir ein unentbehrlicher und untrennbarer Teil der Schöpfung sind (die Trennung gab es nie, außer in unserer Wahrnehmung). Wie kann ich es noch verständlicher ausdrücken? Wir schwimmen mit dem Fluss des Lebens, wir werden Meister des Lebens, wir erringen Meisterschaft über unser Sein, wir können endlich wahrhaftig leben (wirklich nach UNSERER Wahrheit leben). Wir sind in der Lage, in vollem Bewusstsein ein neues Lebensdrehbuch zu schreiben.

Wie sang Pippi Langstrumpf einst? *„Ich mach mir die Welt, wie sie mir gefällt!“* Und das können wir alle gemeinsam auch. Fangen wir dazu mit unserem eigenen Leben an.

Glück in der Liebe - Reichtum und Überfluss - Gesundheit und Schönheit - Weisheit und Erfüllung. All das wartet auf uns, wenn wir es wirklich (ohne Zweifel) wollen und wenn wir unserer Intuition vertrauen.

Das Wissen des Universums steht uns zur Verfügung.

Das höhere Selbst

„Es gibt einen großen Meister, der wohnt in Deinem Herzen. Richte Deine Blicke nach innen, entziehe Deine Sinne der Außenwelt und suche seine Hilfe.“ (Swami Sivananda)

Zum Schluss wird es noch einmal richtig „übersinnlich“. Okay, wir wissen soweit also: Wir alle beherbergen eine verborgene und wunderbare Kraft namens Intuition in uns, die nur existiert, um uns ein glückliches Leben zu ermöglichen. Das ist ihr Job. Bleibt noch die Frage zu klären, wer es denn nun eigentlich GANZ GENAU ist, der uns per Intuition immer wieder anfunkt. Woher kommt die Intuition eigentlich, wessen Stimme ist sie, wer ist ihr Auslöser, ihr Impulsgeber?

Esoterische Schriften weltweit sind sich einig: Unsere Intuition kommt aus dem bereits erwähnten morphogenetischen Feld, welches man auch als Metabewusstsein bezeichnen kann. Ein Teil dieses unendlichen und grenzenlosen Metabewusstseins ist das sogenannte höhere Selbst (oder auch das innere Wesen, das erweiterte Selbst oder auch das göttliche Selbst), also der Teil von uns, der sich seiner universalen Göttlichkeit noch bewusst ist und eine Quelle des absoluten Wissens darstellt. Wie wir es nennen, ist egal, wir können es meinetwegen auch Snoopy, Alf oder Garfield nennen, wichtig ist dabei nur, dass wir uns klar machen: Wenn wir physisch geboren werden als Mensch, ist unser Bewusstsein nicht nur im Babykörper, sondern der weitaus größere (und weisere) Teil davon befindet sich ausgedehnt in Raum und Zeit. Das höhere Selbst ist im Grunde das, was wir „im WESEN-tlichen“ sind.

„Als geistiges Wesen lebt der Mensch zuerst auf anderen Seinsebenen.“ (Pythagoras)

Und wie schon erwähnt: Diese kosmische Version von uns ist die höchste Form von Intelligenz, die man sich nur vorstellen kann. Demnach ist festzuhalten: Unsere Intuition ist das Sprachrohr, der „Informationsträger“ oder auch die Telefonverbindung des höheren Selbst, und wir leben im Grunde in zwei (bzw. in mehreren) verschiedenen Welten gleichzeitig. Der „kleinere“ Teil von uns hat sich als unser Körper hier auf Erden manifestiert, während der größere Teil über uns wacht. Wir sind also weniger ein Mensch, der eine spirituelle Erfahrung macht, sondern vielmehr ein unendliches, spirituelles Wesen in einer vorübergehenden materiellen Existenz, die eine menschliche Erfahrung macht.

Der physische Körper ist, wie wir alle wissen, nur etwas Vorübergehendes, wohingegen das höhere Selbst unsere wahre Natur darstellt. Sobald der Bewusstseinsanteil, der im physischen Menschenkörper steckt, Zugang bekommt zu dem Teil unseres Bewusstseins, welches seine wahre unsterbliche Identität nicht vergessen hat, öffnen wir uns dem Wissen, welches uns ein glückliches Leben beschert. Umgangssprachlich würde ich einfach sagen, dass das höhere Selbst den vollen Durchblick hat und wir uns deshalb mit ihm verbinden sollten.

Nun mag der eine oder andere Leser sich vielleicht fragen, wie es möglich ist, dass ein Teil von uns hier auf Erden weilt, während ein anderer Teil von uns woanders ist. Im Grunde ist das gar nicht so schwer zu verstehen. Ein Bewusstsein ist im Gegensatz zum physischen Körper räumlich und zeitlich nie begrenzt. Genauer gesagt: Unser Bewusstsein ist von Natur aus mehrdimensional. Es existiert in verschiedenen Dimensionen gleichzeitig. Was aber ist eigentlich eine Dimension? Licht und Schall z.B. können denselben Raum einnehmen, ohne sich gegenseitig zu behindern. Warum? Weil sie anders schwingen und sich in verschiedenen Schwingungsebenen (oder Dimensionen) befinden. Auch die Traumwelt kann man als eine andere Dimension bezeichnen. Da wir (fast) alle von Geburt an nach einem materialistischen Weltbild geprägt wurden, fällt es vielen Menschen heute nicht leicht, mit dem Konzept eines höheren Selbst oder verschiedener Dimensionen klar zu kommen. Unsere Sinnesorgane nehmen nämlich nur einen begrenzten Ausschnitt der Realität wahr, sie sind nur auf EINE Dimension ausgerichtet, nämlich auf das Leben in der „materiellen“ Welt. Deshalb können wir mit ihnen so vieles nicht wahrnehmen.

Wir leben also in mehreren Welten zugleich und unsere materielle Welt ist nur eine von vielen Welten. Die Schöpfung vereint unzählige Realitäten, Universen und Daseinsebenen, es gibt zahllose Schwingungsebenen, welche sich gegenseitig durchdringen, wie z. B. die Mentalebene (Gedankenwelt) und die Astralebene (Gefühlswelt). Die höchste ist vermutlich die Ursprungs-Quelle, aus der wir alle kommen.

Das Konzept des höheren Selbst ist übrigens nichts Neues. Das, was wir als höheres Selbst bezeichnen, kennt man seit Jahrtausenden und man hat viele Namen dafür: „Geistiger Führer" oder „sechster Sinn" bei den Okkultisten, „Purusha" in den Upanishaden, „Überselbst" bei den Esoterikern, „Fylgjur" bei den alten Germanen, „transzendentales Subjekt" bei den Spiritualisten, „Es" bei den Psychoanalytikern, „Genius" bei den Künstlern, „überschattender Genius" bei den Theosophen, „Brahma" (Weltseele) bei den altindischen Philosophen, „Fünklein" bei den Mystikern, „innerer Guru" bei Yogapraktikern, „Engel" bei Sehern, „Gottfunke" oder „Schutzengel" bei den verschiedenen christlichen Bekenntnissen, „schöpferische Kraft in uns" oder „Über-Ich" in der modernen Philosophie, oder „inneres Licht" bei den Quäkern. Ob wir es nun unser höheres Selbst, Gott, das Universum oder sonst wie nennen, lässt unserem neurotischen Verstand vielleicht keine Ruhe, aber MIR persönlich ist es gleich – GÜLTIG.

Das Anliegen des höheren Selbst

Kommen wir zum wirklich Wesentlichen: Was will das höhere Selbst? Es hat unser Glück, unser Wohlergehen und unser inneres Wachstum im Sinn. Aufgrund einer höheren Perspektive weiß das höhere Selbst besser als wir auf Erden, wie wir glücklich und erfüllt leben können (was nur logisch ist: Wenn ich auf einem Baum sitze, kann ich weiter sehen, als wenn ich auf der Erde bin). Bei jeder Entscheidungsfindung kommuniziert es mit uns über unsere Intuition. Es sendet uns Gefühle, Träume, Eingebungen, Personen, innere Bilder, bestimmte Situationen, um uns den richtigen Weg zu weisen. Wir erhalten ständig Botschaften aus den „höheren" Ebenen, das gehört zu unserer Natur.

„Die Verbindung mit dem inneren Selbst, dem uns innewohnenden Wesen, ist das einzige sichere Fundament, auf dem man sein Leben aufbauen kann." (Swami Sivananda)

Intuition geschieht unbewusst

Die Verbindung zwischen uns und dem höheren Selbst erfolgt über unser gigantisch großes Unterbewusstsein. Das ist die „Andockstelle", sozusagen die Zentrale oder auch Schaltstelle. Ich selbst öffne die Verbindungskanäle zu meinem Unterbewusstsein durch Selbsthypnose, Meditation und autosuggestive Techniken. Wenn mein guter Freund Mike Butzbach (Autor des Buches „Hypnose – Das Praxisbuch") mich hypnotisiert, ist die Verbindung noch besser und ich bin wie eine Richtantenne auf intuitive Mitteilungen ausgerichtet.

„Je komplexer eine Entscheidung, desto mehr sollte man seinem Unbewussten vertrauen." (Ap Dijksterhuis)

Es war für mich persönlich auch sehr hilfreich, mit meinem höheren Selbst mittels Channeling Kontakt aufzunehmen. Ich erhielt dadurch einen Blick unter die Oberfläche meiner Lebensumstände und sah vieles klarer als je zuvor.

Auch wenn wir die Zusammenhänge unseres Lebens nicht immer auf Anhieb erkennen, ist es doch so, dass unser höheres Selbst uns stets den richtigen Weg weist. Vor Jahren bewarb ich mich um einen Bürojob. Ich wurde zu einem Bewerbungstest eingeladen, an dem 45 Leute teilnahmen. Der Bewerbungstest dauerte über 8 Stunden und in jeder Stunde wurden an die 5 Leute nach Hause geschickt. Zum Schluss blieben drei Bewerber übrig – einer davon war ich. Für uns drei folgte schließlich ein letzter schriftlicher Test, in dem wir unser Allgemeinwissen demonstrieren sollten. Nach etwa zwei Wochen erhielt ich eine Absage. Aber das Interessante dabei ist, dass laut Personalchef mein Test um Längen besser war als der meiner beiden Mitbewerber. Als Grund für die Absage gab man an, dass man das Gefühl hatte, ich würde nicht so gut in die Firma passen. Und weißt Du was, lieber Leser? Damit lag die Personalabteilung gar nicht mal so falsch. Ganz im Gegenteil, sie traf den Nagel auf den Kopf. Tatsächlich packte mich das Grauen, wenn ich nur daran dachte, dass ich täglich acht Stunden meines Lebens in einem Büro verbringen müsste, ohne die Möglichkeit, selbst über meine Zeit zu bestimmen. Jede Faser meines Körpers sträubte sich dagegen und damit war klar, dass dieser Job eindeutig NICHT meine Berufung war. Und aus diesem Grund erhielt ich eine Absage. Zuerst war ich sauer darüber, aber rückblickend stellte ich fest, dass mir nichts Besseres hätte passieren können. Denn es warteten viel bessere und unabhängigere Verdienstmöglichkeiten auf mich. Und so ist meine Einstellung auch heute dieselbe. Ich habe kein Problem damit, wenn ich ein anvisiertes Ziel nicht erreiche. Ich weiß ganz genau, dass mein höheres Selbst etwas viel Besseres für mich vorbereitet hat. Ich glaube fest daran, dass jede gemachte Erfahrung genau richtig für mich und meine persönliche Entwicklung ist.

Wie geht das höhere Selbst vor?

Stell Dir dazu einfach einmal vor, DU wärst das höhere Selbst bzw. ein Schutzengel und hättest die Aufgabe, einen Menschen zum Lebensglück zu führen. Du darfst jedoch nicht persönlich eingreifen, sondern musst versuchen, Deinen Schützling durch Hinweise darauf zu bringen, den Weg zum Glück für sich selbst zu entdecken. Denn in der „Welt der Materie“ darf Veränderung nur durch Materie erfolgen. Als Schutzengel wird man seinen Schützling also durch bestimmte Hinweise auf die wesentlichen Dinge aufmerksam machen (durch Gefühle, Bücher, Filme, andere Menschen usw.). Wenn Du ihm Zeichen gibst, dann liegt es an ihm, die Inputs wahrzunehmen, sich zu bewegen und aktiv zu werden.

Tauschen wir jetzt wieder die Rollen und nehmen wir an, wir sind dieser Schützling und wir bleiben in einer Beziehung, in der wir nicht länger glücklich sind und in der uns unser Partner nicht wirklich liebt. Wir verlassen somit unseren Weg zum Glück. Was bedeutet das konkret? Dass wir Zeit und Energie verlieren – und dass wir leiden. Das höhere Selbst beginnt dann uns mit allerlei Methoden darauf aufmerksam zu machen, dass wir im falschen Bus sitzen. Wie schaut das konkret aus? Nun, vielleicht verlieben wir uns in eine andere Person oder treffen einen Menschen, der uns inspiriert und uns sagt, dass wir gerade dabei sind, unser eigenes Glück zu beerdigen. Oder unser höheres Selbst wendet, weil die Zeit drängt, unangenehmere Methoden an und wir werden krank oder verlieren den Job, und plötzlich sind wir nur noch Ballast für unseren Partner, so dass er uns eiskalt links liegen lässt. Das höhere Selbst fordert uns auf, wieder in den richtigen Bus, den Bus des Glücks, einzusteigen. Dazu müssen wir aber erst einmal den falschen Bus verlassen. So kann sich selbst das größte Pech im Nachhinein als Segen erweisen.

Ich habe die Erfahrung gemacht, dass unser höheres Selbst es immer auf die sanfte Weise versucht. Sind diese ersten Versuche, uns zur Besinnung zu bringen, nicht erfolgreich, dann sorgen wir selbst für härtere Maßnahmen (Krankheit, Einsamkeit, Konkurs, Armut, Unfall usw.). Wir sollten nicht unserem höheren Selbst deswegen Vorwürfe machen, denn auch hier gilt, dass wir uns die Suppe selbst eingebrockt haben, dass unsere disharmonische Schwingung verantwortlich ist für unsere Lebensumstände und wir immer unseren freien Willen haben, so dass wir uns jederzeit neu ausrichten können Ich hätte mir viel Kummer ersparen können, wenn ich auf die sanften Mitteilungen des höheren Selbst gehört hätte, weiß aber zugleich, dass das Hindernis, gegen das ich im Leben geprallt bin, nicht mein höheres Selbst war und auch, dass es nicht von meinem höheren Selbst aufgestellt wurde. Nein, das Hindernis befand sich außerhalb meiner Glücksstraße und mein höheres Selbst wollte die ganze Zeit nur, dass ich wieder auf Glückskurs gehe.

Heute weiß ich, dass meine damalige Lebenskrise und alle Geschehnisse, die damit zusammen hängen, notwendig waren. Die Krise wies mich darauf hin, dass es Zeit war, neue Wege zu gehen, sich zu verändern und neu auszurichten, neue Aufgaben zu übernehmen und meiner Entwicklung nicht länger im Wege zu stehen. Ich wandte mich wieder dem Glück zu, was nur logisch ist, da alles, was uns unglücklich macht, nicht zu unserer Natur gehört und wir diesen Zustand schnell verlassen wollen. Ich hatte vor der Krise ausreichend Zeit und Gelegenheiten gehabt, um auf sanfte Weise hinter das Geheimnis eines glücklichen Lebens zu kommen (mein Bruder z.B. erzählte mir andauernd etwas von kosmischen Gesetzen und dass wir alle Erschaffer unseres Daseins sind), aber ich ignorierte das alles. Erst durch die Krise besann ich mich neu, erst als mein höheres Selbst mich anschubste, war ich bereit, meinen Horizont gehörig zu erweitern.

(Wir können uns natürlich auch gegen das entscheiden, was unser höheres Selbst für uns vorgesehen hat, aber dann schwimmen wir gegen unsere eigene Energieströmung.)

Und wenn das höhere Selbst sieht, dass ein bestimmter Mensch ein Hindernis auf unserem Weg zum Glück darstellt (Partner, Verwandte, Freunde, Kollegen), dann wird es uns per Intuition darauf hinweisen, dass wir uns von dieser Person distanzieren sollten. Das gilt auch für bestimmte Orte, Beschäftigungen und auch alles andere. Und so kommt es dann oft zu Trennungen, Kündigungen, Umzügen, die uns im ersten Moment weh tun, sich aber im Laufe der Zeit als etwas unglaublich Positives heraus stellen. Was auch passiert, wir können uns darauf verlassen, dass das höhere Selbst es immer gut mit uns meint und uns nie im Stich lässt.

Es ist oft so, dass unser höheres Selbst uns ohne unser bewusstes Dazutun auf die Straße des Glücks befördert. So kann es passieren, dass wir auf schnellen Sex aus sind, unser höheres Selbst uns aber in die Arme unserer großen Liebe lenkt.

Ich wollte mir einmal auf Anraten meiner Heilpraktikerin ein bestimmtes homöopathisches Mittel in der Apotheke kaufen, aber ein guter Freund rief mich an und bat mich, bei ihm vorbei zu schauen und ihm dabei zu helfen, Möbel von einer Etage in die andere zu tragen. Ich fuhr also zu ihm, half ihm und siehe da: Er hatte genau das homöopathische Mittel, welches ich kaufen wollte, und gab es mir.

Sokrates machte die Erfahrung, dass das höhere Selbst immer zur rechten Zeit eingreift – durch befreiende und kreative Inspiration, durch das, was anderen Menschen wie ein Wunder erscheint. Auch Ralph Waldo Emerson vertraute seiner „Überseele“ voll und ganz, so dass ihn dieses Vertrauen dazu brachte *„so völlig darauf zu vertrauen, dass alles Gott ist, was tief in unserem Inneren lebt“.*

„Wer in seinem innersten Selbst den unsichtbaren Gesetzgeber aller Dinge erkannt hat und ihm allein vertraut, der hat die Seligkeit erlangt.“ (Manu, indischer Weiser)

<u>Ist das unser erster Erdenauftritt?</u>

Wie gesagt, ist das höhere Selbst der Teil von uns, der nicht vergessen hat, dass er mehr ist als ein physischer, sterblicher Körper. Es weiß, dass es unsterblich, unendlich und unermesslich groß ist. Zahlreiche Bücher erklären es so: Das höhere Selbst hat die Erfahrungen all unserer vergangener Leben gespeichert. Wie bitte? Vergangener Leben? Wir haben schon einmal gelebt? Nicht nur einmal, lieber Leser. Was meinst Du, woher all unser Wissen stammt, woher all unsere Talente und Fähigkeiten stammen? Glaubst Du im Ernst, sie seien das Ergebnis eines einzigen Lebens? Was können wir schon in achtzig, neunzig oder auch in hundert Jahren erreichen? Sicher nicht unser göttliches Ziel

Für viele Reinkarnationsforscher (und auch für mich) sowie in den alten Kulturen der Kelten, Griechen und Ägypter, und auch in der vedischen Kultur, stellt(e) es sich so dar, dass wir nach dem Gesetz der Reinkarnation alle bereits zahllose Inkarnationen auf dieser unserer 3D-Welt hinter uns haben und immer wieder geboren werden (ich persönlich finde, wir sind viel zu wertvoll, um nur einmal geboren zu werden ☺). Und in all diesen Leben haben wir Erfahrungen über Erfahrungen gesammelt, nur erinnern wir uns nicht mehr daran, wenn wir wieder geboren werden.

„Haben Sie einmal die Erfahrung gemacht, irgendetwas im Haus zu erledigen, dann in ein anderes Zimmer zu gehen und festzustellen, dass Sie vergessen haben, was Sie dort eigentlich wollten? Das ist es, was mit uns geschieht, wenn wir geboren werden." (Carol Adrienne)

Die Lehre der Wiedergeburt hat nichts mit einem New-Age-Trend zu tun, da sie bereits für nordische Völker in Europa, Anatolien (Türkei), Eskimos, Persien, islamische Sufis, verschiedene Indianerkulturen auf dem amerikanischen Kontinent, afrikanische Ureinwohner (wie den Zulus), die Katharer und keltische Druiden ein selbstverständliches Grundwissen, ein allgemeines Gedankengut war.

Laut dem Gesetz der Reinkarnation werden wir so oft wieder geboren, bis wir zu uns selbst erwacht sind. Dafür ist EIN Leben, welches weniger als einen Atemzug in der Ewigkeit darstellt, viel zu kurz. Nicht nur der Buddhismus und der Hinduismus glauben heute an die Seelenwanderung und Wiederverkörperung. Tausende von Nahtodberichten, welche weltweit dokumentiert sind, sprechen ebenfalls für die Wiedergeburtenlehre. Auch Rückführungen mittels Hypnose können uns dabei helfen, frühere Leben vor unserem geistigen Auge zu sehen. Details aus früheren Leben konnten nach Rückführungen in zahllosen Fällen durch alte Chroniken und Taufregister bestätigt werden.

Und jetzt kommt's: Wusstest Du, dass die Lehre der Wiedergeburt einst auch eine der tragenden Säulen im urchristlichen Glauben war? Kirchenfürsten wie Origenes, Basilides oder der heilige Gregor lehrten alle die Wiederverkörperung der Seele, schließlich war sie unbestrittener Bestandteil der christlichen Religion. Folgende Aussage stammt von Arius (256 - 336), einem der Jerusalemer Urchristen um Jakobus, die großen Wert darauf legten, dass jeder Einzelne sich um die Führung eines aufrichtigen und gottesbewussten Lebens bemüht: *„Jeder von uns eilt der Vollkommenheit durch eine Aufeinanderfolge von Lebensläufen zu. Wir sind gebunden, stets neue und stets bessere Lebensläufe zu führen, sei es auf Erden, sei es in anderen Welten. Unsere Hingabe an Gott, die uns von allem Übel reinigt, bedeutet das Ende unserer Wiedergeburt...“*

Die Glaubenslehre um die Wiedergeburt und das damit verbundene Karmagesetz wurden dann jedoch beim fünften Konzil 553 n.Chr. in Konstantinopel (Istanbul, Türkei) durch die röm.-kath. Kirche abgeschafft. Das in Rede stehende Konzil wurde nicht durch den Papst, sondern von dem christlich byzantinischen Kaiser Justinian einberufen. Auf seinen Druck hin entschied die kleine bischöfliche Versammlung, stellvertretend für die gesamte Kirche, dass ab sofort die Reinkarnationslehre als Ketzerei zu gelten habe. Jeder, der diese Lehre verbreite, für sie einträte und somit der Entscheidung des Konzils widersprechen würde, sollte für ewig verdammt sein.

Zu Beginn des 4. Jahrhunderts nach Chr. wurden Schriftstellen in der Bibel verändert und auch gänzlich entfernt. Die Bibel, die wir heute kennen, enthält also nicht die ursprünglichen Textfassungen. Deshalb haben Christen heute weltweit kein Wissen mehr über die Bedeutung, Sinn und Auswirkung der Reinkarnation.

Doch trotz all der manipulativen Eingriffe in die urchristliche Reinkarnationslehre, welche dafür sorgte, dass der Mensch sich als kleines, sündiges und unwissendes Menschlein vorkommt, nichtsahnend, dass er im nächsten Leben die Früchte seiner heutigen Saat zu tragen hat, ist es nicht gelungen, die Lehre der Wiederverkörperung komplett auszutilgen, wie folgende Aussagen berühmter Persönlichkeiten darlegen:

„Ich bin von der Reinkarnation überzeugt, seit ich 26 Jahre alt war. Was einige für eine besondere Gabe oder ein Talent zu halten scheinen, das ist nach meiner Ansicht die Frucht langer, in vielen Leben erworbener Erfahrung. Wir alle werden viele Male wiedergeboren,

leben viele Leben, sammeln Erfahrungen und entwickeln uns weiter. Die scheinbar intuitive Gabe ist in Wirklichkeit das Produkt langer Erfahrung aus mehreren Reinkarnationen." (Henry Ford)

„Alles was mich die Wissenschaft bisher gelehrt hat, bestätigt meinen Glauben in eine spirituelle Wiedergeburt nach dem Tod. Ich glaube an eine unsterbliche Seele. Die Wissenschaft hat bewiesen, dass sich nichts in Nichts auflösen kann. Das Leben und die Seele können sich deshalb unmöglich in Nichts auflösen und sind deshalb unsterblich." (Werner von Braun)

„Wenn einer 75 Jahre alt ist, kann er nicht fehlen, dass er mitunter an den Tod denke. Mich lässt dieser Gedanke in völliger Ruhe, denn ich habe die feste Überzeugung, dass unser Geist ein Wesen ist ganz unzerstörbarer Natur; es ist ein Fortwirkendes von Ewigkeit zu Ewigkeit. Es ist der Sonne ähnlich, die selbst unsern irdischen Augen unterzugehen scheint, die aber eigentlich nie untergeht, sondern unaufhörlich fortleuchtet." (Johann Wolfgang von Goethe)

„Ich bin gewiss, wie Sie mich hier sehen, schon tausendmal dagewesen und hoffe wohl noch tausendmal wiederzukommen." (Johann Wolfgang von Goethe)

„Die Lehre von der Wiederverkörperung ist weder widersinnig noch nichtssagend. Zweimal geboren zu werden ist nicht wunderbarer als einmal. Auferstehung ist das Eins und Alles der Natur." (Voltaire)

„Ich könnte mir gut vorstellen, dass ich in früheren Jahrhunderten gelebt habe und dort an Fragen gestoßen bin, die ich noch nicht beantworten konnte: dass ich wiedergeboren werden musste, weil ich die mir gestellte Aufgabe nicht erfüllt hatte. Wenn ich sterbe, werden - so stelle ich es mir vor - meine Taten nachfolgen. Ich werde das mitbringen, was ich getan habe." (Carl Gustav Jung)

„Bevor ich mit Sterbenden zu arbeiten begann, glaubte ich nicht an ein Leben nach dem Tod. Jetzt glaube ich an ein Leben nach dem Tod, ohne den Schatten eines Zweifels." (Elisabeth Kübler-Ross)

„Lebe so, wie wenn Du nochmals leben könntest - dies ist Deine Pflicht. Denn Du wirst in jedem Falle nochmals leben!" (Friedrich Nietzsche)

„Jede Geburt ist eine Wiedergeburt." (Wilhelm Busch)

Wenn wir uns immer wieder vor Augen halten, dass unser höheres Selbst nicht wie der Intellekt nur einzelne Puzzlestücke sieht, sondern immer das Gesamtbild ALLER Leben, eben das GANZE im Blick hat, verwundert die Macht der Intuition uns nicht mehr.

Ich ließ mich von meinem guten Freund Mike Butzbach per Hypnose in ein früheres Leben zurück führen. Beim dritten oder vierten Versuch gelang es uns, mehr über meine früheren Leben zu erfahren, mit welchen Absichten ich auf die Welt gekommen bin und was mein Lebenszweck ist. Durch die Rückführung erkannte ich viele Zusammenhänge, die zuvor nicht ersichtlich waren (nur soviel: Ich war weder Leonardo da Vinci noch Napoleon, noch sonst eine aus den Geschichtsbüchern bekannte Persönlichkeit). Es ist in meinen Augen auch egal, wer wir im Vorleben waren (Gandhi, der Kaiser von China oder ein Taschendieb), wichtig ist es, was wir hier und heute aus unserem Leben machen, ob wir es bewusst meistern oder nicht.

Ich habe mir verinnerlicht, dass ich nach diesem Leben höchst wahrscheinlich wieder auf die Erde zurück kehren werde und genau an der Stelle weitermachen werde in meiner Entwicklung, an der ich in diesem Leben aufgehört habe. Und genau aus diesem Grund bin ich auch eher bereit, verantwortungsvoll mit Mutter Erde und allen darauf lebenden Wesen (selbstverständlich auch Tier- und Pflanzenwelt) umzugehen.

Viele Menschen, die daran glauben, sie leben nur einmal, haben eine destruktive „Nach mir die Sintflut-Mentalität" entwickelt. Sie sehen keinen Zusammenhang zwischen Ursache und Wirkung, und wundern sich zeitlebens, warum sie von einer Krise in die nächste stürzen. Ich sehe es so: Wer glaubt, dass man nur einmal lebt, der ist schnell demotiviert, besonders ab einem gewissen Alter, wenn einem immer mehr bewusst wird, dass man das, was man sich im Leben vorgenommen hat, vermutlich nicht mehr erreicht.

(Ob man wiedergeboren wird oder nicht, lässt sich wissenschaftlich in letzter Instanz weder beweisen noch widerlegen. Jeder von uns sollte für sich selbst entscheiden, ob er daran glauben will oder nicht. Hören wir auch in diesem Fall einfach auf unsere Intuition.)

Karma als lebensübergreifende Wirkung

Das Wort Karma kann man mit „Tat" übersetzen. Laut Karmalehre werden wir so oft wiedergeboren und mit denselben Problemen konfrontiert, bis wir uns diesen endlich stellen und sie lösen. Somit wird jedes neue Leben als eine weitere Chance angesehen. Karma ist also keinesfalls als unabänderliches Schicksal zu verstehen, es ist ein Energieband aus der Vergangenheit, so eine Art Vorratslager unserer selbst gesetzten Ursachen, die sich ausdrückende Wirkung einer im Vorleben produzierten Schwingung. Und eine Wirkung ist eine Wirkung, nicht mehr und nicht weniger, sie ist keine Strafe.

„Wir sehen, dass Karma irriger Weise als eine Bestrafung zu Unrecht verübter Taten angesehen wird. Im eigentlichen Sinne hat Karma nichts mit einer Bestrafung zu tun, denn es gibt in der Schöpfung Gottes keine Bestrafung. Karma bedeutet jedoch, dass man das erntet, was man ausgesät hatte. (Trutz Hardo)

WIR sind immer sowohl Absender, als auch Empfänger unserer Schwingungen, und nicht etwa irgendeine Schicksals-Verteilungsstelle. Wie wir mit unserer „Karma-Schwingung" (und auch unserem Dharma, den positiven Auswirkungen) umgehen, richtet sich vollkommen nach unseren Entscheidungen.

„Das Leben an sich ist eine leere Leinwand. Es wird, was Du darauf malst. Du kannst Misere malen oder Glück – diese Freiheit ist Dein Triumph." (Osho)

Es geht nicht darum, das Gepäck der Vergangenheit mit sich herum zu tragen, sondern daraus Einsichten zu gewinnen und das Gesetz der Anziehung zukünftig konstruktiv zu nutzen. So konstruktiv, dass wir bewusst die Sonne in unser Leben lassen und jedes Karma lächelnd in Luft auflösen. Wir können uns jedes weitere Karma ersparen, wenn wir unser Leben auf Glück und Freude ausrichten, indem wir unserem höheren Selbst bzw. unserer Intuition mehr Gehör schenken. Und lasse Dir niemals einreden, dass das nicht geht oder dass dies alles Unsinn ist, weil es wissenschaftlich nicht messbar ist.

„Wenn Andere etwas nicht können, dann wollen sie Dir einreden, dass Du es auch nicht kannst." (Will Smith)

Das höhere Selbst und bewusstes Wünschen

Da das höhere Selbst immer up to date ist bezüglich allem, was uns gut tut und was nicht, kann man bei seiner Wunschformulierung, wenn man möchte, auch noch Folgendes hinzufügen: *„…wenn mein höheres Selbst damit einverstanden ist."*

Und wer sich seiner selbst mehr bewusst werden will, der kann folgende Formulierung verwenden: *„Meine höhere Sicht ist klar. Ich weiß, wer ich bin. Ich verwirkliche jetzt meine höhere Bestimmung. Mein höheres Selbst bringt alles, was mir gut tut, zum richtigen Zeitpunkt und auf die perfekte Weise."*

Das höhere Selbst strebt immer Dein persönliches Lebensglück sowie spirituellen Fortschritt an. Wenn Du anderen Menschen folgst, statt Dich auf Dich selbst zu besinnen, trennst Du Dich von Deinem höheren Selbst ab. Haben wir ein Ziel vor Augen und konzentrieren uns dementsprechend darauf, so sendet uns das höhere Selbst einen enormen Informationsfluss aus eventuellen Vorgehensweisen. Und alle diese Informationen führen früher oder später zum GLÜCK!!!

NACHWORT

„Man muss den Schlüssel finden, der alle Himmelstore, alle Gärten der Verzückung, öffnet. Und dieser Schlüssel ist Deine Intuition.“ (Krishnamurti)

Lieber Leser,

damit sind wir beim Nachwort angekommen. Ich habe mein Bestes gegeben, um Dich damit vertraut zu machen, Deine Intuition wahrzunehmen und durch sie Deine Wünsche wahr zu machen. Ich hoffe, ich konnte alles so leicht und verständlich wie möglich erklären. Was ich hier geschrieben habe, ist nichts Neues, nein, es ist (mehr oder weniger) so alt wie die Menschheit selbst. Ich habe es im Grunde nur neu formuliert, um es uns allen nochmal in Erinnerung zu rufen.

Das ganze Leben erinnert mich immer mehr und mehr an das Spiel „Schnitzeljagd“, welches ich in meiner Kindheit oft gespielt habe. Ich folgte versteckten Hinweisen, um schließlich dort anzukommen, wo DAS war, wonach ich suchte. Der Weg dahin konnte sich immer wieder ändern, denn bei jeder Weggabelung konnte wir ich mich dank meines freien Willens dafür entscheiden, welche Richtung ich als nächstes einschlage. Wenn wir im Leben hin und wieder die Orientierung verlieren, dann sollten wir das nicht so schwarz sehen. Es ist wie bei der Schnitzeljagd. Überall erwarten uns neue Hinweise, die uns den Weg weisen. Wir müssen nur die Augen offen halten, aufmerksam sein und auf unsere Intuition achten.

Man kann das Leben auch als ein Schachbrett betrachten, auf dem man mit sich selbst spielt. Entscheidend ist, wie man die Figuren setzt. Beim Schachspiel machen wir das mit unseren Händen und beim Lebensspiel mit unserer Intuition. Mir persönlich gefällt das Spiel des Lebens und ich kann es mir ohne meine intuitive, innere Führung gar nicht mehr vorstellen. Das bedeutet nicht, dass ich seitdem nie auf die Nase falle, aber es passiert immer seltener ☺.

Tief in uns wissen wir alle ganz genau, was uns glücklich macht, was das Richtige für uns ist. Gehen wir dazu einfach „online“ und horchen, was uns unser innerer Freund vorzuschlagen hat. Die Methoden dazu kennst Du jetzt. Wir hören in uns hinein und werden dadurch quasi zu einem „Insider“. Das ist dann der große Unterschied zwischen einem Suchenden und einem Findenden. Der Sucher rennt irgendeiner Ideologie (Politik, Religion, Trend) hinterher, irgendeinem Guru, der ihn leitet, wohingegen der Finder seiner inneren Stimme, also sich selbst folgt. Der Sucher degradiert sich selbst zu einem fremdbestimmten Geschöpf, zu einer Marionette, während der Finder sein Leben als selbstbestimmter Schöpfer führt. Ich zähle mich zur Gruppe der Finder, bei denen Glück nicht die Ausnahme, sondern die Regel darstellt. Ich kann schon fast ein Lied davon singen ☺.

Ein Cowboy reitet auf einem Pferd und neben ihm läuft sein kleiner Sohn. Da sagt ein Passant empört: „Schaut Euch den an. Der lässt seinen kleinen Jungen neben dem Pferd herlaufen. Was für ein Rabenvater.“ Der Cowboy steigt daraufhin ab und setzt seinen Sohn aufs Pferd. Kaum sind sie ein paar Schritte gegangen, da ruft ein anderer: „Nun seht Euch die beiden an. Der Sohn sitzt wie ein Pascha auf dem Gaul und der alte Mann muss laufen. Was sind denn das für Zustände?“ Nun setzt sich der Cowboy zu seinem Sohn auf das Pferd: Doch nach ein paar Schritten ruft ein anderer empört: „Jetzt schaut euch die Beiden an. Sitzen zu zweit auf dem armen Pferd. So eine Tierquälerei.“. Also steigen beide herab und laufen neben dem Pferd her. Doch sogleich sagt ein anderer belustigt: „Hahaha. Wie kann man nur so blöd sein? Wozu habt ihr ein Pferd, wenn ihr es nicht nutzt? Ganz schön dumm.“ Da ereilt den Cowboy und seinen Sohn die Einsicht, dass es nichts bringt, wenn man auf äußere Stimmen hört. Was zählt, das ist die innere Stimme. (nach Peseschkian)

„Die Wahrheit ist in uns, nie kommt sie von außen, sei Dein Glaube, wie er will. In jedem von uns ist ein Zentrum der Kraft, wo die Fülle der Liebe und Wahrheit wohnt.“ (Robert Browning)

Wer sein Leben lang darauf wartet, dass eines Tages ein Lebens-Guru auftaucht, ihn an die Hand nimmt und ihm den Weg zu Glück, Gesundheit und Erfolg weist, der wird eines Tages feststellen, dass dieser Lebens-Guru nicht von außen daher kommt, sondern von innen. Wir müssen ihn nur ansprechen und seine Antworten in unser Herz aufnehmen: *„Hi liebe Intuition, Du erzählst mir wieder etwas und ich höre neugierig und aufmerksam zu, okay?“* Und wer einmal auf den Geschmack gekommen ist, seinen inneren Coach zu konsultieren und dadurch die schönsten Lebensumstände zu ernten, der will nie mehr damit aufhören.

Wir sind nicht auf die Welt gekommen, um anderen zu folgen. Wir selbst sind unseres Schicksals Schmied, wir sind frei, wir entscheiden über unser Leben. Ich betrachte das Leben als eine Art Abenteuerurlaub. Wenn ich an die kroatische Küste oder nach Frankreich in Urlaub fahre, dann brauche ich keinen Guru, der mir sagt, was ich tun soll: Sonnen, schwimmen, segeln, wandern oder sonstwas. Ich entscheide das selbst! Und genau so entscheide ich auch in meinem Leben, was ich tun werde und was nicht, welchen Beschäftigungen ich nachgehe, mit welchen Menschen ich zu tun habe und worauf ich mein Leben ausrichte. Es sind MEINE Wünsche, MEINE Absichten und MEINE Ziele!!! Das, was die Gesellschaft mir als „richtige“ Ziele einzuprogrammieren versucht, habe ich ganz schnell vergessen. Muss ich die gleichen Klamotten tragen wie irgendwelche Models und berühmten Sänger? Nö! Muss ich das kaufen, was die Werbung mit einzureden versucht? Natürlich nicht!! Muss ich es gut finden, was die Politik, die Banken oder die Wirtschaft fabrizieren? Keineswegs!!! Warum sollten wir uns nach fremdbestimmten Glücks-Idealen richten? So weit kommt es noch. Die Gesellschaft war bisher nicht in der Lage, uns ein glückliches Leben zu schenken, also schenken wir es uns selbst. Folgen wir keinem Kult, keinem Trend, keinem Lifestyle. Leben wir das Leben nach unserer eigenen Natur. Richten wir uns NACH UNS!!! ICH entscheide, was MEINE Ziele sind und DU, was DEINE Ziele sind, und nicht etwa die Medien, das Elternhaus, unsere Lehrer, die Politik, irgendwelche Möchtegern-Stars aus der Medienwelt, auch nicht der von der Außenwelt geprägte Verstand und auch sonst niemand. Und selbstverständlich sollten WIR auch nie die Ziele anderer Menschen bestimmen.

„Wahrhaft groß ist der Mann, der niemandes Herr und niemandes Knecht sein will.“ (Khalil Gibran)

Wenn Dir Deine Intuition etwas mitteilt, lieber Leser, dann weißt nur Du es, niemand sonst. Weder Deine Familie noch Dein Partner, weder Dein Anwalt noch Dein Arzt können es wissen, weil niemand Deine Intuition von außen wahrnehmen kann. Nur DU kannst sie hören, also lasse Dich von Stimmen im Außen nicht verunsichern. Lasse Dir auch von Besserwissern oder Deinem Verstand niemals einreden, Deine Wünsche und Ziele seien unrealistisch oder zu hoch gesteckt. Höre einfach auf Deine Intuition. Wenn sie auf Deiner Seite ist, dann hast Du die Wahrheit auf Deiner Seite. Wenn Dir also zukünftig jemand sagt, dass Du kein Glück in Deinem Leben manifestieren kannst, dann mache Dir klar, dass dieser Jemand NULL Ahnung hat, dass er total im Trüben fischt, dass er auf dem Holzweg ist. So einfach ist das.

Ich selbst bin ein ganz normaler Mensch, der es einfach nicht zugelassen hat, dass ich das Unglück in meinem Leben kultiviere, dass ich Dinge tue, die mir zuwider sind, dass ich ein Leben führe, das ich gar nicht führen will. Ich bin ganz einfach irgendeines schönen Tages an den Punkt gelangt, an dem ich keine Lust mehr hatte, orientierungslos durchs Leben zu stolpern, und so begann ich meine Prioritäten neu zu sortieren. ICH gestalte mein Leben und weiß, was ich will, was mir gut tut und lerne jeden Tag freudig dazu. Und immer, wenn meine innere Stimme zu mir spricht, dann höre ich aufmerksam zu und handle dementsprechend – ohne zu zögern. Diese innere Einstellung ist heute absolute Normalität bei mir.

Ich habe mir einen Großteil meines Lebens das große Glück vorenthalten. Dafür kommt es heute doppelt und dreifach zu mir zurück. Manchmal sehe ich in den Spiegel und denke: *„Interessantes Leben bisher. Und wer hätte noch vor einigen Jahren gedacht, dass ich mich eines Tages mal mit all diesen Themen beschäftigen würde? Ich am allerwenigsten. Und heute? Heute kann ich mir ein Leben ohne all diese Themen gar nicht mehr vorstellen. Sie SIND mein Leben. Und sie waren es schon immer, nur in der Vergangenheit unbewusst und heute bewusst.“*

Und noch was: Wer INTUITIV lebt, der steht nicht wirklich vor Entscheidungen. Nein, er weiß intuitiv, welchem Pfad er folgen sollte. Du brauchst mich nicht beim Wort zu nehmen. Beweise es Dir selbst, denn davon hast Du viel mehr.

Und was ebenso wichtig ist: Jeder intuitiv lebende Mensch genießt seine Reise. Man sagt nicht ohne Grund, dass der Weg das Ziel ist. Was ist damit gemeint? Ganz einfach. Viele Menschen haben ein bestimmtes Ziel vor Augen und wollen es um jeden Preis erreichen. Sie sind so sehr auf ihr Ziel fixiert, dass sie total verkrampft und gestresst sind, sie sind nicht in der Gegenwart präsent, sondern ständig nur in der Zukunft, bei ihrem Ziel. Sie reden sich selbst ein, dass sie das Leben erst dann genießen können, NACHDEM sie ihr Ziel realisiert haben – vorher nicht. Dadurch empfinden sie keine Freude im Jetzt und produzieren eine negative Schwingung. Solch eine Lebensweise nimmt jedem Ziel und jedem Wunsch die Motivation weg. Ich selbst praktiziere das genau andersherum: Nicht das Ziel bestimmt den Weg, sondern der Weg bestimmt das Ziel. Meine Intuition meldet mir: Der Weg ist keine Nebensächlichkeit, sondern erst, wenn der Weg genussvoll, schön und harmonisch ist, ist das Ziel überhaupt gerechtfertigt.

Fassen wir nochmal zusammen: Wir sind schöpferisch veranlagt, wir sind alle eine große Familie, eine große Einheit namens Schöpfung, namens Leben, und wir haben einen inneren Lehrer, der uns den richtigen Weg weist. Jeder von uns hat etwas, was sonst niemand hat. Und indem wir unser wahres SEIN mit Haut und Haaren leben, bereichern wir das gesamte Universum, tun wir allen darin unendlich gut. Im Grunde nicht schwer zu verstehen. Und doch hat es der Intellekt verstanden, die einfachsten Dinge so zu verkomplizieren, dass die Einfachheit verloren ging. Doch mittlerweile hat sich auch hier der Wind gedreht und es berührt mein Herz, wenn ich sehe, wie sich immer mehr Menschen ihrer universalen Identität und ihrer Lebensabsichten bewusst werden.

Machen wir uns auch immer wieder klar: Die Intuition ist nicht dazu da, um vom Verstand analysiert zu werden. Stell Dir einfach vor, dass Deine Intuition eine Rose ist. Wenn Dir jemand eine Rose gibt, würdest Du sie doch auch nicht analysieren, sondern einfach in Dein Herz schließen. Wenn Dein Verstand nach Wissen schreit, dann lass ihn ruhig schreien (einen Schnuller haben wir für ihn ja leider nicht ☺).

Ich für meinen Teil bin meiner Intuition unendlich dankbar und drücke das auch aus: *„Liebe Intuition, Du bist einfach megaklasse!!! Ich bekomme jeden Tag soooo viel Wissen von Dir vermittelt und das macht mir so vieles so unglaublich leicht. Es ist wie eine Ausbildung, die ich durch und durch genieße. Und es ist gar nicht schwer. Ich liebe Dich!!!"*

Und machen wir uns nicht verrückt, wenn wir unserer Intuition Mal nicht folgen. Es ist ganz normal, dass wir, bis wir uns an sie gewöhnt haben, Zweifel haben. Sobald wir die ersten bewussten, positiven Erfahrungen gemacht haben, dass wir niemals alleine sind, werden wir über kurz oder lang die Selbstsicherheit in Person. Jeder intuitive Mensch wirkt oft inspirativ und heilsam auf andere Menschen. Seine Ausstrahlung repräsentiert Selbstbewusstsein, Vertrauen und Zuversicht.

Ich habe im Laufe der Zeit gelernt, mich voll und ganz auf meine Intuition auszurichten und mich nicht von „Verstandes-Menschen" ablenken zu lassen, die noch nicht einmal wissen, was das Leben darstellt, warum sie hier auf Erden sind und dass man die gegebenen Umstände niemals passiv akzeptieren muss, sondern dass man sie aktiv verändern kann.

Im Grunde könnte man alle Kapitel dieses Buches in einem Satz zusammenfassen:

Machen wir ganz einfach das, was sich für uns richtig anfühlt – dann sind wir glücklich und jeder Wunsch geht über kurz oder lang in Erfüllung.

Ich bin fest davon überzeugt, dass Du Dir selbst ein solches Leben ermöglichen wirst, lieber Leser, wenn Du wirklich willst. Wenn nicht Du, wer sonst? Wenn nicht jetzt, wann dann? Erfolg beginnt immer in der Gegenwart!

„Wenn Zukunft eine Perspektive ist, dann sollte man in der Gegen-

wart damit beginnen, sie zu gestalten.“ (Wolfgang Kownatka)

Genau HIER und JETZT schlummert eine intuitive Botschaft in Dir, die Dein Leben vollkommen machen will. Warten wir nicht erst auf schwere Zeiten, bis wir unsere Intuition nutzen. Starten wir voll durch und werden unser eigenes Wunder!!! Leben wir endlich das, wozu wir geboren wurden. Das Leben bietet uns soooooo viel Spielraum. Ich entdecke jeden Tag immer mehr Dinge und Beschäftigungen, die mir Spaß bereiten, und ich integriere sie in mein Leben. Nutzen wir unser volles Potenzial, laufen wir nicht länger auf Sparflamme, gehen wir endlich den Themen nach, die uns erfüllen.

Gehen wir von Anfang an richtig mit uns selbst um. Unser Leben wäre absolut traumhaft. Verstellen wir uns nicht und leben wir authentisch. Seien wir keine Mitläufer, seien wir lieber Vorläufer. Belohnen wir uns selbst, erlösen wir uns selbst und wählen wir die Menschen, die Beschäftigungen, die Orte und die Dinge, die uns mit Glück erfüllen, die uns Genuss bereiten. Wir werden dadurch glücklicher, lebensfroher, enthusiastischer und natürlich auch erfolgreicher. Plötzlich machen wir ganz große Vorwärtssprünge. Und das Tollste an der ganzen Sache ist: Wir sind mit allem ausgestattet worden, was wir brauchen, um unseren Glücksweg zu beschreiten bzw. ihn zu erschaffen. Die Ressourcen sind IN UNS. Wir müssen sie nur abrufen. Die Saat ist angelegt, wir müssen sie nur noch zum Wachsen bringen.

Sehen wir den Tatsachen ins Auge: Wann immer wir uns im Leben an einer Weggabelung befinden, ein Problem haben, eine Aufgabe ansteht oder Fragen auftauchen, haben wir alles in uns, um uns auf den glücklicheren Weg einzulassen. Unsere Intuition wird uns nicht eher in Ruhe lassen, bevor wir unser Leben glücklich gestalten. Sie wird uns unentwegt dazu auffordern, die Spur zu wechseln, falls uns unser derzeitiges Leben nicht erfüllt. Das restliche Universum hilft uns dabei, jedoch nur unter einer Voraussetzung: Dass wir uns selbst auch helfen – also dass wir uns selbst lieben und das machen, was uns Spaß macht. Spielen wir das Spiel des **bewussten** Erschaffens, statt weiterhin der Spielball einer unbewussten Schwingung zu sein. Wenn wir morgens aufwachen, stehen wir nicht sofort auf, sondern bleiben wir ruhig noch ein oder zwei Minuten im Bett liegen und sagen laut: „*Liebe Intuition, ich bin dankbar, dass es Dich gibt und ich bin so froh, dass Du mir auch heute den Weg des Glücks und der Freude zeigst. Dafür danke ich Dir aus tiefstem Herzen. Du bist mein verlässlichster Freund.*“

Konzentrieren wir uns auf das wirklich Wichtige. Entdecken wir das Leben, entdecken wir unsere Talente, entdecken wir uns selbst. Machen wir uns klar, dass wir schon immer grenzenlos erschaffen konnten, es heute können und auch in alle Ewigkeit können, da es unsere Natur ist. Erschaffen wir uns also ein neues Leben, ein selbstbestimmtes Leben. Und ich sage Dir: Wir werden uns großartig dabei fühlen!!! Womöglich ist heute DER Tag, an dem sich Dein gesamtes Leben grundlegend verändert. Der Tag, an dem Du Deinen Weg festlegst und dafür vor lauter Glück die ganze Welt umarmen könntest. Fange jetzt an und höre niemals auf.

Viel Spaß bei diesem Abenteuerspiel! Ich wünsche es Dir von ganzem Herzen und freue mich an ein baldiges Wiedersehen im nächsten glücklichen Taschenbuch.

Namaste

Goran

PS: Ein Buch besteht aus bedrucktem Papier mit viel Text. Mehr ist ein Buch nicht. Lebendig wird es erst durch Dich, lieber Leser. Also leg im Namen Deines Lebensglückes los.

(Ich widme dieses Buch meinem lieben Cousin Drago und meinem lieben Onkel Njego. In meinem Herzen seid ihr immer bei mir und ich werde Euch nie vergessen.)

Literaturverzeichnis

Bauchentscheidungen: Die Intelligenz des Unbewussten und die Macht der Intuition von Gerd Gigerenzer und Hainer Kober

Die Weisheit der inneren Stimme: Vertrauen Sie ihrer Intuition von Safi Nidiaye

Intuition: Die Weisheit der Gefühle von Gerald Traufetter

Die Schule des Lebens ☺

www.zitate.net

Die glücklichen Taschenbücher von Goran Kikic

http://www.gesetz-deranziehung.de/

Erhältlich überall im Buchhandel, bei amazon.de, libri.de und in über 1000 anderen Online-Shops.

Das glückliche Taschenbuch – Warum Wünschen kein Märchen ist

Das große Wunsch - Universalbuch.
Mit wirksamen Affirmationen, tollen Erfahrungsberichten aus dem Leben des Autors, originellen Wunschmethoden, Hypnosetechniken und wertvollen Lebenstipps.

ISBN-10: 3837037304

Das glückliche Taschenbuch - 100 Wege zur Wunscherfüllung

Das effektive Übungsbuch mit 100 (!!!) verschiedenen und wirkungsvollen Wunschtechniken, die sich alle leicht im Alltag einsetzen lassen und unser Leben positiv beeinflussen.

ISBN-10: 3839110858

Das glückliche Taschenbuch grandioser Wunscherfolge

Motivierende Erfahrungsberichte, die zeigen, dass bewusstes Wünschen wirklich funktioniert.

Das mitreißende Motivationsbuch mit euphorischen Erfahrungsberichten und daraus gewonnenen, nützlichen Erkenntnissen, die zeigen, dass alle unsere Wünsche erfüllbar sind.

ISBN-10: 3839125448

Das glückliche Taschenbuch der Wunsch – Glaubenssätze

An was wir glauben, wird kinderleicht wahr.
Das unersetzliche Selbstcoaching-Buch, mit dem man sabotierende Überzeugungen durch positive und glücksbejahende Glaubenssätze ersetzt, so dass unser Wunschleben endlich beginnen kann.

ISBN-10: 3839168589

Das glückliche Taschenbuch wunderbarer Zweisamkeit

Wie Liebesglück gelingt – vom Wunsch zur Wirklichkeit

Das liebevolle und warmherzige Ratgeber-Buch voller hilfreicher Tipps und gelebter Praxis für eine erfüllte Partnerschaft und dauerhaftes Liebesglück.

ISBN-10: 3842325304

Buchreihe Bärbel Kühler

Liebe, Freundschaft und Zusammenhalt

Das Leben ist das Resultat deiner Gedanken Ein Chatgespräch zum Gesetz der Anziehung und Geschichten aus dem Leben von Bärbel Kühler

ISBN 978-3-83913-640-9

Glück ist lernbar

Fühle dein Glück und halte es fest

Eine Bedienungsanleitung zum Glücklichsein
Das Gesetz der Anziehung lebensnah erklärt
anhand zwei Personen, die zwar gegensätzlich sind, aber doch die gleichen Voraussetzungen haben.

ISBN 978-3-83914-679-8

Der Medinastern und die göttliche Energie

Eine spirituelle Reise

Die Autorin beschreibt ihre spirituelle Entwicklung und das Geschenk der göttlichen Energie, mit der sie anderen Menschen hilft ihre Selbstheilungskräfte zu aktivieren.

ISBN 978-3-83918-943-6

http://baerbel-kiki-kuehler.jimdo.com/

www.feelheaven.de

... die homepage mit viel Sonnenschein für`s Herz...

Das Ziel von Inès Donath ist es, in immer mehr strahlende Augen zu sehen, denn jeder Mensch hat es verdient, glücklich zu sein.

„Wer an sich und seine Wünsche glaubt, wer sich selbst und seinen Träumen vertraut – dem offenbart das Leben mit Magie und Zauberkraft all seine Wunder.“ *Aus „Mit den Augen der Seele gesehen“ von Inès Donath*

„GLÜCKSKIND –Die Geschichte einer besonderen Freundschaft“ (Autorin Inès Donath)

Kinderbuch (ab 7 Jahren), das auch für das „innere Kind“ jedes Erwachsenen unbedingt empfehlenswert ist. Die Geschichte basiert auf einer wahren Begebenheit und hat schon viele Frauen und Männer zum Weinen gebracht...

„Mit den Augen der Seele gesehen – Bilder in Wort und Fotografie“ (Autorin Inès Donath)

Dieses Buch enthält Fotografien besonderer Momente und Augenblicke –kombiniert mit eigenen Gedanken und Gedichten. Worte und Bilder aus der Seele, um andere Seelen zu berühren. Lassen Sie sich verzaubern...

ISBN-10: 3839153875 / ISBN-13: 978-3839153871

2012 und das Gesetz der Anziehung

Wie bereitet man sich auf das Jahr 2012 vor, für das globale Veränderungen und Umbrüche vorausgesagt werden? Die Antwort lautet: Mit bewusster Gedankenausrichtung, denn Gedanken wirken schöpferisch und ziehen das an, was ihnen gleich ist. Autor Ludwig von Erlenbach bringt das Thema 2012 auf den Punkt und hebt hervor: ES GIBT KEINEN GRUND ZUR SORGE. 2012 ist die perfekte Gelegenheit, uns das Leben zu erschaffen, welches wir uns schon immer gewünscht haben.

ISBN-10: 3837099105
www.vonerlenbach.de

Das Gesetz der Anziehung und das Ego

Was unsere Wünsche daran hindert, in Erfüllung zu gehen

Wer wirklich an seinem Lebensglück und erfolgreichen Wunscherfüllungen interessiert ist, der kommt um die Arbeit an seinem EGO nicht herum. Dieses Buch enthält wertvolle Lebenstipps und Meditationsübungen, die eine bewusste Lebensweise und somit die Auflösung des Egos fördern, sowie wichtige Hinweise auf alltägliche Ego-Fallen, die unsere Wunschschwingung blockieren und somit keine Wunscherfüllungen zulassen. Das Gelesene in die Tat umsetzen, bedeutet, sein Ego zu transformieren und seinem wahren Wesen den Weg frei zu machen in ein glückliches und authentisches Leben.
ISBN-13: 978-3839146477

Ich kann nicht mehr... Jetzt ändere ich was!
(Marion Rößler)
Das Praxisbuch aus der Depression
ISBN: 9783981367430
Ich geleite Sie durch den Dschungel der Therapiemöglichkeiten und vielfältigen Genesungswege. Ergänzt durch Arbeitsblätter, die auch als kostenlose Downloads zur Verfügung stehen, können Sie Ressourcen zur Selbsthilfe entwickeln und sich leichter auf weitere Angebote einlassen. Angehörige von Betroffenen werden zu kompetenten Begleitern.

Bücher von Christian Reiland

EFT – Klopfakupressur für Körper, Seele und Geist

Arkana Verlag München 2006, 396 Seiten mit Lehr-DVD

Migräne, Gelenkschmerzen und Ängste lassen sich mit den EFT-Techniken auflösen.
Auch bei Stress, Leistungsblockaden, Süchten, Schlafstörungen und Tinnitus, ja sogar bei Allergien hat EFT erstaunliche Erfolge aufzuweisen. Der EFT-Trainer Christian Reiland gibt hier eine umfassende Anleitung, wie Sie diese energetische Heilmethode zur Selbstbehandlung einsetzen. Anhand des reich bebilderten Buches und der beiliegenden Lehr-DVD sind die Energiebahnen und Klopfpunkte auf dem Körper zweifelsfrei zu finden und die Anwendung leicht zu erlernen. (Quelle: Buchumschlag Rückseite)

LOA – Das Gesetz der Anziehung

Das Lebensspiel um Wohlstand, Gesundheit und Glück
Arkana Verlag München 2008, 288 Seiten mit CD

Das »Gesetz der Anziehung« besagt, dass wir stets die Dinge in unser Leben ziehen, mit denen wir uns in Resonanz befinden. Positives Denken, Fühlen und inspiriertes Handeln sind dabei, laut Christian Reiland, die Schlüssel, um letztendlich das zu manifestieren, was wir wirklich wollen.
Mit Hilfe seines »Acht-Schritte-Prozesses« hast nun auch Du die Möglichkeit, Wünsche wahr werden zu lassen, ob nun im Bereich Gesundheit, Karriere, Geld, Beziehung oder Partnerschaft.
Die beiliegende CD wird Dich bei diesem »Spiel« tatkräftig unterstützen.

Lass los und finde das Glück in dir

Arkana Verlag München 2010, 320 Seiten mit CD

Eine Reise zum Ursprung unserer inneren Kraft
Unter der Vorannahme, dass wir alle unser Glück **in** uns tragen, geht es folglich darum dieses zu befreien um es letztendlich zu finden.
Diesbezüglich bietet Dir dieses Buch ein erprobtes Programm, dessen oberstes Ziel eine (Wieder-) Verbindung mit Deiner »Inneren Kraft«, Deinem ureigenen Potential ist. Glücklich(er) sein ist nur eine der vielen positiven »Nebenwirkungen« dieser »Reise«, bei der auch die »Klopfakupressur« eine wichtige Rolle spielt. Die beiliegende CD wird Dir den Weg sicherlich erleichtern.

Die Gesellschaft 2015 (Christoph Fasching)

Dieses Buch ist ein gechanneltes Werk - es wurde von Erzengel Gabriel, dem Verkünder des Wort Gottes und dem Beschützers der Menschheit, durchgegeben und dient zur Information für die Menschen, die sich mit dem Aufstieg der Menschheit in die 5. Dimension beschäftigen. Was genau am 21.12.2012 geschehen wird und worauf die Menschheit sich im Detail freuen kann. Es ist eine große Revolution des Bewusstseins, die allen Menschen bevorsteht, doch der Weg dorthin wird turbulent und sehr ereignisreich.

ISBN: 3895682160

Ein Klang der Seelen (Birgit Maria Hoepfner)

Ein Gedanken spiel mit Schöpferkraft: Ein Roman über die Liebe, Spiritualität und Heilung

Britta, Anfang fünfzig und desillusioniert, fühlt sich in ihrem scheinbar sinnlosen Dasein gefangen und dem Leben machtlos ausgeliefert. Unbewusste Ängste auf Grund alter Erfahrungen und Glaubensmuster rauben ihr fast jegliche Lebensfreude und die Hoffnung auf eine erfüllte Zukunft. Doch eine tiefe Sehnsucht nach ihrer Lebensaufgabe lässt ihr keine Ruhe. Sie sucht Hilfe und findet sie auf wundersame und vielfältige Weise - und endlich übernimmt sie Verantwortung für ihr Leben. Sie lernt, dass sie kraft ihrer Gedanken und der damit verbundenen Gefühle ihre Zukunft entsprechend ihren inneren Bildern neu erschaffen kann (Gesetz der Anziehung). Mutig und voll Vertrauen macht sie sich auf ihren Weg - die Erfüllung ihrer Sehnsucht nach der wahren Liebe scheint ihr jedoch verwehrt ...

ISBN: 3000254595

kraftorte für die seele – energie in form von einem kartenset, meditation und bilder

als mentalist und engelmedium bin ich in der glücklichen lage, botschaften von engeln zu erhalten, ihre wärme, ihre liebe und ihr licht zu spüren. dinge verändern sich durch meine gedanken, nicht nur in meinem leben.

ISBN: 978-3-8391-7170-7

www.lebensfreude.li

ThinkBigEvolution - Ein 30tägoger Erfolgskurs von und mit Veit Lindau

Neueste psychologische Erkenntnisse vereinen sich in ThinkBigEvolution mit traditioneller Weisheit. Der Inhalt, künstlerisch hochwertig verpackt, enthält 16 Audio-CDs, ein umfangreiches Handbuch, begleitende Meditationen und weitere Überraschungen. Für diesen Kurs wählst Du **ein wirkliches Herzens-Ziel außerhalb Deiner Komfortzone** aus. Anhand seiner konkreten Realisierung erforscht Du nun die Prinzipien des ganzheitlichen Erfolgs! Es erwarten Dich 30 didaktisch gut aufgebaute, abwechslungsreiche Tageslektionen, zum Beispiel...

Klarheit & Fokus

Finde Klarheit in dem, was Du wirklich willst. Lernen, Dir präzise Ziele zu setzen.

Erfolgsdisziplin und Freude

Der Kurs hilft Dir, positive Gewohnheiten einer intelligent durchgestylten Erfolgs-Disziplin zu in Deinem Alltag etablieren. Die Erfahrung des bewussten Manifestierens und die konkreten Resultate schenken Dir dauerhafte Freude.

Kreativität & Sechster Sinn

Erwecke Dein schöpferisches Potenzial, indem Du mit allen drei Ebenen Deines Bewusstseins kommunizierst: dem Bewussten, dem Unterbewussten und dem Unendlichen. Schule Deine intuitiven Fähigkeiten.

Selbsterkenntnis & Erfüllung

Think Big Evolution bedeutet nicht nur, größer zu denken. Indem Du Dir erlaubst, größer und freier über Dich selbst zu denken und dementsprechend, bringst Du tatsächlich eine größere und freiere Version deines Selbst auf die Welt und setzt Freude frei.

Einen kostenlosen E-Mail-Kurs „Erfolg. Next Step!" und eine Gratis-CD kannst Du unter www.thinkbigevolution.com oder 07221.9929828 bestellen.

"Wer seine Flügel ausbreitet, den trägt die Luft - wer sein Herz zu öffnen vermag, den trägt die Liebe"

Sayama beschäftigt sich seit rund 20 Jahren mit ganzheitlichen Möglichkeiten zur Harmonisierung von Körper, Seele & Geist und der Entfaltung und Steigerung des menschlichen, kreativen Potentials. Seine Musikproduktionen zeichnen sich aus durch gefühlvolle Arrangements auf akustischen Instrumenten aus verschiedenen Kulturkreisen der Erde, der ausgezeichneten Klangqualität (32bit/96kHz-Mastering) und der Stimmung auf die Planetentöne (nach H. Cousto). Die Intention von Sayama ist, den Menschen durch seine harmonische und gefühlvolle Musik- und Klangwelt, Augenblicke der inneren Ruhe und Ausgeglichenheit zu schenken und positive Impulse für ein glückliches, erfülltes Leben zu geben.

Heilkraft des Wassers

Anspruchsvolle Wellness-Musik im stimmungsvollen Zusammenklang mit Naturklängen (Meereswellen, Bachplätschern, Vogelsang), Bambusflöten (Shakuhachi, Dizi, Bansuri), Koto & Guzheng, Piano, Cello, Oboe, Tibetische Klangschalen, Gongs, Zimbeln, Keyboards, Percussion und Naturgeräusche

Diese stimmungsvolle Wellness-Musik schenkt Erholung für Körper, Seele und Geist. Lassen Sie sich von den anspruchsvollen Kompositionen auf akustischen Instrumenten aus Europa und Asien verwöhnen. Eingebettet in energiereiche Naturklänge können Sie sich auf eine Reise in die Wunderwelt des Wassers, des lebenspendenden Elementes, begeben. Diese CD eignet sich besonders gut als Begleitmusik für Anwendungen im Wellnes- und SPA-Bereich.

EXOPOLITIK DEUTSCHLAND

CROPfm

Radio aus der Vorstadt der Wirklichkeit

www.cropfm.at/

---

http://www.siegfriedtrebuch.com/

Das Portal für Bewusstseinsentwicklung